Wintergärten
Das Praxisbuch

LUTZ KÖHLER
MARIA SANSONI-KÖCHEL

Wintergarten – Technik　7

Vom Traum zur Wirklichkeit　8

Geschichte des Wintergartens　10
Renaissance der Wintergärten　11

Bauarten und Materialien　13
Nutzungsarten　13
Materialauswahl　14
Einzel- oder Serienfertigung?　14
Bauformen von Wintergärten　15
Fundamente　18
Bodenbeläge　19
Tragkonstruktion　20
Eindeckmaterialien　26
Scheibenmaße und Fassaden-
gestaltung　29
Regenwasserableitung　31
Anschluss an das Gebäude
und das Fundament　32
Pflegeaufwand　34
Checkliste für Ihre Wintergartenplanung　35

Klimagestaltung im Wintergarten　37
Wärmeschutzverordnung
und Wintergarten　37
Heizung im Wintergarten　38
Lüftung　39
Schattierung　43
Luftfeuchtigkeit　45
Automatische Steuerung　45
Kühlung　47
Zusatzbelichtung　48
Lampenauswahl　48
Lampe und Leuchte　48

Planung, Bauvorbereitung und Bauausführung　51
Baurecht　52
Angebotsphase　51
Auswahl des ausführenden
Betriebes　52
Bauleistungen　52
Vertragsabschluss　53
Abnahme und Abrechnung　54
Gewährleistung　54

Wintergarten – Beispiele　57

Ein Anlehnwintergarten
als Metallkonstruktion　58
Bauvorbereitung und Ausführung　58
Konstruktion des Wintergartens　58
Ausstattung　59

Anlehnwintergarten
für eine Villa　60
Konstruktionsbeschreibung　60
Klimagestaltung　60

Ein Wintergarten an einer
historischen Stadtvilla　63
Baugeschichte　63
Bauträger und Vorbereitungsphase　63
Entwürfe des Wintergartens　64
Ausführungsplanung　64

Neubau eines Einfamilienhauses
mit Holzwintergarten　66
Konstruktionsprinzip des Wintergartens　66
Lüftungskonzept　68
Technische Ausrüstung　69

Ein Holzwintergarten
als Gebäudeerweiterung　71
Grundkonstruktion　72
Deckenaufbau　72
Verglasung　72
Vor- und Nachteile von Terrassen-
dächern im Vergleich zum
herkömmlichen Wintergarten　73
Baurecht　73
Konstruktion und Ausstattung　74
Klimagestaltung unter dem
Terrassendach　74

Ein Bausatzwintergarten
für die Selbstmontage　75
Entscheidung zum Fertigwintergarten　75
Bauvoraussetzungen　76
Die Montage beginnt　77

Wintergarten – Bepflanzung 81

Den Wintergarten bepflanzen 82

Individuelle Wohlfühltemperatur 83
Kalthaus oder Warmhaus? 84
Der »exotische Look« 84
Etwas Botanik 86

Die Elemente der Wintergartenbepflanzung 91

Das grüne Mobiliar:
Pflanzflächen festlegen 91
Schattierung am Sitzplatz 95
(Schatten-)Bäume im Wintergarten 95
Schattierung durch Spreizklimmer 96
Sichtschutz 97

Der Stil der Bepflanzung 99

Der gezähmte Dschungel
(»wet tropical look«) 99
Natürliche Strauchvegetation
als Vorbild 100
Die Halbwüste (»dry tropical look«) 101
Die traditionelle Orangerie 102
Themenorientierte Wintergärten 103

Strukturpflanzen für den Wintergarten 105

Strukturpflanzen und Vegetationsbilder 105
Platzierung von Struktur- und
Großpflanzen 107
Palmen 109
Palmfarne und Baumfarne 110
Bananen, Helikonien und Strelitzien 111
Bambus im Wintergarten 113
Araliengewächse 113
Strukturstauden 115

Der warme Wintergarten 119

Bäume für wärmere Wintergärten 119
Die Strauchschicht im
warmen Wintergarten 126
Kletterpflanzen für den
warmen Wintergarten 133

Der kalte Wintergarten 143

Der moderne kalte Wintergarten 143
Wintergartenmotive 143
Der mediterrane Wintergarten 144
Schwerpunkt Fernost 149
Wintergartenpflanzen vom
anderen Ende der Welt 155
Ein Wintergarten mit
südafrikanischen Pflanzen 162
Yucca und Agaven –
Wintergarten a la Mexiko 169

Die Bepflanzung in der Praxis 171

Das Klima im individuellen
Wintergarten 172
Auswahl von Großpflanzen 172
Unterpflanzung 173
Einkauf 175
Pflanzung 176
Wintergartenmanagement 179
Nachpflanzen 181
Sommerarbeiten 182
Pflanzenschutz im Wintergarten 182

Anhang 184

Adressen, die Ihnen weiterhelfen 184
Stichwortverzeichnis 187
Über die Autoren 191

Winter-garten – Technik

Seite 8 ➜ Vom Traum zur Wirklichkeit

Seite 10 ➜ Geschichte des Wintergartens«

Seite 13 ➜ Bauarten und Materialien

Seite 36 ➜ Klimagestaltung im Wintergarten

Seite 50 ➜ Planung, Bauvorbereitung und Bauausführung

Wintergarten – Technik

VOM TRAUM ZUR WIRKLICHKEIT

Der Traum vom eigenen Wintergarten kann wahr werden. Um ihn Realität werden zu lassen, bedarf es umfangreicher Kenntnisse, vor allem zur Konstruktion, zur Materialauswahl und zu den speziellen Klimabedingungen. Sie dienen dazu, die Wünsche mit den bautechnischen Möglichkeiten in Übereinstimmung zu bringen und so die Voraussetzungen dafür zu schaffen, diesen Traum täglich genießen zu können.

Der weltbekannte Staudenzüchter Karl Förster soll einmal gesagt haben: »Wer Träume verwirklichen will, muss tiefer träumen und wacher sein als andere.« Wenn wir von einem eigenen Wintergarten träumen, dann sollten auch wir »wacher« oder fachkundig sein, um diesen Traum verwirklichen zu können. Der Traum kann ein Happyend haben. Die Wirklichkeit sollte sich nicht mit den bitteren Erkenntnissen aufgetretener Fehler trüben.

Auch ich habe mir diesen Traum vom Wintergarten vor einigen Jahren erfüllt und möchte diesen Bereich des immer wieder-kehrenden Erlebnisses und die davon ausgehende Faszination nicht mehr missen. Der Wintergarten ist nicht nur ein zusätzlicher Raum geworden, sondern eigener Erlebnisbereich. Die Verbindung zur Natur hat darin eine dominierende Bedeutung. In dieser Welt sind die Probleme des Alltags schnell vergessen, und die Stimmung kann durch das besondere Ambiente nachhaltig beeinflusst werden.

Ein Erlebnis während der Bauphase bleibt mir wohl immer in Erinnerung. Das Metallgerüst war aufgestellt, die Dachscheiben eingesetzt, als ich an einem sternenklaren Herbstabend nach Hause kam. Ich habe mir

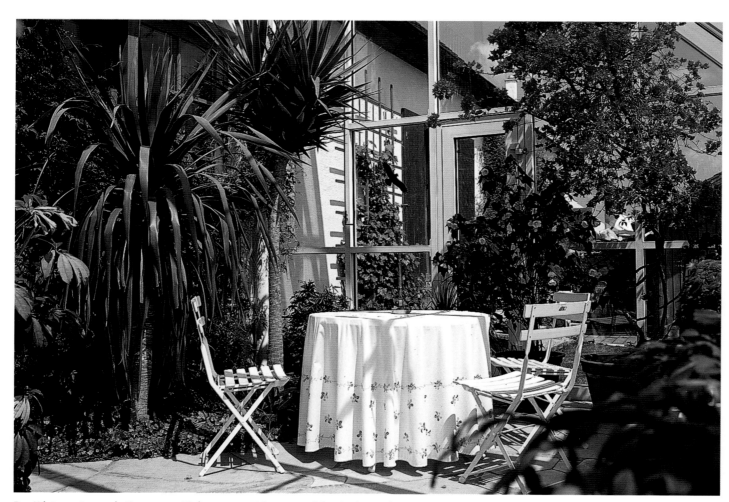

Der Wintergarten – ein Raum zum Wohnen, zum Träumen und für das besondere Naturerlebnis.

einen Stuhl mitten in die Baustelle gesetzt und das Wunder dieser Nacht auf mich wirken lassen, ohne dass mich die Baustellenatmosphäre in irgendeiner Form gestört hätte. Gleichgültig zu welcher Tages- oder Jahreszeit wir uns in einem Wintergarten aufhalten: Das Erlebnis des Wohnens und Arbeitens unter geschützten Bedingungen, aber in unmittelbarer Nähe zur Natur ist in immer neuer Form vorhanden.

Auch bei unserem erwähnten Wintergarten sind bei der Konzeption, Projektierung und Bauausführung Probleme aufgetreten, die vermeidbar gewesen wären. Das war auch die Motivation für mich, an diesem Buch mitzuarbeiten und Erfahrungen weiterzugeben – zusätzlich zu meinem fachlichen Hintergrund aus der Konstruktion von Gewächshäusern sowie Schauhäusern von Tierparks und deren Klimagestaltung.

Vom Angebot zur Kaufentscheidung

Ist der Entschluss gefasst, einen Wintergarten zu bauen, steht am Anfang die Entscheidung über die beabsichtigte Nutzung. Diese bestimmt wesentlich Konstruktion, Ausstattung und die Kosten, die aufgewendet werden müssen. Der künftige Bauherr muss bereits in der Phase der Ideenfindung festlegen, was er will und wie viel er für die Verwirklichung ausgeben kann. Eine klare Vorstellung zur Nutzung und damit zur Ausstattung des Bauwerkes ist ein erster wichtiger Punkt in der Angebotsphase. Sie sichert vergleichbare Angebote und ist eine wesentliche Voraussetzung für eine optimale Konzeption und Ausführung des Wintergartens. Spätere Änderungen führen nicht nur zu gestalterischen Kompromissen und höheren Kosten, sondern können auch Ausgangspunkt für technische Fehler und unbefriedigende Ausführungen sein.

Die Bandbreite von Konstruktionen, Eindeckungen und Ausrüstungen zur Gestaltung des Klimas im Wintergarten ist sehr groß. Daraus resultierend ergeben sich Unterschiede in den Baukosten. In der einfachsten Variante als Bausatz zur Selbstmontage bezahlt man etwa 300 €/m². Für einen individuell gefertigten Wintergarten einschließlich Montage beginnt in Abhängigkeit der Größe der Preis bei etwa 1500 €/m². Entsprechend der Materialwahl und der Ausstattung sind den Preisen nach oben kaum Grenzen gesetzt.

Günstigste Möglichkeit ist die einfache Gewächshauskonstruktion zur Überwinterung von Kübelpflanzen, die frostfrei gehalten wird. Der vollklimatisierte warme Wintergarten als hochwertiger und ganzjährig zu nutzender Wohnraum ist die exklusivste Variante. Neben den unterschiedlichen Ausführungsarten hat die Verwirklichung von Qualitätsstandards einen wesentlichen Einfluss auf den Preis. Leider lässt sich die Qualität eines Wintergartens im Vorfeld durch den Nutzer aber nur sehr schwer beurteilen. Zumindest die wesentlichen Grundlagen zu liefern, um schon frühzeitig Mängel und Schwachpunkte aufdecken zu können – noch rechtzeitig vor der Ausführung –, ist eines der Ziele dieses Buches.

Aus dem Wintergarten öffnet sich Wohnraum wie ein Fenster zum Garten.

Wintergarten – Technik

GESCHICHTE DES WINTERGARTENS

Pflanzen waren für die Menschen schon immer von besonderer Bedeutung, wir finden sie in vielfältigen Darstellungen auf Dokumenten unterschiedlichster Zeitepochen. Sie spielen auch in unserer Zeit eine wesentliche Rolle. Dementsprechend gestalten wir unseren Arbeits- und Lebensbereich immer umfangreicher mit ihnen.

Heimische Pflanzen kann man sicher am einfachsten in der Natur betrachten und dabei Freude über deren Schönheit und Vielfalt empfinden. Oft mangelt es aber an der Zeit und der Gelegenheit dafür. Hinzu kommt, dass Raritäten aus anderen klimatischen Verhältnissen unser Interesse wecken. Für diese sind Klimaverhältnisse notwendig, die im Freien nicht immer gewährleistet werden können; man muss für sie deshalb zeitweise spezielle Klimabedingungen schaffen. Das Interesse an Pflanzen ferner Länder ist sicher nicht neu. Kaufleute, Naturforscher und Botaniker brachten schon in früheren Zeiten von ihren Reisen und Expeditionen exotische Pflanzen mit nach Europa.

Als Beispiel hierfür soll die **Pillnitzer Kamelie** dienen. Der Legende nach brachte der

Geöffnete Glas-Stahl-Konstruktion, die auf Schienen über die Kamelie gefahren wird.

schwedische Botaniker Karl Peter Thunberg (1734 – 1828) vier Kamelien (*Camellia japonica*) von seiner Japanreise um 1775 in die königlichen Gärten von Kew bei London. Ein Exemplar verblieb in Kew, die anderen drei wurden wahrscheinlich in die Gärten Herrenhausen bei Hannover, Schönbrunn bei Wien und Pillnitz bei Dresden weitergegeben.

Nachdem alle drei anderen Pflanzen mit der Zeit eingingen, wäre die Pillnitzer Kamelie das einzige überlebende Exemplar dieser nach London gebrachten Pflanzen. Nachweislich pflanzte der Hofgärtner Terscheck 1801 eine Kamelie an ihrem heutigen Pillnitzer Standort aus. Um sie im Winter vor Schaden zu bewahren, wurde sie mit Holzhäusern geschützt, die auf komplizierte Weise auf- und abgebaut und beheizt wurden. Im Jahre 1905 kam es zum Brand eines solchen Holzhauses, den die Kamelie, geschützt durch das gefrorene Löschwasser, überlebte.

Diese Art von Schutzkonstruktionen für exotische Pflanzen, so genannte **Pomeranzenhäuser,** finden wir im 19. Jahrhundert in

mehreren botanischen Gärten. Ein ganz besonderes und auch spektakuläres Haus bekam die Pillnitzer Kamelie 1992. Die Stahl-Glas-Konstruktion mit einem Gewicht von 54 Tonnen und einer Höhe von 13 Metern kann geöffnet und von ihrem Standort weggefahren werden. Damit ist diese einmalige Pflanze in der wärmeren Jahreszeit im Freien zu besichtigen und in ihrer Blütenpracht zu bewundern. Sie hat eine Höhe von 8 Metern und einen Umfang von 35 Metern. Zum Schutz vor Frost wird in der kälteren Jahreszeit die Stahl-Glas-Konstruktion über die Pflanze gefahren.

Aber auch spezielle Häuser für Kübelpflanzen wurden seit dem 17. Jahrhundert in Deutschland gebaut. Unter der Bezeichnung **Orangerie** entstanden in Ost-West-Richtung verlaufende, lang gestreckte, feste Gebäude, die an der Südseite große Fenster besitzen. Licht und Temperaturen über dem Gefrierpunkt sorgten für die notwendigen Überwinterungsbedingungen.

Erste kunstvoll gestaltete Gewächshäuser entstanden, oft mit reich verzierten Bauteilen aus Gusseisen versehen. Nach der wichtigsten Pflanze wurden sie **Palmenhäuser** genannt.

Die industrielle Entwicklung führte im 19. Jahrhundert dazu, dass neben den

Handwerker beim Bau des Überwinterungshauses für die Pillnitzer Kamelie.

Attraktion im Frühjahr: die üppige Blütenpracht der Kamelie im Pillnitzer Schlosspark.

bisher privilegierten Schichten zunehmend auch das aufstrebende Bürgertum solche exotischen Pflanzen besitzen wollte. Der finanzielle Rahmen war vorhanden, die Liebe zur Pflanze, der Drang nach etwas Besonderem oder auch die Schaffung von Statussymbolen führte zu einer entsprechenden Entwicklung.

Renaissance der Wintergärten

Die Wintergartenbranche verzeichnet in den letzten Jahren immer neue Rekordzahlen. Ein Ausgangspunkt sind die vielfältigen Belastungen und Einflüsse, denen die Menschen im Arbeitsalltag ausgesetzt sind. Sie werden teilweise durch die Nutzung moderner Kommunikationsmittel und deren übermäßigen Genuss bzw. Gebrauch sowie durch vielfältige Umwelteinflüsse zunehmend allergisch und sensibel auf unterschiedlichste Dinge. In der Arbeitsmedizin spricht man z. B. von SBS – Sick-Building-Syndrom – und von SAD – saisonalabhängige Depression. Über das **Raumklima** in den Komfortzonen des Münchner Flughafens Franz Josef Strauss wurde berichtet, dass durch eine zu niedrige Luftfeuchtigkeit eine erhebliche Häufung gesundheitlicher Beschwerden bei den dort beschäftigten Mitarbeitern zu verzeichnen war. Folgende Symptome traten auf: Reizung der Augen und Atemwege, Unwohlsein, Konzentrationsschwäche und Kopfschmerzen. Messungen der relativen Luftfeuchtigkeit ergaben Werte von unter 25 %. Der Mensch benötigt jedoch ein Raumklima mit einer relativen Luftfeuchtigkeit von über 40 %. Die Ursache für das Auftreten des Sick-Building-Syndroms konnte in diesem Fall durch die Installation einer neuen Luftbefeuchtungsanlage beseitigt werden. In anderen Bereichen sind das Erkennen der Ursachen und deren Beseitigung nicht immer so leicht möglich und zumeist mit sehr hohen Kosten verbunden.

Mit Innenraumbegrünung und großzügiger Bepflanzung der Außenanlagen im Sichtbereich versucht man auch am Arbeitsplatz Gesundheit und Motivation der Mitarbeiter zu fördern. Als ein Beispiel kann der Büro- und Verwaltungskomplex eines Versicherungsunternehmens im Norden von München dienen. Die Bebauung erfolgte innerhalb eines neu ausgewiesenen Gewerbegebietes auf einem Arial von etwa 100 m im Quadrat. Ohne begleitende Maßnahmen einer sehr attraktiven Außenbegrünung wäre unter Umständen eine Bebauung mit dem verwechselbaren Charme vieler Gewerbegebiete entstanden. Hier wurde eine etwa 10 m hohe Stahlkonstruktion als »Umzäunung« realisiert, die, wie das Bild zeigt, im Bereich der oberen 6 m begrünt wurde. Damit wurden sowohl für die Mitarbeiter

von Innen, als auch für den Betrachter von Außen beeindruckende »Grüne Wände« geschaffen.

Eine andere Alternative ist die bewusste Gestaltung des eigenen Wohnbereiches, um damit Einflüsse von »krank machenden« Haus- und Bürogebäuden oder Lichtmangelerscheinungen zu kompensieren.

Der Wintergarten bietet die Möglichkeit der Verlängerung der Gartensaison sowie zur Gestaltung eines wunderbaren Hobbys. Zusätzlich wird durch den Lichtgenuss und den Aufenthalt in einer naturbeeinflussten Atmosphäre Stresserscheinungen und oben genannten Krankheitssymptomen vorgebeugt. Wichtig ist, dass die Vorbereitung auf einen Wintergarten mit einem Mindestmaß an Kenntnissen erfolgt, damit spätere Enttäuschungen erspart bleiben.

Grüne Wände als Gestaltungselement umhüllen diesen Bürokomplex und schaffen damit ein besonderes Ambiente, sowohl für den Betrachter von außen als auch für die Büroarbeiter drinnen.

BAUARTEN UND MATERIALIEN

Wintergärten sind durch die Konstruktion mit einer überwiegend transparenten Hüllfläche sowie durch die Nutzung gekennzeichnet. Die Verbindung zur Natur hat dabei eine ganz besondere und herausragende Bedeutung. Zum einen liegt die umgebende Pflanzenwelt greifbar nah und zum anderen können den Pflanzen im Wintergarten klimatische Bedingungen geboten werden, die sie an diesem Standort im Freien nicht finden. Durch filigrane Konstruktionselemente und zunehmend eingebaute Falttüranlagen, die die großflächige Öffnung der Fassade ermöglichen, ist der Übergang vom geschützten Raum zur freien Natur optisch kaum noch wahrnehmbar.

Wintergärten lassen sich auf Grund unterschiedlichster Kriterien verschiedenen Typen zuordnen. Erstens scheint die Einteilung nach der Nutzungsart wichtig und sinnvoll. Mit der Nutzungsart werden gleichzeitig Temperaturanforderungen festgelegt, die ihrerseits Einfluss auf die mögliche Bepflanzung haben. Die Auswahl des Materials für die Tragkonstruktion stellt eine weitere Einteilungsmöglichkeit dar. Zusätzlich kann nach der Fertigungsart – ob Serienmodell oder Einzelanfertigung – unterschieden werden. Die Bauform, die Geschosszahl und die Anbindung an ein Bauwerk sind weitere Merkmale für die Unterscheidung der Wintergärten.

Der Wintergarten als Wohn- und Lebensraum soll hell und sonnig sein. Gleichzeitig muss er Schutz vor unerwünschten Klimaauswirkungen bieten. Außensensoren sind für eine automatische Klimasteuerung notwendige Voraussetzung.

Planung und den entsprechenden Genehmigungsverfahren zu beachten. Bei der Planung eines freistehenden Gewächshauses müssen diese Vorschriften hingegen nicht berücksichtigt werden, denn **bis zu einer Firsthöhe von vier Metern ist meist keine Baugenehmigung notwendig.** Auskünfte über die geforderten Unterlagen und notwendigen Genehmigungen erteilt die zuständige Gemeinde.

Ein Wintergarten wird in den meisten Fällen als Wohn- und Arbeitsraum genutzt. Die Pflanzen, die darin aufgestellt oder ange-pflanzt werden, dienen der Gestaltung und den Vorstellungen, die der Nutzer gerne verwirklichen möchte. Die Ansprüche von Menschen und Pflanzen an das Raumklima können unterschiedlich sein; deshalb sind die entsprechenden Aspekte der Klimagestaltung bei der Planung unbedingt zu berücksichtigen. Akzeptiert man die Besonderheiten des Klimas in Wintergärten und wählt die Pflanzen geschickt aus, kann ein Wintergarten auch ohne übertriebenen technischen Aufwand sinnvoll als Wohnraum genutzt werden.

Nutzungsarten

Prinzipiell ist festzulegen, inwieweit der Wintergarten als Wohnraum oder als Raum zur Kultivierung bzw. Überwinterung von Pflanzen genutzt werden soll. Bei der Nutzung als Wohnraum sind verschiedene baurechtliche und gesetzliche Grundlagen bereits bei der

TEMPERATURANSPRÜCHE FÜR MENSCH UND PFLANZE

PFLANZENANSPRÜCHE ZUR ÜBERWINTERUNG	WOHNRAUM GANZJÄHRIG	AUFENTHALTSRAUM ZEITWEISE	ÜBERGANGSRAUM GARTEN/WOHNUNG
> 18 °C	×		
12 – 17 °C	×	×	
0 – 16 °C		×	×
< 0 °C			×

Wintergarten – Technik

Der Wintergarten sollte vom übrigen Wohnraum eine Trennung erhalten, die beispielsweise durch eine Glasschiebetür realisiert werden kann. Der vom Wohnraum getrennte unbeheizte Wintergarten und Terrassendächer bis 30 m² werden teilweise baurechtlich anders bewertet. Im größten Teil des Jahres steht einer uneingeschränkten Nutzung als Wohnraum nichts entgegen. Man sollte sich jedoch von vorneherein darauf einstellen, dass es in Abhängigkeit der Ausstattung im Hochsommer einige Tage und im Winter einige Abende oder Nächte geben kann, die einen verträglichen Aufenthalt im Wintergarten ausschließen. Der Pflanzenteil dieses Buches unterteilt die Wintergärten nach den Temperaturansprüchen der Pflanzen in:

- ständig zimmerwarme Wintergärten (> 18 °C)
- Wintergärten mit Nachtabsenkung der Temperatur (> 12 °C)

- kühle, aber frostfreie Wintergärten (Temperatur > 0 °C)
- nicht frostfreie Wintergärten (< 0 °C).

Materialauswahl

Bei der Palette der Materialien für einen Wintergarten muss man zwischen denjenigen für die Eindeckung und für die Tragkonstruktion unterscheiden. Letztere besteht aus Trägern, Stützen, Sparren und Pfetten. Für die Tragkonstruktion werden Stahl, Aluminium und Holz verwendet. Man unterscheidet auf dieser Grundlage zwischen **Holz-** und **Metallwintergärten.**
Bei der Materialauswahl spielen sowohl Nutzungs- als auch Gestaltungsaspekte eine Rolle. Eine pauschale Wertung der einzelnen Materialien ist nicht vertretbar. Bezüglich der Kosten ist auch keine allgemein gültige Aussage möglich, da Größe und Fertigungsart darauf großen Einfluss haben.

TIPP Um sich im Wintergarten später wohl zu fühlen, müssen Nutzungsansprüche der Bewohner und Ansprüche der Pflanzen übereinstimmen.

Die Eindeckung kann mit Glas oder Kunststoff erfolgen. Auf die unterschiedlichen Aspekte der Materialauswahl wird in einem extra Kapitel (Seite 28) eingegangen.

Einzel- oder Serienfertigung?

Prinzipiell wird zwischen Einzel- und Serienfertigung unterschieden. Für die Einzelfertigung haben sich in den letzten Jahren viele Firmen profiliert. Ein Blick in das Branchenfernsprechbuch oder in die Anzeigenseiten von Zeitschriften zeigt die Vielfalt der Betriebe, die auf diesem Sektor ihre Leistungen anbieten. Es gibt hier sicher wie in allen Branchen Unternehmen, die über entsprechende Erfahrungen verfügen und qualitativ gute Arbeit liefern, und solche, die diesen Ansprüchen nicht gerecht werden.
Firmen des Wintergartenbaus haben zumeist ihre Tradition in einer Schreinerei, dem Fensterbau oder im Stahlbau. In dieser Herkunft ist teilweise auch die bevorzugte Materialauswahl für die angebotene Tragkonstruktion begründet. Bei der Material- und Verbindungsmittelauswahl werden häufig Standardvarianten von Systemanbietern verwendet. Damit verwischen sich die Grenzen zwischen Einzel- und Serienfertigung. Näheres dazu im Kapitel »Materialien und Bauweisen« Seite 22 ff.
Vorteile einer solchen **Einzelfertigung** sind die individuelle Beratung, die Erstellung der Bauunterlagen und die Unterstützung bei den notwendigen Genehmigungsverfahren. Die Einzelfertigung hat aber in den meisten Fällen einen höheren Preis.

Großräumiger Wintergarten, der Haus und Garten ineinander verschmelzen lässt. Bei den verwendeten Materialien dominieren Holz und Aluminium.

Produkte aus einer **Serienfertigung** werden häufig über Kataloge oder Baumärkte angeboten. Die Hersteller nutzen dabei die Effizienz großer Stückzahlen. Nachteile sind die eingeschränkte Beratungstätigkeit, die höheren Transportkosten und die Festlegung auf bestimmte Bautypen und Rastermaße. Letzteres verliert jedoch mehr und mehr an Bedeutung. In den letzten Jahren ist eine Fertigungsart entstanden die zwischen der Einzel- und Serienfertigung angesiedelt ist. Diese Fertigung soll hier als **Manufakturfertigung** bezeichnet werden. Sie verbindet die Vorteile der beiden anderen Fertigungsarten ohne die Nachteile zu implementieren. Systemhersteller haben sich hierbei unter Nutzung der computergesteuerten Fertigungstechnik zu Unternehmen entwickelt, die individuelle Wintergärten rationell mit einem geringen Lohnkostenanteil herstellen können. Durch die hohen Stückzahlen und die niedrigeren Lohnkosten können sie ihre Produkte ständig verbessern. Die Systemhersteller haben ein Netz von qualifizierten regionalen Montagebetrieben autorisiert. Diese übernehmen die persönliche Verbindung zum Kunden und betreuen das Projekt über das Genehmigungsverfahren, die Montage bis zur Fertigstellung.

Wintergärten als Serienprodukte werden auch zur **Selbstmontage** angeboten. Damit können Kosten gespart werden. Der Bauherr muss jedoch einschätzen, ob er wirklich die entsprechenden handwerklichen Fähigkeiten besitzt und die notwendige Zeit dafür hat. Außerdem ist die eingeschränkte Gewährleistung durch die eigenen Aufbauleistungen zu bedenken.

TIPP Der Bauherr sollte sich am besten anhand einer Referenzliste von der Qualitätsarbeit des Anbieters überzeugen.

Ein Wintergartenanbau, der den ehemaligen Terrassenplatz und den Balkon im Obergeschoss überspannt und sich gut in die Konstruktion des Hauses einfügt.

Bauformen von Wintergärten

Bezüglich der Bauform unterscheidet man Wintergärten, die

- einzeln stehen
- an Gebäuden angebaut bzw. daran angelehnt sind
- integraler Bestandteil der Baukonstruktion sind.

Weitere Merkmale, die auch die Bauform betreffen, sind die Geschosszahl und die Zuordnung bzw. Funktion des Wintergartens in der Baukonstruktion.

Der **einzeln stehende,** vom Bauwerk getrennte **Wintergarten** stellt die Ausnahme dar. Er ist in der Nutzung als Wohnraum auf Grund der räumlichen Trennung nur bedingt geeignet, kann aber als Planungsgrundlage

Wintergarten – Technik

Typ 1: Eine häufig verwendete und beliebte Form ist der Anlehnwintergarten mit Pultdach.

Typ 2: Der Solarknick im Pultdach ermöglicht eine höhere Lichtdurchlässigkeit bei tief stehender Sonne.

Typ 3: Ein Satteldach ergibt sich, wenn die Schmalseite des Wintergartens an das Gebäude angebaut wird.

Der Anlehnwintergarten mit Satteldach über einer Garage mit Carport zeigt eine in Form, Farbe und Ausführung gelungene Gestaltung.

für einen sehr großen Garten durchaus eine interessante Gestaltungsmöglichkeit darstellen.

Der **Anlehnwintergarten,** der nachträglich an ein bestehendes Gebäude angebaut wird, ist die am häufigsten ausgeführte Variante. Die Ursache dafür liegt in dem zumeist begrenzten Finanzetat beim Neubau. Durch Sparmaßnahmen bei der Bauplanung wird der Wunsch nach einem Wintergarten häufig zurückgestellt. Nach finanzieller Konsolidierung tritt diese nicht verwirklichte Idee später wieder in den Vordergrund, und der Entschluss zum Bau wird erneut gefasst. Es verlangt hohes gestalterisches Können, um diese nachträglichen Anbauten optisch ansprechend in das Gesamtensemble einzubeziehen. Ein Aufwand entsteht zusätzlich für die eventuell notwendigen Genehmigungsverfahren. Doch es gibt durchaus gelungene Varianten, bei denen man die harmonische Einordnung des Wintergartens in die vorhandene Baukonstruktion sieht. Das unten stehende Bild zeigt eine Lösung, bei der bewusst der Wintergarten als Einheit mit dem Gebäude gestaltet wurde.

Sehr oft werden Terrassen als Basis für die Überbauung mit einem Wintergarten oder einem »Terrassendach« mit Ganzglasschiebewänden genutzt. Vorteilhaft ist dabei die vorhandene sinnvolle Anbindung an den

Hoher Wintergarten mit Satteldach in Gewächshaus-Bauweise, der die Bauform des Hauses übernimmt. Die Wirkung der Lüftung wird mit zunehmender Bauhöhe verbessert.

bestehenden Wohnraum. Auch Gebäudeecken bieten sich für eine Wintergartengestaltung an.

Speziell bei Wintergärten mit einer Metallkonstruktion haben die großen Systemhersteller eine enorme Vielfalt an Typen in ihrem Programm. Hier die häufigsten Beispiele (siehe Grafiken Seite 16):

- **Typ 1** zeigt die einfachste Variante eines Anlehnwintergartens mit einem Pultdach. Hier ist der Anbau an ein bestehendes Bauwerk angedeutet. Zwei im rechten Winkel zueinander stehende Mauern geben dem Wintergarten die notwendige Stabilität beim Auftreten von Windkräften.

TIPP Lassen Sie sich nicht zu sehr von schönen Prospekten und Fotos verleiten. Ihr Wintergarten soll in jedem Fall gut zu Ihrem Haus passen.

- **Typ 2** zeigt ein Pultdach mit Solarknick. Große Dachneigungswinkel führen zu einer entsprechenden Höhe im First, sodass eher flach geneigte Dächer ausgeführt werden. Der Reflexionsanteil der Lichtstrahlen der tief stehenden Sonne ist dabei sehr hoch. Durch ein geteiltes Dach mit zwei unterschiedlichen Neigungswinkeln erreicht man dabei einen Kompromiss.
- **Typ 3** zeigt die Ausführung mit einseitigem Anbau und Satteldach. Zur Gesamtstabilität sind Aussteifungen notwendig, so genannte Diagonalverbände. Die Bauform ist vom Gewächshaus abgeleitet und kann bei entsprechender Nutzung diesen Charakter besonders hervorheben.

Weitere Typen sind Eckvarianten mit Innenoder Außenecken. Außenecken können mit Viertel-, Halb- und Dreiviertelpolygonen unterschiedlicher Winkel gebrochen werden. Damit entstehen vielfältige Gestaltungsvarianten und interessante Dachkonstruktionen.

Die Systemanbieter haben sich auf unterschiedliche Dachausführungen spezialisiert, die sich nicht nur auf die Auswahl von Seite 16 beschränken. Sie bieten dazu eine komplette Tragkonstruktion einschließlich der Stützen, die vom Wintergartenbauer nach Aufmaß der Baustelle bestellt werden kann. Der Betrieb übernimmt die Montage, die Lieferung und das Einsetzen der Glasscheiben und Fenster sowie die bauseitige Anbindung und Komplettierung.

Ein- oder mehrgeschossig?

Nach der Geschosszahl wird in einstöckige oder mehrstöckige Wintergärten unterschieden. Anlehnwintergärten werden häufig einstöckig ausgeführt.

Mehrstöckige Wintergärten können innen unterteilt sein oder aber, zumeist in Verbindung mit Treppenhäusern oder Galeriebereichen, mehrere Etagen als eine Einheit zusammenfassen. Ein Beispiel für mehrgeschossige Wintergärten zeigt das Bild Seite 33.

Der Wintergarten als integrierter Hausbestandteil

Werden Wintergärten bereits mit dem Bauwerk projektiert, können sie als integraler Bestandteil desselben zu einem besonders gelungenen Gesamtensemble führen. Zwei häufig genutzte Gestaltungsideen sollen stellvertretend für die Vielfalt der möglichen Varianten erwähnt werden. Eine Gebäudefassade wird vollständig als transparente Hüllfläche gestaltet, mit dem Ziel, den dahinter liegenden Raum als Wintergarten zu nutzen. Damit können architektonisch interessante Gebäude entstehen.

Eine andere Möglichkeit besteht in der Verbindung zweier Gebäude oder Gebäudeteile durch einen Wintergarten (siehe Bild Seite 66). Dadurch ergibt sich neben der besonders großzügigen Gestaltungsmöglichkeit der Vorteil der Trennung unterschiedlicher Nutzungsbereiche.

Wintergarten – Technik

Fundamente

Der Wintergarten benötigt zur Lastübertragung auf den Boden ein Fundament. Auf diesem wird die Tragkonstruktion aufgestellt. Sie dient der Aufnahme und Befestigung des Bedachungs- und Hüllflächenmaterials. Für die Funktionsfähigkeit und die Funktionssicherung über eine möglichst lange Lebensdauer sind weitere Bauteile und Maßnahmen erforderlich. Dazu gehören: Anschluss an das Bauwerk, Regenwasserableitung, Blitzschutz und Gestaltung des Bodenaufbaus als notwendige Grundausstattung. In der Realisierung werden die unterschiedlichsten Materialien eingesetzt, über die in den nachfolgenden Abschnitten informiert wird.

Das Fundament nimmt die Kräfte der Tragkonstruktion auf. Das sind insbesondere das Eigengewicht und das Gewicht der Eindeckung, das Auftreten von Wind- und Schneelasten sowie sonstige Verkehrslasten, z. B. bei begehbaren Dachkonstruktionen.

Vom Fundament werden die Kräfte in den Boden eingeleitet. Dazu muss dieser eine entsprechende Tragfähigkeit aufweisen, die von der Zusammensetzung und dem Verdichtungszustand abhängt. Die Fundamentkräfte erzeugen Gegenkräfte im Boden, sodass es bei richtiger Auslegung zu einem Gleichgewichtszustand kommt.

Zunächst ist die Tragfähigkeit des Bodens richtig einzuschätzen. Dazu existieren Erfahrungswerte, die für eine Fundamentauslegung als Grundlage dienen können. Diese Werte beziehen sich immer auf einen natürlichen, gesetzten Boden. Aufgeschüttete Böden müssen verdichtet und bezüglich ihrer Tragfähigkeit beurteilt werden.

Unverzichtbar ist die **frostfreie Gründung.** Für den Standort Deutschland bedeutet das eine Fundamenttiefe von minimal 80 Zentimetern. Wird nicht frostfrei gegründet, kann das Fundament durch Wasser und Frost angehoben werden und damit Probleme bereiten.

Fundamentarten

Fundamente können als
- Punktfundamente
- Streifenfundamente
- Ringfundamente und
- Fundamentplatte ausgelegt werden.

Punktfundamente eignen sich für einfache und leichte Konstruktionen, wie sie beispielsweise bei kleinen unbeheizten Wintergärten möglich sind. Zwischen die Punktfundamente kommen 40 cm hohe Betonplatten als Abschlusskante. Je größer der Wintergarten ist und je höher die Temperaturanforderungen sind, desto höher werden die Kräfte, die das Fundament aufnehmen muss. Dementsprechend steigen die Anforderungen an dieses Bauelement.

TIPP Soll der Wintergarten zu einem späteren Zeitpunkt vergrößert, z. B. aufgestockt werden, sind diese Gedanken bereits im Planungsstadium einzubringen, damit das Fundament und auch die Tragkonstruktion auf diesen beabsichtigten »Zuwachs« ausgerichtet sind.

Die Entscheidung, ob **Streifen-** oder **Ringfundament** verwendet wird, hängt von der konkreten Bausituation ab und wird vom Statiker festgelegt.

Fundamente werden aus Beton gegossen. Beton besteht aus Zement, Wasser und

Wintergartenkonstruktion und Fundamentgestaltung

Wandanschluss

Träger

Regenrinne

Träger

Streifenfundament

Punktfundamente

Träger

Sockel

Fundamentplatte

Wärmeisolation

Folie (Feuchtigkeitssperre)

Kiesbett

Vorgefertigte Isolierelemente können die formgebende Schalung ersetzen.

Zur Erhöhung der Festigkeit können Stahlmatten in die Fundamentplatte eingegossen werden.

Zuschlagstoffen. Entsprechend der Zusammensetzung werden unterschiedliche Betongüten unterschieden. Die Herstellung kann auf der Baustelle in einer Mischtrommel erfolgen. Eine andere Möglichkeit besteht in der Anlieferung von pumpfähigem Fertigbeton auf der Baustelle. Die Wahl des Verfahrens ist abhängig von der benötigten Menge und der Entfernung zum nächsten Betonwerk. In das Fundament kann außerdem zur Erhöhung der Festigkeit Baustahl zur Bewehrung eingelegt werden.

Bei **Fundamentplatten** werden zur Erhöhung der Belastbarkeit Stahlmatten eingelegt. Fertigbeton kann auch mit Stahlfasern gemischt sein, die die Funktion der Bewehrung übernehmen.

TIPP **Bei der Ausführung der Fundamente und der Bewehrung treten immer wieder Fehler auf. Eine nachträgliche Kontrolle, ob die Bewehrung eingelegt wurde, ist nicht möglich. Deshalb ist es wichtig, dass die Bauausführung bezüglich dieser Punkte sorgfältig überwacht wird.**

Ausführung des Fundamentes

Für die Herstellung von Punkt- oder Streifenfundamenten werden Fundamentgräben ausgehoben. Dazu wird eine Schalung gebaut, die innen die Form des Fundamentes besitzt. Danach wird der Beton in die Schalung gegossen. Je nach Betonart und Bauform treten unterschiedliche Aushärtezeiten auf. Teilweise ist es möglich, nach 24 Stunden weiterzubauen. Die endgültige Festigkeit bei Beton wird aber erst nach ca. vier Wochen erreicht. Bei schmalen und tiefen Bauteilen ist es schwierig, teilweise sogar unmöglich, den Beton hohlraumfrei in die Verschalung zu gießen. Spezielle Rüttler schaffen hier Abhilfe. Der Beton fließt durch die Schwingungserregung sicher in die Form. Bei festen, bindigen Böden kann unter Umständen auf eine Holzschalung verzichtet und der Beton direkt in den sauber ausgearbeiteten Fundamentgraben gegossen werden. Soll ein Fundament eine Wärmeisolierung erhalten, ist diese als Schalungsmaterial nutzbar.

Bei der Ausführung des Fundaments sind **Ver- und Entsorgungsleitungen** bereits zu berücksichtigen und zu verlegen. Beispielhaft sei hier der notwendige Wasserabfluss im Boden des Wintergartens genannt.

Die spätere Tragkonstruktion muss mit dem Fundament eine Verbindung erhalten. Dazu können spezielle Anker mit der Bewehrung verbunden und in das Fundament eingegossen werden.

Bodenbeläge

Für die Gestaltung der Bodenbeläge sind folgende Aspekte von Bedeutung:
- ästhetische Gesichtspunkte
- Nutzungsbedingungen
- Raumklima.

Bei der Auswahl werden immer Gründe des persönlichen Empfindens zu Farben, Formen und Materialien im Vordergrund stehen. Eine dauerhaft befriedigende Lösung wird jedoch nur erreicht, wenn alle drei oben genannten Aspekte Berücksichtigung finden.

Farbwahl

Bei der Farbauswahl für den Bodenbelag – dies gilt nicht nur dafür, sondern für die gesamte Farbgestaltung des Wintergartens – ist die Wirkung der Farben von Konstruktion, Pflanzen, Einrichtungsgegenständen und Umgebung harmonisch aufeinander abzustimmen.

Mit hellen Farben in Innenräumen wird eine optische Vergrößerung, mit dunklen Farben eine Verkleinerung erreicht. Ebenso zu berücksichtigen ist, dass helle Farben mehr Licht reflektieren und damit der Raum heller wird als bei einer Gestaltung mit gedeckten Farbtönen. Dunkle Farben führen durch die größere Absorption der Sonnenstrahlung zu einer stärkeren Erwärmung des Wintergartens.

Grund- und Hochbeete

Bei der Entscheidung für einen Bodenaufbau im Wintergarten ist die Art und Weise, wie später die Pflanzen eingebracht werden sollen, von besonderer Bedeutung. Im Überwinterungshaus für Kübelpflanzen bestehen

Wintergarten – Technik

Zur Aufstellung von Kübelpflanzen muss der Bodenbelag pflegeleicht und belastbar sein.

andere Anforderungen als im Wohnbereich. Ist vorgesehen, die Pflanzen in Grundbeete direkt in den Boden einzusetzen oder Hoch- und Terrassenbeete (Bankbeete) zu nutzen, muss man auf eine funktionierende Entwässerung achten. Diese ist durch die bauausführende Firma zu realisieren.

Die nicht bepflanzte Fläche kann einen Bodenaufbau nach den Wünschen des Nutzers erhalten. Bauseitig gefertigte Pflanzbereiche mit unterschiedlichem Höhenniveau können nach unten offen sein oder müssen einen Abfluss erhalten. Die Ansprüche an den Wurzelraum der Pflanzen sind vor dem Bau mit dem Pflanzenlieferanten abzustimmen. Für Hoch- und Terrassenbeete kann eine automatische Bewässerung sinnvoll sein. Über Messgeräte, die die Feuchtigkeit im Wurzelraum ermitteln und mit einer einfachen Steuerung ist die Bewässerung ohne aufwändige Gießarbeit möglich. Für Kübel und einzelne Pflanzgefäße ist eine automatische Bewässerung wegen des Installationsaufwandes und der dadurch entstehenden Optik eher ungeeignet. Wasserzufluss und

-abfluss sollten auf jeden Fall in einem Wintergarten, der großzügig mit Pflanzen ausgestattet wird, realisiert werden.

Nutzung und Materialwahl

Die Palette der Formen und Materialien bei Bodenbelägen reicht von länglichen Strukturen bei Holzdielen über rechteckige bei Fliesen, quadratische bei Pflasterungen, unregelmäßige bei Natursteinen bis zu unauffällig gleichförmigen bei Kies- oder Betonboden. Auch dabei ist wiederum die Bauform des Wintergartens als filigranes Tragwerk mit transparenter Eindeckung beim Zusammenspiel der Formen für die Bodenauswahl zu berücksichtigen. Generell lenken großformatige Bodenplatten das Augenmerk sicherer auf die Gesamtgestaltung. Nutzungsbedingte Gesichtspunkte zur Auswahl des Bodenbelages sind die Verbindung zum Garten, die Anbindung an den Wohnbereich, die Pflegeleichtigkeit, die Bewässerung und der Transport von Pflanzen, um nur einige der wichtigsten Aspekte zu nennen. Erfolgt der Zugang zum Garten durch

den Wintergarten, können Erde und Pflanzenteile hineingetragen werden. Der Boden sollte sich dementsprechend einfach reinigen lassen. Das heißt aber nicht, dass ein Wintergarten immer klinisch rein sein sollte. Sein Zauber besteht im Übergang des Wohnraums zur Natur. Das sollte man auch bei den Ansprüchen an diesen Raum berücksichtigen. Die Pflege und Bewässerung wird dazu führen, dass der Bodenbelag hin und wieder feucht wird. Deshalb sind fester Holzboden oder textile Beläge eher negativ zu bewerten. Im Sommer wird ein Teil der Pflanzen seinen Platz im Garten finden. Große Kübelpflanzen haben entsprechendes Gewicht. Der Bodenbelag sollte der Belastung durch Transporthilfsmittel standhalten. Aus klimatischer Sicht stellt der Boden einen Wärmespeicher dar. Des Weiteren ist eine Nutzung für eine Fußbodenheizung möglich. Diese Aspekte beeinflussen die Materialauswahl. Beläge mit keramischen Platten besitzen beispielsweise gute Voraussetzungen zur Wärmespeicherung und Wärmeleitung, Holzfußböden sind für eine Fußbodenheizung nicht gut geeignet.

Tragkonstruktion

Der konstruktive Aufbau des Wintergartens hat seine geschichtlichen Wurzeln in der Gewächshauskonstruktion. Auch die Nutzung ist zumindest teilweise der im Gewächshaus ähnlich. Gewächshausfirmen, Fassadenhersteller und Produzenten von Aluminiumprofilen hatten Geschäftsfelder für den Wintergartenbau entwickelt. Unternehmen, die noch vor einigen Jahren auf dem Markt präsent waren, haben ihre Aktivitäten auf diesem Gebiet eingestellt. Bestand haben Firmen, die neben der Manufakturfertigung oder Systemhersteller für Profile, Dichtsysteme und Beschläge, durch ständige Weiterentwicklung ihrer Produkte und autorisierte Montageunternehmen einen hohen Qualitätsstandard sichern. Die Tragkonstruk-

TIPP

Pflanzbeete sind bereits bauseitig vor Staunässe geschützt.

tion eines Wintergartens soll am Beispiel des Gewächshauses erläutert werden.

Wintergärten im Stütze-Riegel-System

Grundelement dieser Bauweise ist das so genannte Stütze-Riegel-System. Bei diesem System errichtet man zweidimensionale Fachwerke aus senkrechten **Stützen** und waagerechten oder in Dachneigung gerichteten **Riegeln.**

Mehrere solcher Fachwerke können, im Abstand aufgestellt, eine räumliche Tragkonstruktion bilden. Die Längsverbindung erfolgt mit Profilen, den so genannten **Pfetten.** Das so entstandene dreidimensionale Fachwerk muss in den Knotenpunkten von Stützen, Riegeln und Pfetten versteift werden. Dazu sind eventuell Diagonalverstrebungen notwendig, etwa mit Edelstahlseilen in einem Holzfachwerkverband.

Im Gewächshausbau sind zusätzlich **Sprossen** zur Aufnahme der Glasscheiben und zur Verbindung der Hüllfläche mit der Tragkonstruktion eingebaut. Wintergärten in der Bauweise von Gewächshäusern besitzen diese gewächshaustypischen Sprossen

ebenfalls. Sie werden aber auch von den Systemanbietern für Metallkonstruktionen verwendet und dort als **Sparren** bezeichnet. Die heute übliche Gewächshausbauweise ist im Bild Seite 22 gezeigt.

Die Tragkonstruktion als Stütze-Riegel-System besitzt den Vorteil, dass die Bauteile einzeln zur Baustelle transportiert und dort montiert werden können. Spezialtransporte sind dazu nicht notwendig, und bei den Hebezeugen kommt man mit geringen Lasten aus. Nachteilig ist die längere Montagezeit. Bei Metallwintergärten wird diese Bauart bevorzugt, da die Verbindung der Profile keine zu hohen handwerklichen Fertigkeiten erfordert.

Wintergärten in Rahmenbauweise

Eine andere Bauart ist die Rahmenbauweise. Beim Hersteller erfolgt das Zusammenfügen von mehreren Bauteilen zu einem großflächigen Rahmen. Dieser wird mit einem Spezialfahrzeug zur Baustelle transportiert und dort mit einem Kran aufgestellt. Mit speziellen Befestigungsmitteln können mehrere Rahmenteile verbunden werden. Dabei können die Rahmen beliebig groß sein, Begrenzungen sind allein durch die Werkstattgröße, die Transportkapazität und die Tragfähigkeit des Kranes gegeben. Die wirtschaftliche Rahmengröße bestimmt der Wettbewerb, da er den Ausführungsbetrieb zu einem günstigen Preis-Leistungs-Verhältnis zwingt.

Ein großer Vorteil ist die sehr kurze Montagezeit vor Ort. So wurde bei einem relativ großen Wintergarten mit einer Länge von 8 m, einer Breite von 4 m und einer Höhe von 4,5 m – wie er auch als Projektbeispiel in diesem Buch beschrieben ist (siehe Seite 66 ff.) – die Tragkonstruktion aus zehn Holz-Rahmenteilen innerhalb von vier Stunden aufgestellt. Mit der Vorfertigung können die Kran-Einsatzzeiten verkürzt und der Montageablauf auf der Baustelle optimiert werden.

Die Anlage von Grund- und Hochbeeten ist bereits bei der Wintergarten-Planung zu berücksichtigen, denn nachträglich ist der Einbau sehr aufwändig.

Wintergarten – Technik

Auswahl des Materials

Neben der Bauweise ist die Materialauswahl für den Wintergarten von Bedeutung. Drei Materialien stehen für die Tragkonstruktion zur Verfügung:

- Stahl
- Holz
- Aluminium.

Es gibt auch Kombinationen aus den genannten Materialien.

Welcher Baustoff der geeignetere ist, lässt sich pauschal nicht sagen und hängt auch sehr von den individuellen Vorstellungen des Bauherren ab. Die Materialauswahl ist für jeden Wintergarten individuell zu treffen, wobei auch der künftige Pflegeaufwand zu berücksichtigen ist. Doch existieren Einsatz-grenzen, die diese einschränken beziehungs-weise ein bestimmtes Material verlangen. So wird Stahl für sehr große, mehrgeschos-sige Wintergärten bevorzugt benutzt, um die auftretenden Belastungen mit vertretbaren Profilgrößen aufzunehmen. Holzkonstrukti-onen werden häufig auf der Grundlage der individueller Neigung zu diesem Naturbau-stoff und wegen der Übereinstimmung mit anderen Architekturmerkmalen des Gebäudes gewählt. Für Holz-Aluminium-Konstruktionen gibt es ebenso wie bei Stahl-Aluminium- oder reinen Aluminium-Bauelementen **Sys-temanbieter,** die spezielle Profile anbieten. Die Elemente werden zumeist von den Montagebetrieben bezogen und fachgerecht verarbeitet.

Auswahl des Herstellers

Die Herkunft des Handwerksbetriebes, der den Wintergarten anbietet, ist sehr oft die Basis für die Materialentscheidung. Winter-gartenbauer, die aus einer Schreinerei oder einem Fensterbaubetrieb entstanden sind, haben sich zum Teil sehr stark auf die Holzverarbeitung spezialisiert und können deshalb die Wintergärten mit einem Holz-tragwerk in guter Qualität zu günstigen Preisen anbieten. Diese Betriebe verfügen über eine qualifizierte Eigenfertigung von Holzträgern und -rahmen und nutzen nur wenig Spezialprofile für die Verbindung des Holzes zur Fassadenverglasung.

Holz verlangt einen etwas höheren Pflege-aufwand für die Farbgebung als andere

Die Bauweise der Gewächshäuser hat Einfluss auf die Gestaltung von Wintergärten. Moderne Gewächshäuser besitzen eine Tragkonstruktion aus Stahl mit Scheiben in Aluminiumsprossen.

TIPP

Bei hoher Sonneneinstrahlung oder Feuchtigkeit sind Metallkonstruktionen besser geeignet als solche aus Holz.

Materialien. Holzprofile im Außenbereich, speziell waagerechte und südwestseitig ausgerichtete, sollten mit Metallverblendungen geschützt werden.

Betriebe aus dem Stahlbau haben ihre Spezialisierung mit der Metallverarbeitung erworben. Sie bieten bevorzugt Stahl- oder Aluminiumkonstruktionen für das Tragwerk an. Dabei wird auf Profile zurückgegriffen, die von Systemherstellern angeboten werden. Der Wintergartenbauer nutzt das System und komplettiert die Tragwerkskonstruktion mit eigenen Metallbauleistungen entsprechend den örtlichen Baugegebenheiten. Da auf vorhandene Systeme zurückgegriffen werden kann, sind Metallwintergärten teilweise preisgünstiger als solche aus Holz.

Einen großen Marktanteil haben sich in den letzten Jahren Unternehmen mit Manufakturfertigung erobert. Diese liefern komplette Tragkonstruktionen für Wintergärten nach den individuellen Vorstellungen und Materialwünschen des Kunden. Der autorisierte Montagebetrieb sichert die notwendigen Arbeiten in Vorbereitung und Realisierung des Wintergartens am Aufstellort.

Wandanschluss für den Anlehnwintergarten

Die Leistungen der Firmen, die Systemprofile anbieten, soll am Beispiel der Dachkonstruktion für einen Anlehnwintergarten mit Pultdach gezeigt werden. Auf der Grafik Seite 24 unten ist die Anbauwand abgebildet. Der Wandanschluss, auch als Dachbzw. Firstpfette bezeichnet, besteht aus vier Aluminiumprofilen. Diese sind mit dicken schwarzen Linien gekennzeichnet. Unten

rechts ist mit einem Hochleistungsanker das Tragprofil mit einer Gelenkpfanne an der Wand befestigt. Links unten greift ein Dachträger mit seinem Kugelkopf in die Gelenkpfanne. Durch die Beweglichkeit im Gelenk sind unterschiedliche Dachneigungswinkel realisierbar.

An dem beweglichen Träger wird der Dachsparren (nicht dargestellt) angeschraubt. Dieser verbindet die Firstpfette mit der Traufenpfette und nimmt die Eindeckung auf. Sie ist im Bild als Doppelscheibe dargestellt. Zwei weitere Aluminiumprofile sind über isolierende Zwischenstücke mit Wandanschluss und Träger verbunden.

Mit dieser Lösung werden eine gute Wärmeisolierung, eine ausreichende Hinterlüftung,

eine sichere Wasserableitung sowie eine einfache Montage ermöglicht. Ausgereifte Konstruktionen wie diese und die hohe Fertigungskapazität für die Aluminiumprofile begründen die gute Marktposition der Systemanbieter.

Bei Holzwintergärten existieren ähnliche Systemlösungen. Hier erfolgt die Lastaufnahme über Wandanschlussbalken (Grafik Seite 24 oben), die an der Anbauwand angelehnt und verschraubt sind und oben die exakte Dachschräge besitzen. Auf dem Holzträger ist die Aluminiumprofilschiene befestigt. Die Doppelscheibe wird über Dichtungen mit dem Klemmprofil befestigt. Weitere Profile vervollständigen den Wandanschluss.

Die Weiterführung der Dachneigung des Hauses und der überdachte Eingangsbereich sind die markanten Merkmale dieses Wintergartens, der auf die spezifischen Wünsche des Bauherrns abgestimmt wurde.

Wintergarten – Technik

Der Vergleich der beiden Dachanschlüsse zeigt die Unterschiede im Vorfertigungsgrad und in den notwendigen Maßnahmen zur Wärmeisolierung.

Bei Tragkonstruktionen aus Metall als auch Metallverbund Aluminium/Stahl wird zumeist auch ein Wandanschlussprofil entsprechend Bild unten verwendet. Es existieren regionale Betriebe des Metall verarbeitenden Gewerbes die entsprechende Fertigprofile beziehen und Wintergärten aufbauen. Daneben bieten die Unternehmen mit Manufakturfertigung über ihre autorisierten Montagebetriebe das Produkt an.

Weitere Entscheidungskriterien: Unabhängig von der Spezialisierung des Wintergartenbauers sind neben der Materialauswahl noch weitere Gesichtspunkte bei der Entscheidung für einen bestimmten Hersteller von Bedeutung, darunter:

- ästhetische Aspekte
- statische Auslegung
- Nutzungs- und Pflegeverhalten sowie
- die thermische Trennung.

Regendichter Gebäudeanschluss

Scheibenbefestigung (mit thermischer Trennung)

Wandanschlussbalken

Aluminiumelemente sichern bei Holzkonstruktionen den perfekten Anschluss von Holz und Wand.

Putz
Dauerelastische Abdichtung
Thermische Trennung
Schaum

Gummidichtung

Wasserablaufdichtung

Abstandshalter mit Isoliermaterial

Gelenk für Dachneigung

Spezielle Profile wurden für den Wandanschluss von Metallwintergärten entwickelt.

Ästhetische Aspekte: Wer Holz liebt, sich damit umgeben will und darin die ideale Verbindung zur Natur sieht, wird sicher eine Holzkonstruktion für den Wintergarten wählen. Die Profile sind bei Holzausführung zumeist größer dimensioniert als bei Metall und treten daher deutlicher in Erscheinung. Die Gestaltungsvielfalt ist bei Holz etwas eingeschränkt.

Metallkonstruktionen zeichnen sich durch schlanke, grazile Profile aus. Hier ist außerdem eine beständige und attraktive Farbgebung möglich.

Statische Auslegung: Stahl hat ein wesentlich höheres Widerstandsmoment als Holz. Dadurch ist bei gleicher Belastung die statische Auslegung mit geringeren Profilstärken möglich, die Gesamtkonstruktion erscheint optisch leichter. Genauso können Hohlprofile eingesetzt werden, die bei reduziertem Gewicht sehr hohe Kräfte aufnehmen können.

Holzträger sind heute fast ausschließlich als Leimholzbinder ausgeführt. Dazu werden meist Bretter aus Nadelschnittholz zum fertigen Profil verleimt. Diese Holzbauteile sind statisch stabil und unterliegen nicht den Alterungs- und Trocknungsprozessen, wie sie bei Massivholzträgern auftreten. Auffälligster Unterschied ist, dass Metalltragwerks-Konstruktionen bei gleicher Belastung durch die filigraneren Profile im Wintergarten weniger das Erscheinungsbild dominieren und der Natur größeren Raum lassen.

Nutzungs- und Pflegeverhalten: Beim Nutzungsverhalten sind die Wärmeleitung und der Einfluss der Feuchtigkeit zu beachten. Holz fühlt sich immer warm an, Metall dagegen kalt. An Holz wird es nur selten zur Taubildung kommen. Die Beschichtung mit deckenden Farbsystemen ist bei Holzprofilen problematisch, da durch das Arbeiten des Holzes und die Feuchtigkeit Schäden auftreten können. Anstrichsysteme am Holz

18° C
16° C
14° C
12° C
10° C
8° C
6° C
4° C
2° C
0° C
-2° C
-4° C
-6° C
-8° C
-10° C

1 = Befestigungsschraube aus Edelstahl mit Dichtscheibe
2 = Thermische Trennung durch Kunststoffprofil
3 = Hohlkammer für Riegelverbinder
4 = Aufrastbare Kunststoff-Verkleidung
5 = Alu-Abdeck- und -Andruckprofile. Ansichtsbreite 60 mm
6 = Glasdicke von 16 – 30 mm
7 = Trockenverglasung mit EPDM-Dichtungen
8 = Glasfalzbelüftung
9 = Raumseitige Pfosten und Riegel aus Stahlrohren, je nach statischen Anforderungen bis 120 mm Tiefe.

Eine gute thermische Trennung verhindert Kältebrücken und Kondenswasserbildung.

MATERIALEIGENSCHAFTEN VON STAHL, HOLZ UND ALUMINIUM IM VERGLEICH

MATERIAL	PROFIL-GRÖSSE	WÄRME-LEITUNG	TAUPUNKT-UNTER-SCHREITUNG	PFLEGE-VERHALTEN	LEBENS-DAUER
Stahl	+	–	–	+	+
Holz	–	+	+	–	–
Aluminium	=	–	=	+	+

+ positiv, – negativ, = indifferent

TIPP Vergleichen Sie die Angebote der Wintergartenbauer sehr genau und achten Sie ganz besonders auf Schwachpunkte wie den Kondenswasserabfluss und die thermische Trennung.

sind je nach Exposition jedes Jahr auszubessern oder zu erneuern. Dabei sind Lasuren einfacher auszubessern.

An Metallen wird der Taupunkt eher unterschritten, sodass es zur Taubildung kommt. Das beeinträchtigt die Haltbarkeit der Farbgebung aber nur unwesentlich.

Thermische Trennung: In allen Werkstoffen können Wärmeströme auftreten. Dabei findet der Wärmetransport immer von der höheren zur niedrigeren Temperatur statt. Dadurch kühlt sich der Werkstoff auf der wärmeren Seite ab.

Die Wärmeleitfähigkeit ist bei den Werkstoffen unterschiedlich groß. Sie wird durch die Wärmeleitfähigkeitszahl gekennzeichnet. Holz ist ein schlechter Wärmeleiter, Stahl dagegen ein sehr guter. Wärmebrücken sind Konstruktionsteile, die infolge guter Wärmeleitung besonders stark auskühlen. Sie führen zu erhöhten Heizkosten und Taupunktunterschreitungen (also Taubildung) an diesen Bauteilen.

Probleme mit Kondenswasser

Wird an einem Bauteil eine kritische Temperatur unterschritten, so treten durch Kondensationsvorgänge Tautropfen an der Konstruktion auf. Die physikalischen Vorgänge sollen durch die Grafik Seite 24 rechts unten dargestellt werden. Das gezeigte Temperaturprofil entspricht einer Außentemperatur von −12 °C und einer Raumtemperatur von etwa 21 °C. Durch eine gute thermische Trennung wird erreicht, dass die Temperatur

an den Innenflächen der Konstruktion und des Glases nicht wesentlich unter die Raumtemperatur sinkt, wodurch der Taupunkt erreicht werden könnte. Die niedrigsten Temperaturen treten bei allen Systemen an der Innenscheibe an der Einspannstelle auf. Kondenswassertropfen sind in diesem Bereich nicht auszuschließen.

Die Kondenswasserbildung ist so weit wie möglich zu verhindern, da dies längerfristig zu Schäden an der Konstruktion führen kann. Vollständig ausschließen lässt sich die Kondensation im Wintergarten nicht. Wichtig ist jedoch, dass das Kondenswasser frei abfließen kann. Sammelt sich Wasser und dringt in die Konstruktion ein, reduziert sich die Lebensdauer der gesamten Konstruktion. Gleichzeitig werden damit gute Bedingungen für Schimmelpilze geschaffen und das Wohnklima verschlechtert.

Kondenswasser bildet sich in der Kammer

Traufenpfette

Holzbrett

Dachträger

Kondenswasser muss frei abfließen können und darf sich nicht in Hohlräumen sammeln.

In der Grafik unten ist ein horizontaler Dachträger aus Stahl dargestellt. Als Verkleidung und Wärmeisolierung wurde von innen ein Holzbrett angeschraubt. Kondenswasser konnte hinter das Brett fließen, das Abfließen des Wassers war hingegen nicht gewährleistet. Die ausführende Firma versuchte, mit dem Anschrauben eines weiteren Brettes den Mangel zu beseitigen. Als Ergebnis entstand jedoch nur eine zweite Wasserkammer. Danach wurden beide Bretter beseitigt und eine fachlich bessere Lösung realisiert.

Dieses Negativbeispiel ist nicht konstruiert, sondern tatsächlich aufgetreten. Es geht hierbei um die Darstellung eines möglichen Fehlers bei der Ausführung, der vermeidbar gewesen wäre. Damit soll jedoch nicht die Branche in einem schlechten Licht dargestellt werden. Bei den Recherchen zu diesem Buch habe ich sehr viele fachlich ausgezeichnete Betriebe für den Wintergartenbau kennen gelernt. Der starke Wettbewerb führt aber auch zu Billiganbietern, denen die fachliche Kompetenz fehlt. Eigene Grundkenntnisse über die Konstruktion von Wintergärten, wie sie in diesem Buch geliefert werden, schützen daher am besten vor fehlerhaften Leistungen.

Wärmeisolierung

Holz benötigt auf Grund seiner geringen Wärmeleitfähigkeit bei entsprechender Dimensionierung keine zusätzlichen Isoliermaßnahmen. Bei Metallträgern ist dagegen

Wintergarten – Technik

Links: Wärmegedämmtes Dachsystem aus Aluminium, hier die Systemprofile mit innen liegender Statik. Rechts: Wärmegedämmtes Dachsystem mit innen liegenden Holzprofilen und Aluminiumverblendung im Außenbereich.

eine thermische Isolierung notwendig. Diese lässt sich am günstigsten durch eine **thermische Trennung** von Tragkonstruktion und Eindeckung erreichen.

Beispiele zeigen die Bilder oben. Hierbei sind die wärmegedämmten Dachsysteme in Aluminium- und in Holzausführung mit Aluminiumabdeckung der Firma Solarlux gezeigt. Auf dem tragenden Profil wird die isolierende EPDM-Dichtungsleiste festgeklemmt, die auch die Wasserableitung übernimmt. Danach können die beiden Isolierglasscheiben aufgelegt und von oben mit einer weiteren EPDM-Dichtung und einer Abdeckleiste befestigt werden. Zur optischen Verschönerung werden Deckleisten als Verkleidung aufgesetzt. Mit dieser Konstruktion wird die Wärmeleitung von innen nach außen sehr stark reduziert.

Bei Verwendung von **Aluminium** für die Tragkonstruktion wird die thermische Trennung durch zweischalige Profile erreicht. Die innere Schale übernimmt die Übertragung der Kräfte auf das Fundament, die äußere erfüllt die Funktion der Abdichtung. Beide sind durch isolierende Kunststoffbrücken miteinander verbunden (siehe Bild Seite 24). **Stahl** besitzt eine wesentlich höhere Festigkeit als Aluminium. Durch spezielle Fertigungsverfahren können jedoch auch Aluminiumprofile mit hoch belastbaren geometrischen Formen hergestellt werden. Zusätzlich ist die

Verstärkung der Aluminiumprofile durch eingeschobene Stahlelemente möglich.

Eindeckmaterialien

Prinzipiell ist bei den Eindeckmaterialien zwischen **Kunststoffen** und **Gläsern** zu unterscheiden. Für den Wintergarten dominieren bei den Kunststoffen Polymethylmethacrylat, umgangssprachlich als Plexiglas bezeichnet, oder das ähnliche Polycarbonat. Es wird als Stegplatte mit bis zu fünf Schichten übereinander (Stegfünffachplatte) für den Bau transparenter Hüllflächen angeboten. Ob die Eindeckung mit Glas oder Kunststoffen erfolgt, hat keine großen Auswirkungen auf die Hüllflächengestaltung. Fenster und Lüftungsöffnungen sind bei beiden Typen integrierbar.

Kunststoff-Eindeckung

Trotz hoher Lichtdurchlässigkeit ist Kunststoff in Abhängigkeit der Materialstärke und -güte nicht klar durchsichtig. Es hat jedoch viele Vorteile:

- Das geringe Gewicht ermöglicht leichte Tragkonstruktionen.
- Der geringe Wärmedurchgang hat Vorteile bei der Isolierung.
- Kunststoffplatten sind preisgünstiger.

Durch das geringe Gewicht der Kunststoffplatten sind einfache Schiebefenster mög-

lich, die sich auch im Dachbereich einsetzen lassen.

Trotz vieler Vorteile wiegt der Nachteil der nicht vollständigen Transparenz schwer, wenn der Wintergarten als dauerhafter Wohn- oder Aufenthaltsraum genutzt werden soll. Für frostfreie und unbeheizte Wintergärten kann die Eindeckung mit Kunststoffplatten eine Alternative sein. Im Dachbereich ist auch bei Wintergärten mit Wohnraumauslegung der Einsatz von Kunststoffplatten möglich.

Glas-Eindeckung

Hüllflächen aus Glas stellen eine unmittelbare Verbindung zur umgebenden Natur her und werden deshalb bevorzugt verwendet. Glas ist ein anorganischer Baustoff, der aus Sand (Siliziumoxid) und Zusatzstoffen gewonnen wird. Das spezifische Gewicht beträgt 2,5 g/cm³. Die Zugfestigkeit und die Elastizität sind sehr gering, denn wie jeder weiß, ist Glas spröde. Der größte Vorteil von Glas ist sicher die gute Lichtdurchlässigkeit (siehe auch Seite 28). Bei senkrechtem Auftreffen der Strahlen beträgt sie bei einer 4 mm dicken Scheibe aus einfachem Fensterglas etwa 92 %. Der Rest der Strahlung wird absorbiert und reflektiert.

Die Materialcharakteristika der jeweiligen Gläser sind bei der Auslegung der Hüllflächen genau zu berücksichtigen. Von besonderer Bedeutung ist der Wärmedurchgang, da er das Klima im Wintergarten maßgeblich beeinflusst. Weitere Gesichtspunkte sind die Einhaltung der Wärmeschutzverordnung, aktuell die Energieeinsparverordnung EnEV von 2009, sowie gesetzliche Vorgaben zum

TIPP **Zur Überwinterung von Kübelpflanzen eignen sich einfache Wintergartenkonstruktionen mit transparenten Kunststoffplatten.**

Wärmeschutz, um den CO_2-Ausstoß zu verringern.

Auch die mögliche Verletzungsgefahr bei Scheibenbruch durch herabfallende Glassplitter ist zu beachten. Glas mit einer Drahteinlage (Drahtglas) bietet die geforderte Sicherheit, sieht aber nicht schön aus. Die Verwendung von **Einscheibensicherheitsglas** (ESG) oder **Verbundsicherheitsglas** (VSG) ist ebenfalls möglich, schlägt sich jedoch im Preis nieder. Beim Zerbrechen von Einscheibensicherheitsglas entsteht eine Vielzahl unterschiedlich großer Glasstücke, die bei einer entsprechenden Fallhöhe eine Verletzungsgefahr darstellen können. Deshalb ist im Überkopfbereich Verbundsicher-

heitsglas oder Drahtglas verbindlich vorgeschrieben.

Verbundsicherheitsglas enthält eine Folie, die ein Auseinanderbrechen der Scheiben zuverlässig verhindert. Bei Beschädigungen durch zu hohe Belastungen, z. B. herabfallende Dachziegel, bilden sich lediglich Risse in der Scheibe. Es kann auch im Brüstungsbereich als Absturzsicherung Verwendung finden. Die Glashersteller bieten für diesen Einsatzfall spezielle Sicherheitsgläser an. Die spezifischen Länderregelungen des Baurechtes sind dabei zu beachten.

Das Einscheibensicherheitsglas kann auch als Außenscheibe bei Zweischeiben-Isolierverglasungen eingesetzt werden, da es

TIPP **Trotz höherer Preise sollten Sie zum besseren Schutz vor möglichen Beschädigungen Einscheiben-Sicherheitsglas als Außenscheibe verwenden.**

weniger bruchempfindlich als einfaches Floatglas ist. Damit besteht ein begrenzter Schutz vor Beschädigung, beispielsweise durch herabfallende Äste. Der Preisunterschied ist von sekundärer Bedeutung, wenn man mögliche Schäden einkalkuliert. Generell sollte man sich bei der Glasauswahl gut beraten lassen und nicht nur die

Ein langgestreckter Wintergarten mit angedeutetem Satteldach, der nicht nur einzelne Wohnbereiche des Hauses von außen verbindet, sondern zusätzlich das Obergeschoss integriert. Kein Wunder, dass die Kinder dort ihrem Bewegungsdrang freien Lauf lassen.

Wintergarten – Technik

Wärmeschutzglas reduziert den Wärmedurchgang am Fenster.

Sonnenschutzglas vermindert zusätzlich die Einstrahlung der Sonne in den Raum.

momentan kostengünstigste Variante in den Vordergrund stellen. An erster Stelle steht die Einhaltung der Wärmeschutzverordnung. Bei einer wirtschaftlichen Betrachtung sind neben den Investitionskosten die Betriebskosten von entscheidender Bedeutung. Isolierscheiben mit einem höheren Wärmedurchgang verursachen höhere Kosten für die Heizung. Berücksichtigt man die Lebensdauer eines Gebäudes, so können sich schon nach wenigen Jahren höhere Investitionskosten für ein besseres Glas rechnen.
In geschlossenen Räumen tritt hinter Verglasungen der so genannte **Gewächshauseffekt** auf. Die Lichtstrahlung der Sonne gelangt, durch die Transmissions-(Durch-

dringungs-)Verluste der Verglasung vermindert, in den Raum. Beim Auftreffen auf eine Fläche, z. B. den Boden, wird die Strahlung zum großen Teil absorbiert und in Wärme umgesetzt. Je dunkler die Farbe der Fläche, desto höher ist der absorbierte Anteil der Strahlung. Die erwärmte Fläche gibt eine Wärmestrahlung ab, die wiederum an der Glasscheibe reflektiert wird. Der Raum wird deshalb durch die Sonnenstrahlung sehr stark erwärmt. Damit entsteht für die Nutzung des geplanten Wintergartens ein Klimaproblem, denn die Temperatur kann im Innern weit über der Außentemperatur liegen. Dieses Problem lässt sich durch Lüftung, Beschattung und Kühlung lösen oder

zumindest mildern, wie in den späteren Kapiteln beschrieben (siehe Seite 40, 43, 47). Der Einsatz spezieller Gläser ist ebenfalls ein Mittel zur Regulierung der Wärme- und Lichtbilanz. **Isolierverglasungen** bieten in unterschiedlichen Ausführungen einerseits eine gute Wärmeisolierung und können andererseits zusätzlich als Sonnenschutzverglasung den Durchgang der Sonnenstrahlung reduzieren. Die aktuelle Wärmeschutzverordnung, die EnEV von 2009 stellt konkrete Forderungen zur Einschränkung der Wärmeverluste und damit zur Senkung des Heizwärmebedarfes eines Gebäudes. Diese sind auch für Wohnwintergärten zu erfüllen. Deshalb kommt dem Aufbau der Fassadenverglasung eine besondere Bedeutung zu. Isolierscheiben bestehen aus zwei oder drei Scheiben, die mit am Rand eingelegten Profilen auf Abstand gehalten werden. Der Zwischenraum ist mit Edelgas, zumeist Argon, gefüllt. Der Randverbund wird anschließend luftdicht mit elastischen Materialien verschlossen. Er ist vor UV-Strahlung zu schützen.
Sonnenschutz- und **Wärmeschutzgläser** erhalten zusätzlich eine Beschichtung. Diese ist aus Edelmetall (meist Silber) oder Oxid (meist Zinnoxid) jeweils an der Fläche zum Scheibenzwischenraum angebracht.
Bei Dreischeibenisolierverglasungen sind die Wärmedurchgangskoeffizienten $U_g < 0,5$ W/m² × K und bei Zweischeibensystemen von $U_g < 1,1$ W/m² × K erreichbar. Der Wärmedurchgangskoeffizient U ist eine Materialkennziffer zur Bewertung der Wärmeübertragung eines Materials oder Bauteils. Der Index g steht für Glas, f für Rahmen (frame) und w für Fenster (window). Für das Fenster wird U_w aus dem Glasanteil und der Rahmenkonstruktion berechnet. Je kleiner der U-Wert umso geringer ist die Wärmeübertragung. Die EnEV 2009 fordert die Einhaltung bzw. Unterbietung von festgelegten Wärmedurchgangskoeffizienten für unterschiedliche Bauteile.

WICHTIGE MATERIALKENNWERTE FÜR DIE VERGLASUNG

GLASTYP	SCHEIBEN-AUFBAU	DIN-Ug-WERT W/m² × K	LICHT-TRANSMISSION τ	ENERGIE-DURCHLASS G
Isolierglas	6/12/6 mm	3,0	78 %	72 %
Wärmeschutzglas	6/12/6 mm	1,3	76 %	63 %
Sonnenschutzglas neutral	6/12/6 mm	1,6	51 %	39 %
Sonnenschutzglas silbern	6/12/6 mm	1,4	50 %	35 %

Quelle: Flachglas AG (Produktinformation) geändert

Häufig wird behauptet, dass Wintergärten genauso wie Gewächshäuser nicht in den Geltungsbereich der genannten Verordnung fallen würden. Das ist so nicht richtig. Kriterium für die Anwendung der Wärmeschutzverordnung ist die Nutzung, Größe und Heiztemperatur.

Räume (auch Wintergärten), die als Wohnraum genutzt und beheizt werden, müssen die Anforderungen an den Wärmeschutz nach der EnEV erfüllen. Im Gegensatz zum Wärmedurchgangskoeffizienten beschreibt der Gesamtenergiedurchlassgrad den Durchgang der Energie aus Licht- und Wärmestrahlung für transparente Hüllflächen. Die Werte für die Lichttransmission (τ), den Wärmedurchgangskoeffizienten (U) und den Gesamtenergiedurchlassgrad (G) sind in der Tabelle Seite 28 unten als Vergleich für unterschiedliche Glasarten angegeben. Der Scheibenaufbau wurde dabei einheitlich als Zweischeibensystem mit je 6 mm Scheibenstärke und 12 mm Zwischenraum gewählt. Mit Dreifachverglasungen lassen sich noch niedrigere U-Werte realisieren. Für das Wintergartenklima hat eine solche Ausstattung durchaus Vorteile, natürlich mit einem höheren Preis.

Die hohen Ölpreise, die Ökosteuer, aber nicht zuletzt die Schonung der Umwelt und Natur fordern eine gute Wärmedämmung der Glasflächen. Wintergartennutzer, die mit einem solchen Wohnraum die Verbindung zur Natur auf eine andere Ebene stellen wollen, sind diesem Anspruch doppelt verpflichtet.

An der Tragkonstruktion aus Holz werden maßgefertigte Scheiben befestigt.

Scheibenmaße und Fassadengestaltung

Die Isolierverglasungen werden teilweise direkt an den Rahmenteilen befestigt. Rahmen- und Scheibenmaße sind dann aufeinander abgestimmt. Es besteht aber auch die Möglichkeit, dass zusätzlich zwischen den Scheiben Sprossen eingesetzt werden. Diese übernehmen die Verbindung der Scheiben und die Übertragung der Kräfte auf den Rahmen.

Wichtiges Kriterium bei der Auswahl sind die möglichen Scheibenabmessungen. Isolierglasscheiben werden in fast allen Ausführungsvarianten auftragsgebunden gefertigt.

Es ist also nicht notwendig, sich auf festgelegte Standardmaße zu beschränken. Trotzdem gilt es, einige Aspekte bei der Auswahl der Scheibengröße zu berücksichtigen.

Problem Schneelast

Im Dachbereich sind die auftretenden Kräfte höher als im senkrechten Fassadenteil, denn es ist beispielsweise mit der Belastung von Schneeschichten zu rechnen. Grundlagen für die komplizierte Berechnung, die hier nicht wiedergegeben werden sollen, sind die entsprechenden Schneelastzonen. Deutschland wird in die Schneelastzonen 1, 2 und 3 eingeteilt. Eine weitere Feinabstimmung existiert durch die Schneelastzonen

TIPP Unbeheizte und frostfrei gehaltene Wintergärten fallen nicht in den Anwendungsbereich der Wärmeschutzverordnung, solche mit höherer Raumtemperatur jedoch schon.

ZUSÄTZLICHE GEWICHTSBELASTUNG DURCH SCHNEE UND EIS

SCHNEELAST	SCHNEEHÖHE FRISCHER SCHNEE	SCHNEEHÖHE NASSER SCHNEE	EISHÖHE
0,25 kN/m²	18 cm	5 cm	2,75 cm
0,50 kN/m²	36 cm	10 cm	5,5 cm
0,75 kN/m²	54 cm	15 cm	8,25 cm
1,0 kN/m²	72 cm	20 cm	11,0 cm

1a und 2a. In welcher Schneelastzone sich der Aufstellort für den Wintergarten befindet, lässt sich über das Internet ermitteln. Auf das Berechnungsverfahren für die Schneelast kann in diesem Zusammenhang nicht eingegangen werden.

Extreme Witterungsbedingungen können auch zu größeren Schneelasten als in der Tabelle angegeben führen. Man kann in solchen Fällen das Abtauen durch das Erhöhen der Heizleistung fördern. Auch das Abspritzen mit Wasser kann bei Temperaturen um den Gefrierpunkt hohe Schneemassen beseitigen.

Windlast und Spannungen

Windlast und Eigengewicht der Verglasung sind weitere Kräfte, die von der Tragkonstruktion aufzunehmen sind. Temperaturunterschiede in der Glasscheibe erzeugen innere Spannungen, die zum Springen der Scheiben führen können. Zwischen sonnenbestrahltem und beschattetem Teil einer Scheibe können diese Unterschiede bis zu 50 °C betragen.

Scheibenmontage und Austauschkosten bei Beschädigungen sind weitere Aspekte, die bei der Auswahl der Scheibengröße von Bedeutung sind. Im Dachbereich werden als Vorzugsmaße Scheibenbreiten von 60 cm, 75 cm und 100 cm gewählt, wenn nicht durch die Bauabmessungen ein anderes Rastermaß notwendig wird. Die Scheibenlänge ist variabel, beträgt jedoch selten mehr als vier Meter. Ist die Dachlänge größer, ist der Aufbau aus mehreren Scheiben notwendig. Unter der Stoßstelle (= die Stelle, an der die Scheiben aneinander grenzen) befindet sich ein Träger, die Pfette.

Schmutzablagerung vermeiden

In der Länge geteilte Scheiben müssen quer zur Fließrichtung des ablaufenden Regenwassers abgedichtet werden. Alle Bauteile, die die Eindeckung überragen, vermindern die Fließgeschwindigkeit und führen mit der Zeit zu hässlichen Schmutzablagerungen, die sich schwer beseitigen lassen. Aufgeklebte dünne **Abdeckleisten** reduzieren die Fließgeschwindigkeit nur unwesent-

lich, dadurch sind die Stau- und Schmutzzonen deutlich verringert.

Stufenglas, bei dem die obere Scheibe den Randverbund um etwa 6 bis 8 cm überragt, eignet sich für ein schuppenartiges Überlappen der Scheiben. Staustufen werden damit vollkommen vermieden (siehe Seite 32 oben links).

Im Bereich der **senkrechten Glaswände** sind breitere Scheiben üblich. Aus Gestaltungsgründen wählt man oft doppelt so große Scheibenbreiten wie im Dachbereich. Die Verbindung der Scheiben mit Rahmen und Sprossen verlangt in jedem Fall eine fachlich gute Handwerksarbeit.

Scheibenabdichtung mit Profilen

Auch eine spröde Glasscheibe wird unter Belastung verformt, sodass die Dichtungen unterschiedlich fest angepresst werden. Kommt Wind hinzu, so besteht die Möglichkeit, dass Regenwasser unter die Dichtung dringt. Dieses muss in Profilen ebenso wie das Kondenswasser abgeleitet werden. Die Verbindung der Profile untereinander, z. B. der Stoß eines waagerechten und eines senkrechten Profils, ist mit Silikon oder einem ähnlichen Material abzudichten (siehe Bild Seite 31 oben).

> Wichtigster Grundsatz: Wasser, das durch Kondensation oder extreme Witterungsbedingungen an der Konstruktion oder zwischen den Profilen auftreten kann, muss immer frei abfließen können.

Bleibt das Wasser stehen, kann es zu Schäden am Wintergarten kommen. Außen sollte das Wasser immer in Richtung der Dachentwässerung, von oben nach unten, abgeleitet werden. Die Abdichtung der Scheiben nach innen zum Rahmen oder zur Sprosse und nach außen zur Abdeckleisten erfolgt mit Dichtprofilen, den EPDM-Dichtungen. Die Abdeckleiste wird dabei mit Rahmen oder Sprosse verschraubt, sodass die Scheibe

Lange Dachscheiben sind häufig geteilt. Durch sehr dünne aufgeklebte Abdeckleisten wird die Schmutzablagerung an diesen Stellen vermindert.

sicher zur Grundkonstruktion abgedichtet wird.

Schutz vor Kältebrücken

Neben Abdichtung gegen eindringendes Wasser hat der Wärmedurchgang der Tragkonstruktion, bestehend aus Rahmen und Sprossen, eine große Bedeutung. Die Oberfläche des Tragwerkes ist gegenüber der Hüllfläche unbedeutend. Trotzdem ist die thermische Trennung nicht zu vernachlässigen, da die Profile als Kältebrücken große Wärmemengen von innen nach außen transportieren können.

Nach dem Bauteilverfahren ist der U-Wert für die komplette Dachkonstruktion, gegebenenfalls für die senkrechten Glasflächen und die Fenster und Türen zu berechnen.

Die **Abdeckleisten** haben mehrere Funktionen:

- die thermische Trennung
- die Befestigung der Scheiben an der Tragkonstruktion
- die Abdichtung
- die farbliche Gestaltung der Außenansicht.

Die Funktion der thermischen Trennung wurde bereits auf Seite 24 gezeigt. Grundlage der thermischen Trennung ist die Unterbrechung der Wärmeleitung. Die Profile der Außenseite sollen mit den Profilen der Innenseite möglichst keine wärmeleitende Verbindung besitzen. Dazu werden Isoliermaterialien verwendet. Bei der dargestellten Sprosse liegt die niedrigere Temperatur an der Abdeckleiste außen an. Von der Scheibe zur Sprosse wird die thermische Trennung durch die EPDM-Dichtung gewährleistet. Brücken der Wärmeleitung sind die Verbindungsschrauben zwischen Abdeckprofil und Sprosse.

Spezielle konstruktive Varianten verringern die Wärmeleitung im Bereich der Verbindungselemente. Im Bild Seite 24 ist eine entsprechende Variante mit doppelter Abdeckleiste und Gestaltung der Verbindungs-

konstruktion dargestellt. Zugleich erkennt man hier die Befestigung der Scheiben durch die Abdeckleisten.

Regenwasserableitung

Das auf der Dachfläche anfallende Regenwasser muss wie beim Haus abgeleitet werden. Dazu sind Dachrinnen und Fallrohre notwendig. Von den Fallrohren wird das Wasser in die Oberflächenentwässerung der Abwassersysteme eingeleitet. Dabei ist darauf zu achten, dass die Ableitung mit einem entsprechenden Gefälle von mindestens 1 % an das bestehende Abwassersystem des Gebäudes angeschlossen wird.

Die Wasserableitung von der Scheibe in die Rinne kann mit einer Stufenscheibe (siehe Grafik Seite 32) realisiert werden, sodass keine Staustufen entstehen. Bei dieser Ausführung wird keine Abdeckleiste benötigt. Zum Schutz des Randverbundes der Scheibe wird auf der oberen Scheibe eine UV-undurchlässige Emaillierung aufgebracht. Ebenso ist eine elastische Dichtung am

Neben der Wasserableitung in die Regenrinne ist die Hinterlüftung der Bauteile wichtig.

Wasser muss sicher in den Profilleisten der Scheiben nach außen abgeleitet werden.

Scheibenstoß ohne Widerstand in Fließrichtung möglich.

Die durchschnittlichen Niederschlagsmengen liegen in Deutschland – bis auf Extremlagen – zwischen 600 und 1100 Litern pro Quadratmeter und Jahr. Die Regenfälle haben für das Wintergartendach den positiven Effekt der Selbstreinigung. Um die Schmutzfracht abzuführen, sollte das Dach mindestens einen Neigungswinkel von 5 Grad aufweisen.

Bei wolkenbruchartigen Regenfällen sind Niederschlagsmengen von etwa 40 Litern pro Quadratmeter und Stunde möglich. Bei einem festen Gebäude sind die Dachentwässerungssysteme so ausgelegt, dass auch solch starke Regenfälle sicher abgeleitet werden. Beim Wintergarten wird versucht, möglichst schlanke Profile zu verwenden, um den Blick in die Natur nicht einzuschränken. Schmale Profile vermitteln zusätzlich den Eindruck einer sehr leichten Konstruktion, die sich besser an die bestehenden Gebäude anpasst. Deshalb wird die Dachrinne bei Wintergärten so ausgelegt, dass

TIPP Schon bei der Planung ist zu berücksichtigen, dass die Wasserableitung an der gesamten Konstruktion sichergestellt ist.

Wintergarten – Technik

Stufenscheiben gewährleisten einen optimalen Selbstreinigungseffekt.

durchschnittliche Regenintensitäten gut abgeleitet werden. Bei starken Regenfällen nimmt man ein Überlaufen in Kauf. Das Wasser schlägt dann auf den Boden und beschmutzt zwar die senkrechten Scheiben, aber Bauschäden sind dadurch nicht zu erwarten. Die Dachrinne wird bei Metallkonstruktionen meist mit der Dachpfette verbunden.

Dachrinnen an Wintergärten werden häufig nur mit einem minimalen oder gar keinem **Gefälle** ausgelegt. Ursache dafür ist die optische Gestaltung, die bei waagerechter Dachpfette und mit Gefälle verlegter Dachrinne unschöne fliehende Linien zeigt. Die Folge dieser Auslegung ist jedoch ein schnelleres Zusetzen der Dachrinnen, weil das Wasser zu langsam in Richtung Fallrohr fließt. Will man Probleme vermeiden, muss man

Laufschienen für Schiebetüren in Verbindung mit der Außenentwässerung (links) und dem Bodenkonvektor.

Die Regenwasserableitung erfolgt hier über ein Fallrohr und einen Bodenkanal im Fundament.

daher die Dachrinne ständig kontrollieren. Ein weiteres Problem besteht in der Möglichkeit des **Zufrierens der Dachrinne.** Ursache dafür sind geringe Größe und Gefälle der Dachrinne. Als Folge einer zugefrorenen Dachrinne wird Schnee und Wasser über die Dachrinne hinaustreten. Problematischer ist die Ausdehnung des Eises in der gefrorenen Dachrinne. Dadurch können Schäden an der Konstruktion auftreten.

Als Zusatzausrüstung werden **elektrische Rinnenheizungen** angeboten. Eine elektronische Steuerung schaltet die Heizung bei Frost ein. Dabei wird jedoch Energie verbraucht, auch wenn kein Wasser oder Schnee vorhanden ist. Die Steuerung für die Rinnenheizung sollte diese Zustände daher unbedingt berücksichtigen.

Schiebetüren als großzügige Variante zum Öffnen der Fassade benötigen Laufschienen. Diese werden in Verbindung mit der Außenentwässerung und dem Kanal für die Bodenkonvektoren bereits bei der Fundamentgestaltung berücksichtigt (siehe Bild links).

TIPP Kontrollieren und reinigen Sie die Dachrinnen Ihres Wintergartens regelmäßig, damit deren Funktion gewährleistet bleibt.

Anschluss an das Gebäude und das Fundament

Neben der Regenwasserableitung sind die Anschlüsse vom Wintergarten zum Gebäude und zum Fundament wichtig. Auch sie sollten in fachlich guter Qualität ausgeführt sein. Die **Bauanschlüsse** haben drei Funktionen zu erfüllen:

- die elastische Verbindung der Bauwerke
- die Abdichtung gegen eindringende Feuchtigkeit
- die optisch ansprechende Gestaltung der Übergänge.

Getrennte Bauwerke sowie das Zusammentreffen unterschiedlicher Baumaterialien können zu Verschiebungen an den Verbindungsstellen führen. Um Beschädigungen vorzubeugen, sollten diese als elastische Fugen ausgebildet sein. Häufig werden dazu Silikon- oder Schaumwerkstoffe genutzt. Der Anschluss des Wintergartendachs an die senkrechte Wand eines festen Gebäudes muss sowohl eine Bewegungsfreiheit als auch die Abdichtung gegen Feuchtigkeit gewährleisten. Zumeist bestehen diese Anschlüsse aus zwei getrennten Blech- oder Profilelementen. Dadurch werden die notwendige Bewegungsfreiheit, die Hinterlüftung und die Dichtung für Spritzwasser erreicht.

Übergang zum Fundament

Der Übergang von Stützen und Fensterrahmen zum Fundament sollte eine Wärmeisolierung erhalten. Zur Gestaltung des Überganges und zum Schutz vor Wasser wird ein Winkelblech eingesetzt und mit Silikon abgedichtet. Mit dem Blech in Form

Treppenhäuser sind häufig die Stiefkinder des Wohnbereiches. Eine Wintergartenkonstruktion erschließt neue Nutzungsmöglichkeiten, z. B. einen Kommunikationsbereich für Eltern und Kinder, die in getrennten Etagen wohnen.

Wintergarten – Technik

TIPP Auf Dachrinnenheizungen kann verzichtet werden, wenn alternative Vorsorgemaßnahmen wie das Auftauen mit Salz möglich sind.

einer Fensterbank wird das Fundament geschützt und das Wasser über eine Abtropfkante abgeleitet. Die Rückstauhöhe zum wasserführenden Niveau muss dabei mindestens 15 cm betragen. Das ist eine Grundanforderung.

Zusätzlich ist zu beachten, dass es bei geringer Höhendifferenz zwischen Außenniveau und Fensterflächen zum Zurückspritzen von Regenwasser und zur Verschmutzung kommt. Der Außenbereich kann jedoch so gestaltet werden, dass es zu keiner wesentlichen Verschmutzung kommt. Dazu ist beispielsweise ein Randstreifen aus Kieselsteinen geeignet.

Pflegeaufwand

Holzteile des Wintergartens benötigen eine intensive Pflege, damit Schäden vorgebeugt werden kann. Holz ist ein natürlicher Baustoff, der Feuchtigkeit aufnehmen und trocknen kann. Damit sind jedoch Volumenveränderungen verbunden, die zu Rissen im Holz führen können. Lasuren lassen sich am einfachsten ausbessern. Anstriche müssen auch an den Fenstern ständig kontrolliert und bei kleinen Schadstellen sofort ausgebessert werden. Alle ein bis zwei Jahre sind die Farbsysteme an besonders exponierten Stellen zu erneuern. Waagerechte und nicht abgeschrägte Holzrahmen sind besonders gefährdet, da Kondenswasser dort nicht abfließt.

Stahlkonstruktionen sollten als Grundschutz eine **Verzinkung** und nachfolgend eine **Farbbeschichtung** erhalten. **Aluminiumprofile** bekommen in der Regel eine

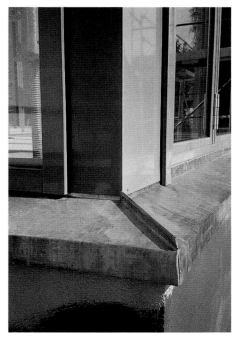

Die Verbindung von Wintergarten und dem Fundament muss vor Feuchtigkeit geschützt werden.

Einbrennlackierung. Der Pflegeaufwand für Metallkonstruktionen ist gering. Weiße **Abdeckleisten** im Dachbereich verschmutzen sehr leicht und lassen sich teilweise nicht mehr vollständig säubern. Farbige Abdeckleisten zeigen diese Problematik nicht so deutlich.

Die **Scheiben** des Wintergartens sind je nach Anspruch und Wohnlage bis zu vier Mal im Jahr zu putzen. Entsprechend der Flächengröße ist der Aufwand. Der Winter-

TIPP Möglichkeiten zur Ausbesserung an den Farbbeschichtungen und zur Reinigung sind bereits bei der Planung entsprechend zu berücksichtigen, zum Beispiel durch Leitern, begehbare Zugänge und pflegearme Materialien.

garten als Bindeglied zur Natur kann durchaus etwas naturbelassen wirken, weshalb übertriebene Reinlichkeitsansprüche fehl am Platz sind. Am **Dach** trägt die Dachneigung zur Selbstreinigung bei. Unabhängig davon ist bereits bei der Planung zu berücksichtigen, wie man zu Reinigungszwecken an die Dachflächen kommt. Auf die Dachflächen können Bretter zur Lastverteilung über die Sprossen und Sparren gelegt werden. Dabei sind die geltenden Sicherheitsvorschriften zur Unfallverhütung zu beachten. Senkrechte Fensterflächen sollten über Leitern gut erreichbar sein. Für die Reinigung der Dachscheiben und eventuell hoher Stehwandverglasungen gibt es auch Dienstleistungsbetriebe (siehe Branchenfernsprechbuch), die solche Aufgaben schnell und sicher erfüllen.

Auf einen Blick

- Tragkonstruktionen können aus Stahl, Holz oder Aluminium gefertigt werden. Die Entscheidung für ein Material ist abhängig von der Funktionalität, dem persönlichen Bezug zum Werkstoff und dem erforderlichen Pflegeverhalten.
- Als Eindeckmaterialien sind Gläser oder Kunststoffe nutzbar. Bei der Auswahl ist die Licht- und Wärmedurchlässigkeit zu beachten.
- Bei der Festlegung der Scheibengrößen sind neben dem gestalterischen Aspekt die Beanspruchung und der mögliche Austausch der Scheiben zu berücksichtigen.
- Staustufen an den Scheiben führen im Dachbereich zu Verschmutzungen.
- Kondenswasser muss an Scheiben und Profilen, auch in Zwischenräumen, sicher abgeleitet werden.
- Auf die Regenwasserableitung muss bei Wintergärten besonders geachtet werden.

Checkliste für Ihre Wintergarten- planung

Generelle Nutzung
Ganzjährige Nutzung (beheizt) ☐
Überdachter Freisitz (unbeheizt) ☐

Himmelsausrichtung
Norden ☐
Osten ☐
Süden ☐
Westen ☐

Nutzungsart
Wohnzimmer ☐
Esszimmer ☐
Arbeitszimmer ☐
Küche ☐
Hobbyraum ☐
Schlafzimmer ☐

Gestaltung
Pultdach ☐
Satteldach ☐
Sonderform ☐

Material Dachkonstruktlon
Aluminium ☐
Holz/Aluminium ☐

Material senkrechte Elemente
Aluminium ☐
Holz/Aluminium ☐
Holz ☐

Verglasung
Wärmeschutzglas ☐
Sonnenschutzglas ☐
Sicherheitsglas ☐
Selbstreinigendes Glas ☐

Sonnenschutz
Außen-Beschattung ☐
Innen-Beschattung ☐

Öffnungsmöglichkeiten/ Belüftung
Glas-Faltwand ☐
PSK-Anlage ☐
Drehtür ☐
Dreh-Kipp-Fenster ☐
Schiebelüfter ☐

Entlüftung senkrechter Bereich
Kippfenster ☐
Motorischer Walzenlüfter/Axiallüfter ☐

Entlüftung Dachbereich
Dachfenster (zum Klappen) ☐
Dachfenster (zum Schieben) ☐
Motorischer Walzenlüfter/Axiallüfter ☐

Automatisierung
der Beschattung ☐
der Dachfenster ☐
der Lüfter ☐
der Heizung ☐
der Beleuchtung ☐

SOLARLUX®

KLIMAGESTALTUNG IM WINTERGARTEN

Der Klimagestaltung kommt im Wintergarten eine besondere Bedeutung zu. Durch den sehr hohen Anteil an Fenster- bzw. transparenter Dachflächen kann einerseits Sonnenstrahlung in weit größerem Umfang nach innen gelangen als bei üblichen Wohngebäuden, andererseits kommt es zu einem sehr großen Wärmeeintrag und dem beschriebenen Gewächshauseffekt (siehe Seite 28). Das kann im Sommer zu Temperaturen von weit über 40 °C führen, die die Nutzung des Wintergartens einschränken. Auch die ausgewählten Pflanzen müssen mit diesen Klimaverhältnissen zurechtkommen. In der Übergangszeit können dagegen sogar Heizkosten eingespart werden. In Kombination mit Wärmerückgewinnungsanlagen oder Wärmepumpen kann die gewonnene Energie z.B. für die Brauchwassererwärmung genutzt werden.

Man kann drei Außenklimasituationen unterscheiden:

- niedrige Außentemperaturen ohne Sonneneinstrahlung mit erhöhter Heizleistung
- niedrige Außentemperaturen mit hoher Sonneneinstrahlung und mit geringer Heizleistung
- hohe Außentemperaturen mit hoher Einstrahlung und der Notwendigkeit der Kühlung.

Um unter diesen sehr vielfältigen Bedingungen zu einem für die Bewohner angenehmen Raumklima zu kommen, ist das günstige Zusammenspiel mehrerer Faktoren notwendig: die richtige Auslegung der Heizung, eine gut funktionierende Lüftung, der Einsatz von Wärme- und Sonnenschutzgläsern sowie die Installation einer wirksamen Schattierung. Die geringe Wärmespeicherkapazität der Glasfassade führt zum schnellen Klimawechsel. Zusätzlich können Kühlgeräte und Wärmerückgewinnungsanlagen zum Einsatz kommen.

Auch die Luftfeuchtigkeit ist in die Klimabetrachtung mit einzubeziehen, da sie die Behaglichkeit ganz wesentlich beeinflusst. Schließlich haben auch die Pflanzen beträchtlichen Einfluss auf das Klima im Wintergarten. Bei den Klimaanforderungen müssen daher die Ansprüche der Nutzer und der Pflanzen in Übereinstimmung gebracht werden. Nur ein gut aufeinander abgestimmtes Gesamtsystem zur Klimagestaltung kann zu zufriedenstellenden Lösungen führen und die Freude am Wintergarten über das ganze Jahr sichern.

Wärmeschutzverordnung und Wintergarten

Die Wärmeschutzverordnungen wurden vom Gesetzgeber seit 1972 immer wieder den Erfordernissen und baulichen Möglichkeiten angepasst. Sie gelten prinzipell auch für Wintergärten. Momentan ist die Wärmeschutzverordnung von 2009 (EnEV) gültig. Es sind unterschiedliche Anwendungsfälle zu berücksichtigen. Prinzipiell wird bei der Einstufung durch die Wärmeschutzverordnung nach Neubau oder Erweiterung, nach unbeheizt oder beheizt sowie nach der Größe unterschieden. Nachfolgend sind in Kürze die wichtigsten Punkte zusammengestellt.

▶ Neubau mit unbeheiztem Wintergarten

Es werden keine wärmetechnischen Anforderungen an den Wintergarten gestellt. Beim Wärmeschutznachweis für das Gebäude können Abminderungsfaktoren für die Anbauflächen berücksichtigt werden.

▶ Neubau mit beheiztem Wintergarten

Auf der Grundlage der Energieeinsparverordnung ist mit dem Bauantrag eine Wärmebilanz für das gesamte Gebäude durch den eingabeberechtigten Architekten vorzulegen.

▶ Anbau von Wintergärten an bestehende Gebäude

Anbauten an bestehende Gebäude werden auf der Grundlage der Wärmeschutzverordnung § 9 Absatz 4 und 5 in Abhängigkeit der Größe unterteilt in:

1. Beheizte oder gekühlte Räume mit zusammenhängend mindestens 15 m² und maximal 50 m² Nutzfläche sind so auszulegen, dass die in der Anlage 3 (Tabelle 1) festgelegten maximalen Wärmedurchgangskoeffizienten nicht überschritten werden. Entsprechend Anlage 3 sind für die Dachkonstruktion des Wintergartens bei Beheizung auf mindestens 19 °C mit $U_{max} = 2,0$ W/m² × K und bei Beheizung zwischen 12 °C und 19 °C auf $U_{max} = 2,7$ W/m² × K gefordert. Für Fenster und Fenstertüren gelten entsprechend 1,3 W/m² × K sowie 1,9 W/m² × K. Zur Berechnung der Wärmedurchgangskoeffizienten für die Bauteile gibt es Computerprogramme.

2. Bei einer Größe über 50 m² hinzukommender zusammenhängenden Nutzfläche sind die Außenbauteile entsprechend der § 3 und § 4 für zu errichtende Gebäude auszulegen

Keine Anforderungen durch die Wärmeschutzverordnung werden gestellt wenn:

1. Der Wintergarten dient der Pflanzenaufstellung und die Heiztemperatur von 12 °C wird nicht überschritten

2. Die Heizperiode beträgt maximal 4 Monate

3. Die Nutzfläche ist kleiner als 15 m²

Der Wärmeschutznachweis gemäß Energieeinsparverordnung gehört zur Ausführungsplanung und ist auf Anforderung gegenüber der Bauaufsichtsbehörde nachzuweisen. Der Planer oder Architekt muss mit der Berechnung der Heizungsanlage den Wärmeschutznachweis erstellen lassen.

Wintergarten – Technik

Heizung im Wintergarten

Eine Wärmeübertragung findet immer von hohen zu niedrigen Temperaturen statt. Ist der Wintergarten beheizt, wird Wärmeenergie über die Hüllfläche nach außen abgegeben. Wenn eine vorgegebene Temperatur eingehalten werden soll, ist daher ständig die Wärmemenge zuzuführen, die über die Hüllfläche abgegeben wird. Grundsätzlich hängt diese Wärmemenge vom U-Wert der Hüllfläche (siehe Seite 28), von der Größe der Hüllfläche und der Differenz zwischen Außen- und Innentemperatur ab.

Dazu ein Beispiel: Ein Anlehnwintergarten mit einer Grundfläche von 5 × 3 m, einer Hüllfläche von 40 m² und einem Wärmedurchgangskoeffizienten U = 1,2 W/m² × K benötigt erfahrungsgemäß eine maximale Heizleistung von 2 bis 3 kW. Die Berechnung basiert auf den allgemeinen Grundlagen der Wärmebedarfsermittlung von Gebäuden. Dazu existieren Außentemperaturvorgaben, auf die die Heizung auszulegen ist. Im Raum München sind das beispielsweise −14 °C, im Raum Hamburg −11 °C. Treten niedrigere Temperaturen auf, kann es zur Unterschreitung der Raumsolltemperaturen kommen. Dabei ist individuell zu klären, ob eine Raumtemperatur von minimal 10 °C für extrem kalte Nächte im Winter akzeptiert werden kann oder nicht.

Normalerweise ist bei solchen Wärmebedarfsermittlungen auch die Speicherwirkung der Gebäudehülle zu berücksichtigen. Diese ist aber im Wintergarten auf Grund der geringen Speicherfähigkeit von untergeordneter Bedeutung. Entsprechend der Pflanzenauswahl und den sich daraus ergebenden Temperaturansprüchen ist festzulegen, ob zur berechneten Heizleistung ein Zuschlag von 25 % angesetzt wird. Mit dieser Überdimensionierung der Heizung ist die Auslegungstemperatur auch im Extremfall gesichert.

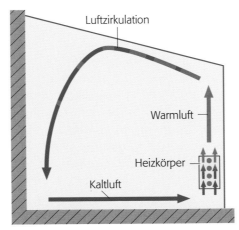

Die Konvektorheizung erzeugt ein ausgeglichenes Raumklima durch Erwärmung der Hüllfläche.

Konvektions- oder Strahlungswärme?

Nachdem durch die Wärmebedarfsermittlung die Auslegung der Heizung feststeht, ist die Entscheidung über die Art der Heizung zu treffen. Eine elektrische Heizung als ständige Wärmequelle scheidet auf Grund der hohen Betriebskosten aus. Heizkörper von Warmwasserheizungen übertragen ihre Wärme überwiegend in Form von **Konvek-**

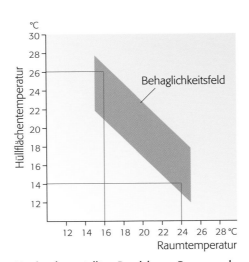

Nur im dargestellten Bereich von Raum- und Hüllflächentemperatur fühlt sich der Mensch wohl.

tionswärme auf die umgebende Luft. Die Luft wird am Heizkörper erwärmt, steigt nach oben, gibt dabei Wärme an die Hüllfläche ab und kommt abgekühlt wieder nach unten. Dieser Vorgang, bei dem Luft einer kreisförmigen Strömung unterliegt, wird als Konvektion bezeichnet.

Eine andere Heizungsform ist die Übertragung der Wärme durch Strahlung. Bei der **Wärmestrahlung** wird die Zielfläche direkt erwärmt, ohne dass die Luft als Übertragungsmedium benötigt wird. Beide Wärmeübertragungstypen sind bei der Beheizung der Wintergärten von Bedeutung.

Sowohl die Temperatur der Hüllflächen als auch die Raumtemperatur haben Einfluss auf die **Behaglichkeit** im Wintergarten. Beim Raumklima gibt es den Begriff der subjektiv empfundenen Temperatur, die aus der Raumlufttemperatur, der Hüllflächentemperatur und der Luftfeuchtigkeit berechnet werden kann.

Generell können niedrige Hüllflächentemperaturen nur in einem bestimmten Umfang durch höhere Raumtemperaturen kompensiert werden. Die Zusammenhänge sind im Behaglichkeitsdiagramm (siehe Grafik links) dargestellt. So kann bei Temperaturen der Innenscheiben von 10 °C auch bei sehr hoher Lufttemperatur keine Wohlfühlatmosphäre erreicht werden. Man hat den Eindruck, als ob es ständig »zieht«, obwohl gar keine Luftbewegung stattfindet.

Ursache dafür ist die hohe Abgabe von Strahlungswärme durch den menschlichen Körper an die Hüllfläche. Eine ähnliche Wirkung ist bei den Pflanzen zu beobachten. Durch den Strahlungsaustausch zwischen Pflanze und kühlerer Hüllfläche gibt die

TIPP **Warme Hüllflächen im Wintergarten sind für das Wohlfühlen von Mensch und Pflanze wichtig.**

Pflanze Wärmeenergie ab. Dabei sinkt jedoch die Temperatur der Pflanze selbst. Die Heizung muss deshalb zwei Aufgaben erfüllen:

- Erstens muss die Raumluft erwärmt werden
- zweitens die Hüllfläche.

In der normalen Wohnraumbeheizung hat die Erwärmung der Hüllfläche auf Grund der guten Wärmeisolierung der Wände dagegen nur eine untergeordnete Rolle.

Heizkörper-Typen: Radiatoren oder Konvektoren?

Jede Heizfläche überträgt Wärme in Form von Strahlung und Konvektion. Je höher die Temperatur der Heizfläche, desto höher ist der Anteil der Strahlungswärme. Heizkörper werden traditionell unter den Fenstern installiert. Die einfallende Kaltluft wird erwärmt, und gleichzeitig erfolgt eine Temperaturanhebung der Scheibe. Diese Erwärmung der Scheiben ist für die Beheizung von Wintergärten von ausschlaggebender Bedeutung. Neben der angesprochenen Problematik der kalten Hüllflächen wird durch die Erwärmung auch die Kondenswasserbildung an der Hüllfläche verringert. Übliche Heizkörper, beispielsweise **Radiatoren** aus Stahl oder Gusseisen, können jedoch die optische Gestaltung eines Wintergartens erheblich beeinträchtigen. Zudem ist vor Türen eine Installation nicht möglich. Eine Lösung besteht im Einsatz von **Konvektoren**, die hauptsächlich Konvektionswärme abgeben. Diese Heizgeräte haben eine geringe Bauhöhe, aber eine große Wärmeübertragungsfläche. Dadurch wird die Luft stark erwärmt, und es stellt sich eine hohe Luftgeschwindigkeit der warmen, aufsteigenden Luft ein. Man spricht hier von freier Konvektion. Konvektoren mit Ventilatoren erzeugen eine erzwungene Konvektion mit hoher spezifischer Wärmeleistung. Bodenkonvektoren mit einer Höhe von etwa elf Zentimetern können von der Bo-

denkonstruktion aufgenommen und oben mit Gitterrosten abgedeckt werden. Damit verschwindet die Heizung aus dem Sichtbereich. Trotzdem kann sie die Aufgabe der Erwärmung der Hüllfläche übernehmen. Diese vorteilhafte Lösung wird daher für Wintergärten häufig gewählt. Außerdem stellen die Gitterroste vor einer Glasfront ein attraktives Gestaltungselement dar. Zu berücksichtigen ist, dass die freie Konvektion mit der Luft auch den Schmutz aus dem Konvektor im Raum verteilt. Wird an der Tür zum Garten der Rost noch als Fußabstreifer benutzt, ist die Situation besonders prekär. Auf Bodenkonvektoren, Kanäle und Abdeckgitter ist im Bereich von Türen auf jeden Fall zu verzichten.

Fußbodenheizung

Mit Radiatoren oder Konvektoren vor den Fensterflächen ist eine ausreichende Beheizung des Wintergartens möglich. Wintergärten sind jedoch selten unterkellert, sodass bei ausreichender Raum- und Hüllflächentemperatur der Boden fußkalt wirken kann. Er wird trotz guter Isoliermaßnahmen nur unzureichend erwärmt. Hier bieten sich als

Bodenkonvektoren besitzen eine geringe Bauhöhe und lassen sich gut im Boden einbauen.

TIPP Mit Rücklauftemperatur-Begrenzern lässt sich eine Fußbodenheizung auch bei höheren Heizwassertemperaturen betreiben.

Abhilfe Fußbodenheizungen an. Sie haben als Niedertemperaturheizung eine Wassertemperatur von maximal 45 °C. Dafür sind ein separater Kreislauf am Heizkessel oder ein zusätzlicher Wärmetauscher notwendig. Soll nicht die gesamte Heizleistung über die Bodenheizung abgedeckt werden, ist über einen Rücklauftemperatur-Begrenzer der Anschluss an den üblichen Vorlauf der Heizung möglich. Der Temperaturbegrenzer regelt wie ein Thermostatventil und schließt das Ventil, wenn zu heißes Wasser durchgeleitet wird.

Die Fußbodenheizung als einzige Heizquelle ist für den Wintergarten absolut ungeeignet, da sie nicht in der Lage ist, die Hüllflächen ausreichend zu erwärmen. Außerdem ist sie für diesen Anwendungsfall zu träge.

Nachtabsenkung

Bei der Heizungssteuerung und der Temperaturregelung in Wohnräumen ist die Absenkung der Raumtemperatur in der Nacht üblich. Wintergärten kühlen infolge der fehlenden Speicherwirkung und des größeren Wärmedurchgangs schneller ab als normale Wohngebäude. Bei der Nachtabsenkung sind deshalb die Ansprüche der Pflanzen im Wintergarten zu berücksichtigen.

Lüftung

Die Lüftung hat im Wintergarten mehrere Aufgaben zu erfüllen. An erster Stelle steht die Temperaturregelung. Der Aufheizung durch die Einstrahlung kann durch das Öffnen von Fenstern und den damit verbundenen Austausch der erwärmten Luft entgegengewirkt werden.

Wintergarten – Technik

Zweiter Aspekt ist die Verminderung der Luftfeuchtigkeit. Durch die Transpiration (Verdunstung) der Pflanzen und durch andere Feuchtigkeitsquellen steigt der Wassergehalt der Luft, und bei Unterschreitung des Taupunktes (siehe Seite 25) tritt Kondenswasserbildung auf. Durch Lüften wird die feuchte Innenluft mit der trockeneren Außenluft ausgetauscht. Spezielle Nutzungsbedingungen können ebenfalls Ursache für Lüftungsmaßnahmen sein.

Freie oder erzwungene Lüftung

Grundsätzlich ist zwischen freier und erzwungener Lüftung zu unterscheiden. Die freie Lüftung nutzt die Thermik, während bei der erzwungenen Lüftung Ventilatoren den Luftaustausch unterstützen. Thermik bezeichnet das Aufsteigen erwärmter Luft, sodass im Wintergarten durch Zuluftöffnungen im unteren Bereich und oben liegende Abluftöffnungen die freie Lüftung optimal unterstützt wird. Genauso wirkt eine Lüftung von der Südseite in Richtung Norden des Wintergartens.

Für eine wirkungsvollere und schnellere Lüftung kann der Luftaustausch mit **Ventilatoren** unterstützt werden. Höhere Kosten, Geräuschbildung und laufende Stromkosten sind die negativen Aspekte.

Die freie Lüftung benötigt große zu öffnende Fensterflächen. Für die erzwungene Lüftung existieren Zu- und Abluftgitter, die andere Öffnungsmechanismen besitzen und damit einen besseren Schutz vor Wind und Regen bieten.

Größe der Lüftungsfläche

Die Frage nach der Größe der notwendigen Lüftungsflächen lässt sich nur objekt- und nutzungsabhängig beantworten. Außerdem sind dabei die verwendeten Pflanzen und ihre Position im Wintergarten in die Betrachtung einzubeziehen. Weitere Aspekte sind die Einstrahlung, die Beschattung und die Wintergartengröße. Kurzum: Für diese schwierige, für das Klima und Wohlbefinden aber entscheidende Frage benötigt man fachlichen Rat.

Die im Gewächshaus üblichen Zahnstangenlüftungen ermöglichen das Bewegen großflächiger Lüftungen.

Eine überschlägige Berechnung ist möglich. Die Wärmemenge, die durch die Sonnenstrahlung eingetragen wird, muss durch Luftaustausch abgeführt werden. Die abgeführte Wärmemenge ist mit dem ausgetauschten Luftvolumen und der möglichen Temperaturdifferenz zwischen innen und außen berechenbar. Generell lässt sich festhalten, dass bei einer 10 °C höheren Innentemperatur ein 20- bis 30facher Luftwechsel bei hoher Einstrahlung notwendig ist. Um diesen zu realisieren, ist ein Lüftungsflächenanteil von mehr als 10 % der Gesamtfassade erforderlich.

Die Kaltluftzufuhr erfolgt im unteren Bereich, während die Warmluft im Dachbereich austreten soll.

TIPP Sehr gute Ergebnisse werden bei der **Diagonallüftung** erreicht. Dabei streicht die Luft von der Südseite unten zur Nordseite oben. Die Zu- und Abluftöffnungen sind dazu diagonal gegenüberliegend anzuordnen.

Verschiedene Öffnungsmechanismen

Fensterflächen lassen sich manuell oder mit mechanischen Antrieben öffnen. Letzteres ist für eine Automatisierung der Lüftungsfunktion notwendig. Es gibt unterschiedliche Ausführungen der Antriebe. Die Fensterflächen im Dachbereich sind dabei zumeist oben in Gelenken gelagert und werden an der Unterseite nach außen bewegt. Diese Konstruktion hat ihren Ursprung wiederum in der Gewächshaustechnik. Ihre Vorteile liegen in der einfachen Bauweise und der guten Abdichtung gegen Wind und Regen. Eine solche Lüftung ist im Bild S. 40 oben gezeigt.

Der Antrieb erfolgt bei diesen Konstruktionen über eine rotierende horizontale Welle sowie Zahnräder und Zahnstangen. Die **Zahnstangen** ragen jedoch um die Öffnungsweite des Fensters in den Raum. Diese bewährte und einfache Ausführung stört die Optik und Gestaltung des Wintergartens, hat aber den Vorteil, dass sich damit sehr große Lüftungsflächen öffnen lassen. Eine Kombination mit einer Außenschattierung ist allerdings nicht möglich. Elektrische Spindelmotoren sind als Einzelantrieb geeignet, ragen jedoch mit derselben Länge in den Raum wie die Zahnstangen.

Hebelmechanismen zur Fensteröffnung werden ebenfalls angeboten. Knickhebel reduzieren die notwendige Bautiefe für den Antrieb ebenso wie Scherengitter.

Moderne **Schubkettenantriebe** realisieren bei geringer Einbautiefe ausreichend große Öffnungsweiten. Spindelmotoren und Schubkettenantriebe werden hauptsächlich für senkrechte Fenster und kleinere Dachfenster eingesetzt.

Auch RWA (Rauch- und Wärmeabzugsanlagen) aus dem industriellen Fassadenbau finden Anwendung.

Ohne elektrischen Antriebsmotor arbeiten **Gasfederantriebe.** In einem Pneumatikzylinder wird die Ausdehnung eines Gases durch die Temperaturerhöhung im Wintergarten zur Öffnung des Fensters genutzt. Spezielle Verschlusssysteme sind für ein dichtes Schließen des Fensters erforderlich.

Automatische Steuerung

Vor- und Nachteile einer automatischen Lüftung muss man gegeneinander abwägen. Werden Lüftungen in Abhängigkeit von vorgegebenen Parametern, z. B. der Temperatur, automatisch gesteuert, ergibt sich daraus einerseits ein Sicherheitsproblem. Die automatisch geöffneten Fenster laden bei Abwesenheit ungebetene Gäste zum Besuch, und die Versicherungen werden dafür nicht einstehen wollen. Außerdem ist die Automatikfunktion für die persönliche Nutzung des Wintergartens nicht unbedingt erforderlich, teilweise stört das laufende Öffnen und Schließen der Fenster bei bestimmten Temperatursituationen. Der Schutz der Pflanzen vor zu hohen Temperaturen ist ein Aspekt für die automatische Lüftung. Neben der

Schubkettenantriebe habe geringe Abmessungen und erlauben eine automatische Betätigung.

Abluftklappen im Firstbereich sind eine weitere Möglichkeit für den Luftwechsel.

Automatikfunktion ist immer auch die Handfunktion wählbar.

Sinnvoll ist die Steuerung der Lüftungsautomatik, um die Fenster bei Sturm und Regen zu schließen.

Lüftung über die Tür

Auch Türen im Wintergarten sind für die Lüftung nutzbar. Große Türflächen schaffen im geöffneten Zustand eine ganz besondere Verbindung zur Natur und das entsprechende Ambiente. Sie haben für das Verhältnis zum Raum eine wesentliche Bedeutung. Mit großen Türen fühlt man sich nicht eingeengt, der Übergang zum Garten ist ohne Sichtbehinderung möglich.

Ähnlich wie bei den Fenstern werden sie mit Dreh-Kippbeschlägen angeboten. Um ein vollständiges Öffnen zu gewährleisten, ist die doppelte Türbreite an der Glasfassade frei zu halten. Auch bei der Auswahl der Heizkörper ist dieser Bereich zu berücksichtigen.

Für große zu öffnende Flächen sind **Falttüren** eine Gestaltungsmöglichkeit. Elemente bis zu einer Breite von etwa einem Meter werden dabei über Scharniere miteinander zu einer Faltwand verbunden. Falttüren werden zunehmend im Wintergarten

Wintergarten – Technik

eingesetzt, da sie das großflächige Öffnen der Glasfront ermöglichen und damit den Übergang vom geschützten Raum zur freien Natur noch fließender gestalten. Erfolgt die Faltung in den Innenbereich, so ist ein Streifen von der Breite eines Elementes an der

Fassade als Manipulationsraum frei zu halten. Die Faltung ist aber auch nach außen möglich. Geringere Elementbreiten führen zu schmaleren Bewegungsräumen. Der Anteil der Flächen für die Rahmenprofile steigt dadurch aber überproportional an.

Im Vergleich dazu benötigen **Schiebetüren** beim Öffnen einen geringen Platzbedarf. Bei Schiebetüren bieten Systemhersteller Beschläge für Parallelschiebetüren und Kipphebeschiebetüren an, die eine gute thermische Abdichtung und eine einfache Bedienung gewährleisten. Wie bei allen verwendeten Materialien und Bauteilen spielt hier die Qualität eine besondere Rolle. Kostengünstige Produkte erfüllen oft nicht die Anforderungen, die an die Abdichtung nach heutigem Standard gestellt werden. Parallelabstellschiebetüren stehen gut abgedichtet in Rahmenprofilen und werden über Hebemechanismen aus diesen ohne hohen Kraftaufwand herausgehoben und parallel verschoben. Die Schiebetüren sind auch mit einem Kippbeschlag für die Lüftungsfunktion lieferbar.

Material für Fenster und Türen

Wie bei der Wintergartenkonstruktion gibt es auch hier eine Palette von Möglichkeiten. Es stehen Holz-, Metall- und Kunststoffkonstruktionen zur Verfügung. Auch eine Kombination aus den genannten Materialien ist üblich. Gestalterischer Anspruch, Wärmedurchlass, Pflege und Lebensdauer sind bei der Auswahl zu berücksichtigen. Im Prinzip gelten ähnliche Aussagen, wie sie für die Tragkonstruktion getroffen wurden.

Im Wintergartenbau finden im Außenbereich vielfältig Aluminiumprofile Anwendung. Ist die Tragkonstruktion aus Holz ausgeführt, so wird man auch Holzfenster wählen. Diese können als Verbundkonstruktion von außen eine Aluminiumverblendung besitzen. Metallfenster zeichnen sich durch eine lange Lebensdauer, aber auch durch einen höheren Preis aus. Deshalb werden Metallfenster im Wintergartenbereich nur selten eingesetzt.

Kunststofffenstern haftet häufig ein Negativimage an. Ursachen sind die ursprünglich starken und kastenförmigen Profile, die geringere Stabilität in den Scharnieren und die

Die nach außen zu öffnende Falttüranlage ermöglicht einen ungehinderten Übergang in den Garten ohne störende Elemente im Innenbereich.

TIPP

Manuell zu öffnende Fenster werden zumeist mit einem Dreh-Kippbeschlag ausgerüstet. Das Kippen des Fensters gestattet eine Öffnung, ohne dass das Fenster zu weit in den Raum steht. Fensterbreiten über einem Meter sollten nur im Ausnahmefall seitlich über den Drehbeschlag geöffnet werden.

Veränderung der Oberflächen durch die Sonneneinstrahlung. Diese Mängel sind jedoch bei den heutigen Modellen weitestgehend behoben. Stahleinlagen führen zu filigranen und haltbaren Profilen. Die Gestaltung ist der Holzbauweise angepasst und vielfältig geworden. Auch die Haltbarkeit der Oberflächen erreicht zufriedenstellende Ergebnisse. Außerdem können PVC-Fenster und -Türen heute vollständig recycelt werden.

Schattierung

Durch Lüftungsmaßnahmen kann ein Teil der durch die Sonne eingetragenen Wärme abgeführt werden. Für Mensch und Pflanzen können zu hohe Temperaturen belastend werden. Die Energieeinsparverordnung schreibt bei einem Fensterflächenanteil > 50 % Maßnahmen zur Verringerung des Wärmeintrages unter bestimmten Umständen vor. Damit befinden wir uns wieder im Spannungsfeld widersprüchlicher Vorgaben. Wintergartenbauer bieten natürlich die Beschattung als unbedingt notwendige Ausrüstung an. Sie argumentieren mit den Temperaturansprüchen der Bewohner, doch muss dies stets der Nutzer selbst entscheiden. Eine Nutzung bei Außentemperaturen von über 30 °C ist zu hinterfragen. Da kann man sich doch gleich unter den Sonnenschirm in den Garten setzen und muss nicht unbedingt im noch wärmeren Wintergarten sitzen. Jeder Nutzer möge für sich entscheiden, ob er eine Beschattung installieren lassen will oder nicht.

Um den Strahlungsdurchgang zu verringern, gibt es mehrere Möglichkeiten. Auf den Einsatz von Sonnenschutzgläsern wurde bereits eingegangen (siehe Seite 28). Diese haben jedoch den Nachteil, dass sie in jeder Jahreszeit den Strahlungsdurchgang vermindern. Im Winter ist der Bedarf an Sonnenlicht besonders hoch und sollte nicht reduziert werden. Außerdem dient die Einstrahlung der Erwärmung des Wintergartens. Abhilfe könnten Lichtleitsysteme schaffen, die im Sommer bei hohem Sonnenstand einen Teil des Lichtes reflektieren und bei niedrigem Stand Licht in den Raum spiegeln. Solche Lichtleitsysteme werden zwar in modernen Bürogebäuden eingebaut, würden aber wohl in einem normalen Wintergarten stören.

Schattierung durch Gehölze

Bei entsprechender Lage oder nachträglicher Pflanzung ist eine natürliche Beschattung durch Laubbäume und hohe Sträucher möglich. Sie hat den Vorteil, dass sie gut zum Charakter eines Wintergartens passt. Laubgehölze eignen sich sehr gut zur Beschattung, da sie im Winter ihr Blätterdach abwerfen und den dann besonders gewünschten Sonnenlichteinfall kaum mindern. Auf Grund der ständigen Luftverdunstung tritt außerdem eine angenehme Kühle im Schatten der Bäume auf.

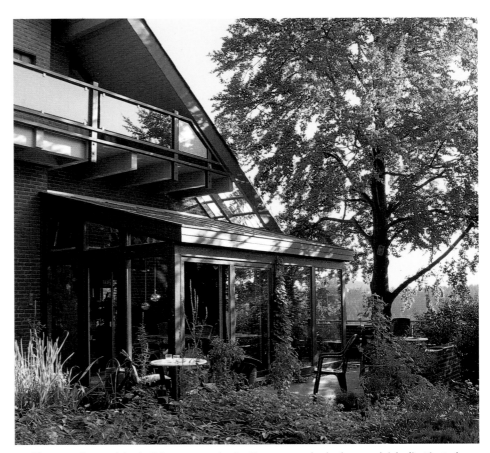

Laubbäume eignen sich als Schattenspender im Sommer und erlauben zugleich die Einstrahlung der tief stehenden Wintersonne – die einfachste und natürlichste Schattierung.

Wintergarten – Technik

TIPP Um die Beschattung des Wintergartens durch Gehölze darzustellen, gibt es Computerprogramme, wie sie von Landschaftsarchitekten genutzt werden. Auf Anfrage kann man sich verschiedene Varianten zeichnen lassen.

An der Außenschattierung wird die Sonnenstrahlung reflektiert. Der Wintergarten bleibt kühl.

Bei der Innenschattierung dringt die Sonnenstrahlung ein, der Wintergarten wird stärker erwärmt.

Der Standort der Bepflanzung muss sehr sorgfältig ausgewählt werden. Vor allem muss man die Größenzunahme der Gehölze berücksichtigen. Am besten, man zeichnet zuvor mehrere Ansichten von den Gebäuden und der Bepflanzung im ausgewachsenen Zustand. Zusätzlich trägt man den Sonnenstand zu verschiedenen Tages- und Jahreszeiten ein. Als Ergebnis lässt sich die Beschattung durch die Bepflanzung gut darstellen.

Außen- oder Innenschattierung?

Häufig verwendet man Schattierungen, die bei entsprechender Einstrahlung aktiviert werden. Das können Stoffe, Holz-, Metall- oder Kunststoffgitter sein. Vom Kosten-Nutzen-Verhältnis haben sich überwiegend Stoffschattierungen, also Markisen, durchgesetzt. Sie können außen oder innen am Wintergarten installiert werden.

Die Wirksamkeit von **Innenschattierungen** ist begrenzt, da die Wärme bereits durch die

Verglasung gekommen ist. Im Winter kann die Innenschattierung jedoch zusätzlich als Energieschirm zur Unterbrechung des Strahlungsaustausches mit der kalten Hüllfläche genützt werden. Diese Schattierungen lassen sich ähnlich wie Rollos straff spannen und in Schienen abgedichtet führen. Eine Aufhängung mit Schlaufen an Stahlseilen in Baldachinform ist gleichfalls möglich. Problematisch wird die Innenschattierung, wenn die Pflanzen an die Fassade reichen. **Außenschattierungen** besitzen eine größere Wirksamkeit. Nachteilig ist die Verwitterung durch Strahlung, Wind und Regen. Die Bespannungen sind jedoch im eingefahrenen Zustand vor den genannten Einflüssen sicher geschützt. Dazu werden entsprechende Kassetten angeboten, die sich harmonisch in die Gesamtkonstruktion einfügen und das Markisentuch aufnehmen. Stoffe aus Acryl sichern eine hohe Beständigkeit bei Feuchtigkeit und Strahlung. Schweres Tuch sowie sichere Seiten- und Längsführung geben eine bessere Windstabilität.

Bei hohen Windgeschwindigkeiten muss die Beschattung unbedingt eingefahren werden, um Beschädigungen zu vermeiden. Ausrüstungen mit motorischen Antrieben lassen

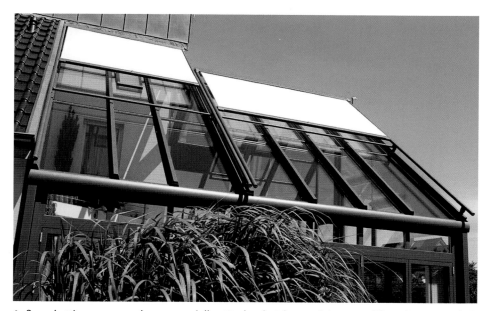

Außenschattierungen werden an speziellen Dachaufsatzkonstruktionen geführt. Sie müssen bei starkem Wind automatisch eingefahren werden.

An Außenschattierungen werden hohe Anforderungen bezüglich Festigkeit, Befestigung und Lebensdauer gestellt.

sich automatisch durch eine Steuereinrichtung bei Überschreiten einer vorgegebenen Windgeschwindigkeit schließen. Spezielle Wintergartenmarkisen übernehmen die Beschattung im Dach- und Stehwandbereich mit einem durchgehenden Tuch. Mit Tuchleitrollen wird die Beschattung über die Eckkante des Dachrinnenbereiches geleitet. Die Farb- und Musterauswahl der Tücher für die Schattierung sollte auf das Bauwerk und die Umgebung abgestimmt sein, um einen harmonischen Gesamteindruck zu erzeugen. Im Bereich der Außenschattierung sollte auf Lüftungsfenster die nach außen zu öffnen sind verzichtet werden.

Eine Lösung des Problems wäre die mechanische Verriegelung von Schattierung und Lüftung, so dass die Lüftung nur öffnen kann, wenn die Schattierung geschlossen ist. Eine Neuentwicklung stellen Glasschiebefenster im Dachbereich dar, die in Richtung der Dachneigung automatisch bewegt werden und nicht mit der Außenschattierung nicht kollidieren.

Luftfeuchtigkeit

Wird allgemein von Luftfeuchtigkeit gesprochen, versteht man darunter üblicherweise die relative Luftfeuchtigkeit. Sie wird in Prozent zur Sättigungsfeuchtigkeit (= 100 %) angegeben. Diese wiederum ist von der Temperatur abhängig: Warme Luft kann mehr Wasser aufnehmen als kalte.

In Büro- und Wohnräumen können Luftfeuchtigkeitswerte von unter 40 % auftreten. Für Menschen und auch einige Pflanzen sind diese Werte zu niedrig. Zu hohe Luftfeuchtigkeit (über 90 %) dagegen kann das Auftreten von z. B. Schimmelpilzen fördern und wird nicht mehr als angenehm empfunden.

Im Wintergarten fungieren die Pflanzen durch ihre Transpiration als zusätzliche Feuchtigkeitsquelle. Temperaturschwankungen führen gleichzeitig zu schnell wechselnden Werten der Luftfeuchtigkeit. Eine Kondensation von Wasser aus der Luft kann deshalb nicht vollständig verhindert werden,

und muss deshalb bei der Einrichtung und Nutzung des Wintergartens berücksichtigt werden.

Bei **zu niedriger Luftfeuchtigkeit** ist der Einsatz von Luftbefeuchtungsgeräten zwar prinzipiell möglich, doch zeigen sie gerade im Sommer bei hoher Einstrahlung und geöffneten Fenstern keine ausreichende Wirkung. Dem eigentlichen Ziel des Wintergartens Rechnung tragend, sollte die Bepflanzung die Luftfeuchtigkeit so erhöhen, dass ein angenehmes Raumklima erreicht wird.

Zu hohe Luftfeuchtigkeit im Herbst und Frühjahr lässt sich durch eine Anhebung der Raumtemperatur verringern. Wenn ein Kühlaggregat zur Temperaturgestaltung im Sommer installiert ist (siehe Seite 47), kann dieses auch zur Luftentfeuchtung genutzt werden. Spezielle Luftentfeuchtungsgeräte sind für einen Einsatz im Wintergarten im Allgemeinen zu teuer und auch wenig sinnvoll. Hier sollte ein günstigeres Klima durch andere Maßnahmen wie ein Wechsel der Bepflanzung und/oder Änderungen im Belüftungssystem geschaffen werden. Im Winter kann man die Luftfeuchtigkeit durch Lüften des Wintergartens senken. Die nachfolgende Aufheizung der Außenluft verursacht nur einen vergleichsweise geringen Energieaufwand.

Automatische Steuerung

Bei den unterschiedlichen Elementen, Bauteilen und Möglichkeiten zur Klimagestaltung wurden bereits die mechanischen Antriebe erwähnt. Diese haben sicher nicht vorder-

Wintergarten – Technik

gründig die Aufgabe, die Arbeit zu erleichtern. Wird zum Beispiel eine Lüftung an einer gut zugänglichen Stelle geöffnet, so ist dies manuell ohne großen Aufwand möglich. Sollen Funktionen jedoch automatisch ablaufen, sind entsprechende Antriebe notwendig.

Elektronische Regelung

Eine elektronische Regelung besteht aus Sensoren, Aktoren und der Regelgruppe. Die Sensoren melden aktuelle Zustandsgrößen. Das sind von der Außenwetterstation die Windgeschwindigkeit, die Temperatur, die Einstrahlung und die Befeuchtung durch Regen. Aus dem Raum wird die Innentemperatur gemeldet. Die Regeleinrichtung vergleicht die Eingangswerte mit den Sollgrößen und aktiviert gegebenenfalls die Antriebe.

Eine integrierte Uhr ermöglicht Regelfunktionen nach einem festen Zeitrhythmus. Einige Lüftungsregelungen werden mit Bewegungsmeldern ausgestattet, um den Raum vor unbefugtem Eindringen zu schützen. Diese Funktion wird jedoch auch bei jedem größeren Vogel, der vorbeifliegt, ausgelöst.

TIPP Zusätzlich zur Automatikfunktion sollte jede Regelung im Bedarfsfall eine Handsteuerung zulassen.

Eine weitere Möglichkeit zur Realisierung von Schaltfunktionen besteht in der Nutzung von Telefon- und ISDN-Anlagen. Diese ermöglichen teilweise das Schließen von Kontakten bei Anruf und Eingabe einer Codenummer. Über ein Relais lässt sich damit die Heizung, Lüftung oder ein anderer Antrieb ansteuern.

Heizungssteuerung

Die Steuerung der Heizung wird auch im Wintergarten von der allgemeinen Heizungssteuerung des Hauses übernommen. Standardeinstellungen, wie z. B. die Nachtabsenkung, müssen zuvor auf ihre Auswirkungen auf die Pflanzen überprüft werden (siehe Kapitel »Bepflanzung«). Die Heizkörper und Konvektoren besitzen eigene Thermostatventile, sodass die Ventile über die Raumtemperatur gesteuert werden. Für eine Bodenheizung mit Anschluss an den Standardvorlauf des Heizkessels ist der Einsatz eines Thermostatventils zur Begrenzung der Rücklauftemperatur möglich.

Die Heizkesseltemperatur wird gewöhnlich über einen Außentemperaturfühler gesteuert. Für Gebäudeteile mit transparenter Eindeckung wie den Wintergarten ist diese Steuerung jedoch nicht optimal. Das Problem im Wintergarten besteht darin, dass bei Hochdrucklagen und niedrigen Außentemperaturen geheizt wird und kurz darauf die Lüftung öffnet. In Gewächshäusern werden deshalb Klimacomputer eingesetzt, die z. B. die Sonneneinstrahlung als Eingangssignal benutzen. Diese Technik ist für den Wintergarten allerdings als Alternative zu teuer. Einfache Steuerungen ohne den genannten Mangel sind jedoch derzeit nicht

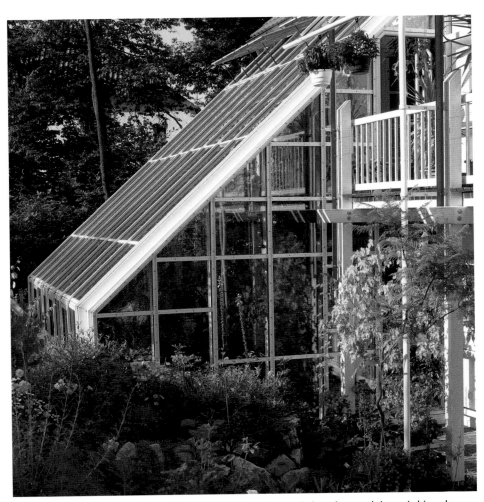

Dieser sehr hohe Wintergarten mit Merkmalen einer Gewächshauskonstruktion wird im oberen Bereich über eine gewächshaustypische Lüftung automatisch geöffnet.

bekannt. Eine Nachjustierung der Ventilstellungen per Hand ist deshalb notwendig.

Lüftungssteuerung

Die Lüftung wird innentemperaturabhängig gesteuert. Wird ein eingestellter Sollwert überschritten, öffnet die Lüftung. Die Differenz zwischen Lüftungssollwert und Heizwert sollte mindesten 5 °C betragen, damit die genannte Problematik des kurz aufeinanderfolgenden Heizens und Lüftens in ihrer Auswirkung reduziert wird.

Die Lüftungsregelung funktioniert als Zweipunktregelung. Liegt die Raumtemperatur über der Solltemperatur, öffnet die Lüftung vollständig, liegt sie darunter, wird geschlossen. Bei bestimmten Klimaverhältnissen kann das zu ständigen und störenden Betätigungen der Lüftung führen. Auch automatische Lüftungen sollten deshalb manuell auf Zwischenstellungen einstellbar sein. Bei Überschreiten vorgegebener Windgeschwindigkeiten müssen die Lüftungen generell geschlossen werden, um Schäden an den geöffneten Fenstern durch den Wind zu verhindern. Ebenso ist ein Schließen bei Regen notwendig, um Raum und Einrichtung vor Nässe zu schützen.

Steuerung der Schattierung

Die Schattierung wird über die Außenstrahlung gesteuert. Hohe Einstrahlung führt zu einer starken Erwärmung des Raumes, sodass bei Überschreitung eines einstellbaren Sollwertes die Schattierung geschlossen wird. Wind und Regen können zur Beschädigung des Tuches bei Außenschattierungen führen. Deshalb erfolgt auch hierbei ein automatisches Öffnen.

Dachrinnen-Enteisung

Bei Auftreten von Temperaturen unter dem Gefrierpunkt kann eine Rinnenheizung aktiviert werden. Diese Heizung soll das Einfrieren der Dachrinne verhindern. Ein Bedarfsfall liegt aber nur vor, wenn sich Eis

Über Außenfühler werden Werte für Temperatur und Einstrahlung zur Steuerung der Schattierung erfasst und an die Regelung weitergegeben.

in der Rinne gebildet hat. Sonst wird Energie verschwendet. Diese Heizung sollte deshalb bei Bedarf manuell eingeschaltet werden können.

Durch eine immer besser werdende Wärmeisolierung im Bereich des Rinnenträgers kommt es häufiger zum Einfrieren der Dachrinne. Eine Dachrinnenheizung ist deshalb zu empfehlen.

Kühlung

Im Bedarfsfall können Kühlaggregate eingesetzt werden, um ein angenehmes Raumklima zu schaffen. Ihre Installation im Wintergarten sollte jedoch aus Energie- und Kostengründen eine Ausnahme darstellen. Deshalb legt die Wärmeschutzverordnung Maßnahmen zur Beschattung fest. Spezielle Nutzungsbedingungen können den Einsatz dieser Geräte jedoch erforderlich machen. Ihre Funktionsweise ist vom Kühlschrank bekannt. Ein Kältemittel wechselt am Verdampfer in die gasförmige Phase und

entzieht dabei der Umgebung die dafür notwendige Wärme. Dieser Kühlteil ist im Kühlschrank untergebracht; außerhalb befindet sich der Kondensator. Das Kältemittel wird wieder flüssig und gibt Wärme an die Umgebung ab. Eine Pumpe und ein Entspannungsventil sorgen für den Transport und die notwendigen Druckverhältnisse. Solche Geräte werden auch als **Wärmepumpen** bezeichnet.

Für den Wintergarten werden Wärmepumpen angeboten, die sowohl die Heiz- als auch die Kühlfunktion übernehmen. Die Geräte bestehen aus zwei separaten Teilen. Ein Außengerät wird im Freien an der Nordseite des Gebäudes installiert. Das Innengerät ist als Boden-, Wand- oder Deckenausführung erhältlich. Dieses übernimmt je nach einstellbarer Betriebsart als Kondensator die Beheizung oder als Verdampfer die Kühlung. Mit der Kühlung ist eine Luftentfeuchtung verbunden, da Wasser am kühlen Verdampfer auskondensiert. Anbieter der Wärmepumpen preisen oft die Leistungszahl. Diese kann eine Größe von 3 annehmen. Das bedeutet, dass sich 2/3 der Heizenergie aus der Energie der Außenluft gewinnen lassen. Nur 1/3 der Energie muss der Pumpe zugeführt werden.

Spezielle Klimageräte können zum Heizen oder zum Kühlen genutzt werden.

Wintergarten – Technik

Wärmepumpen werden zumeist elektrisch angetrieben. Vergleicht man die Preise für Elektro- und Wärmeenergie, ist die Kostenbilanz – abhängig vom Preisgefüge – wieder ausgeglichen. Daher ist der Sinn und Zweck solcher Anlagen zu hinterfragen.

Zusatzbelichtung

Ist es nicht ein Widerspruch? Subjektiv betrachtet sollte man annehmen, dass im Wintergarten ausreichend Licht für die Pflanzen vorhanden ist. Auch durch die Beschattung im Sommer wird die notwendige Lichtmenge im Allgemeinen nicht unterschritten. Dennoch kann es zu Lichtmangelsituationen für die Pflanzen kommen, vor allem, wenn Sonnenschutzgläser mit einem Lichttransmissionsgrad < 60 % eingesetzt werden (siehe Seite 28). Im Winter sinkt die Einstrahlungsintensität auf Grund der tief stehenden Sonne. Die Lichtsumme wird zusätzlich durch die Tageslänge reduziert. Damit können bei lichtbedürftigen Pflanzen Lichtmangelerscheinungen auftreten.

Beleuchtungsstärke

Das menschliche Auge kann die Beleuchtungsstärke nur sehr ungenau beurteilen, daher nachfolgend einige Anhaltspunkte. An einem klaren Sommertag sind 100 000 Lux (100 klx = Kilolux) im Freien messbar. Am Fenster eines Gebäudes erreicht man unter Umständen nur noch 2,5 klx. Vom Fenster in den Raum hinein nimmt die gemessene Beleuchtungsstärke weiter sehr stark ab (siehe Grafik unten). Notwendige Beleuchtungsstärken für einige ausgewählte Pflanzen sind im KTBL-Arbeitspapier Nr. 666 »Licht und Pflanze« angegeben. Auf der Grundlage des Lichtbedarfes wurden dort drei Pflanzengruppen gebildet:

- Pflanzen mit hohen Lichtansprüchen (1000 bis 5000 Lux)
- Pflanzen mit mittleren Lichtansprüchen (800 bis 1000 Lux)

Die Sonneneinstrahlung wird durch beschattende Objekte verringert. Das Auge kann die großen Unterschiede der Beleuchtungsstärke allerdings nur unzureichend wahrnehmen.

- Pflanzen mit geringen Lichtansprüchen (600 bis 800 Lux).

Die Lichtverhältnisse am natürlichen Heimatstandort der Pflanzen sowie die Beratung durch Fachbetriebe geben weitere Informationen. Die Pflanzen sollten diese angegebenen Beleuchtungsstärken ganzjährig für durchschnittlich zehn bis zwölf Stunden pro Tag erhalten.

Auf der Grundlage einer Lichtmessung mit einem Luxmeter ist zu entscheiden, ob eine Zusatzbelichtung notwendig ist. Es darf jedoch nicht nur einmal unter optimalen Verhältnissen gemessen werden. Für die Bewertung wurde als Kennziffer die **Lichtsumme** festgelegt. Sie wird aus dem Produkt von Beleuchtungstärke und Zeit berechnet. Werden 2 klx für 10 Stunden am

Besonders stark ist die Abnahme der Beleuchtungsstärke mit der Entfernung vom Fenster.

Tag gefordert, wird die Lichtsumme mit 20 klxuh (Kiloluxstunden) berechnet. Auch in der Natur treffen wir nicht nur konstante Licht- und Klimaverhältnisse an. Pflanzen vertragen es, wenn die angegebenen Parameter nicht ständig gleich hoch sind. Die festgelegten Beleuchtungsstärken und Lichtsummen sind als Mindestwerte anzusehen und müssen notfalls über zusätzliche Beleuchtungseinrichtungen gesichert werden.

Lampenauswahl

Wichtig für die Lampenauswahl sind Lichtausbeute, Lebensdauer, Farbwiedergabe und der Kaufpreis.

Lichtausbeute

Die Lichtausbeute ist abhängig von der Lichtentstehung. Die klassische Glühlampe mit dem glühenden Wolframdraht besitzt eine Lichtausbeute von etwa 6 %, 94 % der Energie werden von der Lampe als Wärme abgegeben. Diese Ausbeute kann eigentlich nicht befriedigen.

Leuchtstoffröhren und Kompaktleuchtstofflampen erzeugen eine UV-Strahlung, die am Glas der Lampe durch eine Leuchtschicht in Licht umgewandelt wird. Natrium- und Metallhalogendampflampen haben als

WICHTIGE KENNWERTE FÜR DIE LAMPENAUSWAHL

LAMPENTYP	LEISTUNG	LICHTAUSBEUTE	LEBENSDAUER
Glühlampe	150 W	6 %	1 000 Std.
Leuchtstofflampe	58 W	21 %	7 500 Std.
Quecksilberdampflampe	400 W	16 %	12 000 Std.
Metallhalogendampflampe	150 W	21 %	10 000 Std.
Natriumdampflampe	600 W	30 %	12 000 Std.
LED	28 W	25 %	50 000 Std.

Quelle: Künstliche Belichtung im Gartenbau (Philips, 1996, erweitert um LED).

Leuchtprinzip die Gasentladung. Die Effizienz der Energieumwandlung ist dabei sehr hoch. Glühlampen, Leuchtstofflampen und Gasentladungslampen unterscheiden sich weiterhin in der Lebensdauer. LED (**L**ight **E**mitting **D**iode) überzeugen durch eine hohe Lichtausbeute und Lebensdauer. Die Preise sind zur Zeit noch sehr hoch. Gegenüber Glühlampen und Halogenlampen ist jedoch schon nach kurzer Zeit durch die wesentlich geringeren Betriebskosten eine Amortisation möglich. Geringe Baugrößen und Vielfalt bei der Farbgestaltung favorisieren diese Lampen für einen Einsatz im Wintergarten sowohl für eine integrierte Allgemeinbeleuchtung als auch für die Zusatzbelichtung der Pflanzen.

Auch die Lichtfarbe ist von Bedeutung. Das gelbe Licht der Natriumdampflampe, wie wir es von der Straßen- und Flugplatzbeleuchtung kennen, eignet sich nicht. Vor über 20 Jahren wurde eine Leuchtstofflampe speziell für die Belichtung von Pflanzen entwickelt. Der Anteil von rotem Licht war dabei überproportional hoch. Dieses Spektrum ist für die Photosynthese zwar positiv, doch der Lichteffekt war scheußlich, da alles Angestrahlte überbetont rot aussah. Vereinzelt finden wir diese Lampen heute noch in der Metzgertheke.

Farbwiedergabe

Die Farbwiedergabe wird nach DIN in die Stufen 1A (entspricht $R_a > 90$ nach ICE)

(sehr gut) bis 4 eingeteilt. An die Farbwiedergabe der Lampen sollten hohe Ansprüche gestellt werden, damit die beleuchteten Pflanzen bzw. anderen Objekte in ihren natürlichen Farben gesehen werden können.

Lampe und Leuchte

Zur Lampe selbst wird noch ein Reflektor benötigt, der das Licht entsprechend seiner Form auf unterschiedlich große Flächen reflektiert. Diese Einheit – einschließlich der notwendigen Elektroinstallation und der Vorschalt- oder Startgeräte – bezeichnet man als **Leuchte.**
Die Auswahl der Leuchte sollte so erfolgen, dass die Aufhänghöhe einstellbar ist und

Die Beleuchtung soll die Pflanzen möglichst großflächig anstrahlen.

die Bepflanzung möglichst gleichmäßig und vollständig ausgeleuchtet wird. Dazu ein Beispiel. Eine Metallhalogendampflampe mit einer elektrischen Leistungsaufnahme von 100 Watt erzeugt einen Lichtstrom von 5000 Lumen. Wird durch den Reflektor die Ausleuchtung einer Fläche von 2 m^2 erreicht, tritt eine Beleuchtungsstärke von 2500 Lux (Lumen/m^2) auf – ausreichend für Pflanzen mit hohen Lichtansprüchen.

Auf einen Blick

- Die Beheizung im Wintergarten dient neben der Einhaltung einer Raumsolltemperatur der Erwärmung der Hüllflächen. Konvektoren sind dazu gut geeignet.
- Die Erwärmung durch Sonneneinstrahlung ist durch Lüftung reduzierbar. Fenster werden als Zu- und Abluftöffnungen genutzt.
- Im Wintergarten kann die relative Luftfeuchtigkeit Werte über 80 % annehmen. An kühleren Hüllflächen und Wärmebrücken kommt es zu Taupunktunterschreitung und Kondenswasserbildung.
- Beschattungen bieten neben der Lüftung die Möglichkeit, einer zu großen Erwärmung durch Sonneneinstrahlung vorzubeugen. Von Vorteil ist eine natürliche Beschattung.
- Regelungen für den Wintergarten übernehmen das automatische Betätigen von Lüftung und Beschattung.
- Der Einsatz von Kühlaggregaten sollte eine Ausnahme darstellen.
- Pflanzenbeleuchtung im Wintergarten stellt eine Ausnahme dar und ist vor allem bei Sonnenschutzglas zu empfehlen.
- Die Lichtansprüche der Pflanzen sind zu gewährleisten.
- Die Lampen sind nach ihrer Lichtausbeute, Lebensdauer und Farbwiedergabe auszuwählen.

PLANUNG, BAUVORBEREITUNG UND BAUAUSFÜHRUNG

In den bisherigen Kapiteln wurden Materialien und Bauweisen erläutert, Vor- und Nachteile gegenübergestellt und verschiedene Ausführungsvarianten für Konstruktionen und Ausrüstungen angegeben. Der künftige Wintergartenbesitzer sollte nun auf der Basis dieses Wissens seine Vorstellung zur Bauhülle, zur Ausstattung und zu der beabsichtigten Nutzung des Wintergartens so exakt wie möglich formulieren. Nur eine ausgereifte Vorstellung zum Bauvorhaben sichert vergleichbare Angebote und schützt vor schnellen, unbedachten Zugeständnissen, deren Korrektur teilweise nicht mehr möglich oder mit sehr hohen Kosten verbunden ist. Die Entscheidung zu der Bauart, dem Material für die Tragkonstruktion, der Verglasung sowie der Beheizung, Lüftung und Beschattung muss feststehen. Wie sollen Kostenangebote verglichen werden, wenn ein Bieter den vollklimatisierten Wohnraum und der andere ein Pflanzenüberwinterungshaus anbietet? Das Ziel des ersten Teiles dieses Buches ist erreicht, wenn der künftige Bauherr das Metier Wintergarten so gut kennen gelernt hat, dass er seine Vorstellungen zur Nutzung und zur Grundausstattung des Wintergartens auf fachlich fundierter Basis darlegen kann.

Baurecht

Es wurde bereits ausgeführt, dass die Baugesetzgebung in die Hoheitsaufgaben der Bundesländer fällt. Daraus resultierend besitzen wir in allen Bundesländern abweichende spezifische Baugesetze. Deshalb können an dieser Stelle auch keine allgemein gültigen Aussagen getroffen werden. Die Grundsätze sind jedoch einheitlich, und auf diese soll eingegangen werden.

Für jede Gemeinde existiert ein Flächennutzungsplan, den man einsehen kann. Daraus ergibt sich die Nutzungsart, z. B. Wohngebiet, Gewerbegebiet, Bauerwartungsland oder Ähnliches. Damit bestehen erste Festlegungen zu der möglichen Bebauung und Nutzung. Ist der Standort als Wohngebiet ausgewiesen, besteht die prinzipielle Möglichkeit, auch einen Wintergarten zu bauen. Die nächste Fragestellung betrifft die mögliche bebaubare Fläche sowie die einzuhaltenden Grenzabstände zu den Nachbargrundstücken. Des Weiteren ist zu prüfen, ob der Wintergarten genehmigungsfrei oder nur mit **Baugenehmigung** errichtet werden darf. Zumeist ist eine Baugenehmigung für den Wintergartenbau notwendig.

Wie bereits ausgeführt gehört das Baurecht in das Hoheitsgebiet der Bundesländer. Es ist deshalb nicht einheitlich über die Bundesländergrenzen anwendbar. Konkrete Anforderungen müssen mit den Behörden abgestimmt werden.

In der Bauordnung des Landes Sachsen wird z. B. bezüglich der Genehmigung unterschieden in:

1. Verfahrensfreie Bauvorhaben, z. B. Erweiterung unter 10 m² ohne Heizung, Terrassenüberdachung unter 30 m²
2. Genehmigungsfreie Bauvorhaben (Bauunterlagen müssen aber eingereicht werden)
3. Vereinfachte Baugenehmigungsverfahren.

Bei einem Bauantrag sind durch einen eingabeberechtigten Architekten der Bauantrag, der Wärmeschutznachweis und die Statik als Hauptbestandteile des Antrages einzureichen. Als Bauherr kennen Sie zumeist die baurechtlichen Vorgaben nicht. Der Anbieter sollte Sie deshalb darüber informiert und möglichst auch das komplette Genehmigungsverfahren übernehmen.

Angebotsphase

In der freien Marktwirtschaft bestimmen Angebot und Nachfrage den Preis, und so ist für uns selbstverständlich, dass für bestimmte Leistungen Angebote eingeholt werden. Diese Angebote sind zu vergleichen, um festzustellen, welches Preisniveau am Markt besteht. Der Vergleich gelingt aber nur, wenn die Ausschreibung eindeutig war und die Bieter den gleichen Leistungsumfang angeboten haben.

Als Beispiel für eine Leistungsbeschreibung soll eine einfache Wintergartenkonstruktion dienen, die im Bild Seite 53 gezeigt ist. Mit dem gezeigten Anbau wurde im Souterrain ein etwa 30 m² großer Wohnraum geschaffen, der zu einem Teil mit einer Terrasse und zum anderen mit einer Wintergartenkonstruktion überbaut ist. Die folgende Ausschreibung wurde an Firmen verschickt, die auf Baumessen im Territorium vertreten waren und zu denen erste Kontakte beim Besuch der Messe geknüpft wurden. Für den potenziellen Bauherrn bieten diese Messen eine gute Möglichkeit, sich über die Anbieter zu informieren.

Die Marktsituation in dieser Branche war zur Zeit der Angebotsphase so, dass alle acht angeschriebenen Firmen ein Angebot abgaben. Für die gleichzeitig ausgeschriebenen Beton- und Maurerleistungen reagierte trotz Nachfragen von vier angeschriebenen Firmen nur eine. Die Angebotspreise für den Wintergarten wichen vom Mittelwert um bis zu 25 % nach oben und unten ab.

Auch im Internet findet man Anbieter, z. B. Veranda Wintergärten, die eine Preiskalkulation des Wintergartens am PC ermöglichen. In wenigen überschaubaren Schritten kommt man zu seinem Angebot. Voraussetzung ist das Fachwissen zu Konstruktion, Verglasung und Ausstattung des Wintergartens vorhanden ist. Mit der Kenntnis aus diesem Buch, sollten Sie dieses notwendige Fachwissen besitzen.

Zum Preisvergleich sollten mindestens drei Angebote von ausgewiesenen Wintergartenbauern vorliegen. Wichtigste Voraussetzung für einen sinnvollen Vergleich ist die eindeutige Leistungsbeschreibung.

Preise sind im Allgemeinen schlecht vergleichbar, wenn man die Qualität nicht fachlich fundiert bewerten kann. Das trifft für einen Wintergarten im Besonderen zu. Z.B. welcher Preisaufschlag ist für die Verbesserung des U-Wertes von 1,3 W/m² × K auf 0,8 W/m² × K gerechtfertigt? Einleuchtend ist auch, dass gute Qualität seinen Preis hat. Nehmen wir als Beispiel das Auto. Sie können ein Fahrzeug der Mittelklasse mit etwa gleichen Leistungsdaten für 20 000 € aber auch für 35 000 € erwerben. Es ist sicher, dass bei diesem Preisunterschied Qualitätsunterschiede vorhanden sein müssen.

Auswahl des ausführenden Betriebes

Der billigste Anbieter wird nur in Ausnahmefällen der beste sein. Damit steht der Auftraggeber vor einer schwierigen Entscheidung. Der Architekt oder das Baubüro kann durch langjährige vertrauensvolle Zusammenarbeit mit den Baufirmen auf einem wesentlich besseren Fundament die Entscheidungen treffen. Bei Wintergärten trifft das jedoch nur bedingt zu, da Wintergärten nicht so häufig betreut werden wie andere Bauleistungen. Hilfsmittel ist eine **Referenzliste,** die man mit dem Angebot anfordern sollte. Eine Nachfrage bei den Bauherren der Referenzobjekte gibt weitere Entscheidungssicherheit. Zu berücksichtigen ist, dass der Anbieter wohl kaum Leistungen in diese Liste aufnimmt, bei denen er Probleme hatte. Wichtig sind die Objekte der letzten

Zeit, und es sollten keine zu großen zeitlichen Lücken in dieser Liste auffallen. Die Besichtigung einer Referenzbaustelle ist immer aufschlussreich, und man kann im persönlichen Gespräch viel besser über Qualität, Termintreue und Einhaltung der Preise Auskunft erhalten.

Die **fachliche Qualifikation** des Betriebes ist ebenfalls ein Auswahlkriterium. Große Systemanbieter autorisieren die Montagefirmen durch Werksschulungen. Einfache Fragen zur thermischen Trennung, zum U-Wert von Glas und Rahmen oder zum UV-Schutz des Randverbundes zeigen dem Auftragnehmer, dass er einen ernst zu nehmenden Bauherren hat, der Mängel nicht durchgehen lassen wird. Gleichzeitig ist die Reaktion des Auftragnehmers auf die gestellten Fragen eine weitere Entscheidungshilfe. Ein zusätzliches Kriterium ist der **Firmensitz** des Anbieters. Große Entfernungen sind mit zusätzlichen Transport- und Arbeitsnebenkosten verbunden. Eine Mängelbeseitigung gestaltet sich in den meisten Fällen schwieriger. Viele Wintergartenbauer haben ein Einzugsgebiet mit einem Radius von etwa 200 km um ihren Firmensitz. Die wirtschaftlich vertretbare Entfernung ist auch von der Größe des zu bauenden Wintergartens abhängig.

Bauleistungen

Bau- und Ausbauleistungen sind zusätzlich zur Wintergartenkonstruktion notwendig, damit eine funktionsfähige Einheit entsteht. Dazu gehören die Betonarbeiten für Fundamente und Bodenplatte, der Estrich, der Bodenbelag, die Heizungs-, Wasser- und Elektroinstallation. Für alle Leistungen sind Kostenangebote einzuholen, die Leistungen sind vertraglich zu binden, und zwischen den Gewerken muss eine Abstimmung erfolgen, damit sowohl die räumlichen als auch die zeitlichen Anschlüsse passen. Abstimmungsprobleme werden bei solchen

Baumaßnahmen immer wieder auftreten, wenn die fachlich kompetente **Bauleitung** fehlt. Häufig treten Höhendifferenzen auf, weil z.B. der Aufbau der Fußbodenheizung nicht genau bekannt, die Gründung nicht tief genug oder die Bodenplatte zu hoch war. Es ist die Entscheidung des Bauherren, die Bauleitung selbst zu übernehmen oder diese Leistung in professionelle Hände zu geben. Ähnliche Probleme können bei der Untersuchung von Mängeln auftreten. Springt z.B. eine Scheibe in der Glasfassade, kann der Wintergartenbauer sagen, das liege am Fundament, und der Betonbauer schiebt die Schuld auf die nicht fachgerecht einge-

---

Angebot für die Wintergartenkonstruktion im Bild rechts (Seite 53)

Die Konstruktion soll aus folgenden in der Zeichnung nummerierten Teilflächen bestehen:
Nr. 1: Eine geneigte Dachfläche (Mindestneigung 12°), ca. 1,6 × 8,5 m
Nr. 2: Eine senkrechte Fläche, ca. 1,25 × 8,5 m
Nr. 3: Eine trapezförmige senkrechte Fläche, ca. 1,5 × 1,3 m.

Forderungen an die Wintergartenkonstruktion:
- Bauweise für offen angebauten Wohnraum geeignet
- Metallkonstruktion
- Wärmeschutzverglasung k = 1,1 W/m² × K
- ESG/VSG im Dachbereich
- Zwei Fenster mit Dreh-Kippbeschlag, je 1,5 m²
- 8,5 m integrierte Dachrinne mit Fallrohr 1,25 m
- Fachgerechter Anschluss an bestehendes Bauwerk und Fundament
- UV-Schutz des Isolierglasverbundes

legten Scheiben. Eine Klärung über einen Bausachverständigen kann teuer werden. Besondere Beachtung verdient der Anschluss eines Wintergartens an eine Dachkonstruktion. Dabei sind sehr spezifische Lösungen gefragt. Diese sollten immer in den Verantwortungsbereich des Wintergartenbauers gelegt werden, da er die fachliche Kompetenz dafür besitzt. Der Bauherr ist in diesem Fall auch gut beraten, den ausführenden Betrieben für kreative Detaillösungen Spielraum zu lassen. Ebenso kann man von fachlich versierten Betrieben eine gute Beratung verlangen, um zu einem optimalen Ergebnis zu kommen. Beispielsweise wird

vom Wintergartenbauer erwartet, dass er die Frage nach der Beleuchtung stellt und die notwendige Elektroinstallation vorsorglich in seiner Konstruktion unterbringt.

Vertragsabschluss

Es gab Zeiten, da wurde ein Vertrag zwischen den Parteien mit einem Handschlag besiegelt und es traten danach weniger Streitigkeiten auf als heute. Wird jetzt ein Vertrag abgeschlossen, gilt – wenn nicht anders vereinbart – das Bürgerliche Gesetzbuch, das für Bauleistungen aber als wenig geeignet erscheint. Es müssten zu viele bau-

technische Details im Vertrag angesprochen und vereinbart werden. Die Folge wären noch umfangreichere Verträge mit noch mehr Kleingedrucktem. Deshalb wurde ein Grundsatzwerk, die **Verdingungsordnung für Bauleistungen (VOB)**, entwickelt. Die VOB enthält Festlegungen zur Vertragsgestaltung, Gewährleistung und zu den fachlichen Standards. Wird ein Bauvertrag auf der Grundlage der VOB abgeschlossen, gilt dieses Grundsatzwerk, ohne dass die dort festgelegten Aussagen im Vertrag wiederholt werden müssen.

Für kleinere Baumaßnahmen existiert ein Vordruck »VOB-Bauvertrag (Kurzfassung)«, in

Dieser Wintergarten im Souterrain eines Hauses entspricht der Angebotsbeschreibung auf Seite 52.

den neben Auftraggeber und Auftragnehmer nur der Bezug auf das Leistungsverzeichnis und die Termine aufgenommen werden. Alle nicht vereinbarten Punkte regelt die VOB. Die Verglasung soll als Beispiel zur Verdeutlichung dienen. Ihr gesunder Menschenverstand sagt Ihnen, dass Ihre Wintergartenverglasung regendicht sein soll. Laut Bürgerlichem Gesetzbuch ist das aber nicht abgedeckt, Sie müssten das im Vertrag explizit vereinbaren. Schließen Sie einen Vertrag auf der Grundlage der VOB ab, gelten die dort getroffenen Festlegungen. Zu Verglasungsarbeiten finden Sie unter 3.1.2: »Außenverglasungen müssen regendicht sein und Windlasten nach DIN 1055 Teil 4 (Lastannahmen für Bauten; Verkehrslasten, Windlasten bei nicht schwingungsanfälligen Bauwerken) aufnehmen können«. Damit ist die Regendichtheit definitiv vereinbart.

Es wird empfohlen, dass für alle Bauleistungen, die mit dem Wintergartenbau im Zusammenhang stehen, ein Vertrag auf der Grundlage der VOB abgeschlossen wird. Oben genannte Kurzfassung ist für kleinere Baumaßnahmen eine geeignete Grundlage. Der VOB-Vertrag (Kurzfassung) beinhaltet auch die verbindlichen Ausführungsfristen. Beginn der Ausführung und Endtermin sollten auf jeden Fall festgelegt werden. Der Preis für die Arbeiten ist im VOB-Vertrag aufzuführen. Dabei ist keine Untergliederung notwendig, wenn ein Verweis auf das spezielle Angebot mit dem detaillierten Leistungsverzeichnis erfolgt.

Es können Abschlagszahlungen vereinbart werden. Der Auftraggeber sollte darauf achten, dass er bei den Terminen der Abschlagszahlung den entsprechenden Gegenwert bekommen hat. Eine Materiallieferung stellt keineswegs den Gegenwert der Kaufsumme des Materials dar. Sie wollen doch nicht mit dem Material handeln, sondern Ziel ist das Endprodukt, und damit kann der Gegenwert erheblich unter den Materialkosten liegen. Sonstige Vereinbarungen können in einem gesonderten Textfeld formuliert werden.

Abnahme und Abrechnung

Der Auftragnehmer wird in aller Regel nach der Fertigstellung eine Abnahme verlangen. Diese muss der Auftraggeber innerhalb von zwölf Werktagen mit dem Auftragnehmer durchführen. Wird keine Abnahme verlangt, so gilt die Leistung mit Ablauf von zwölf Werktagen nach schriftlicher Mitteilung über die Fertigstellung der Leistung als abgenommen. Hat der Auftraggeber die Leistung bereits genutzt, so gilt die Abnahme sechs Tage nach Nutzungsbeginn laut VOB als realisiert.

Wegen wesentlicher Mängel kann die Abnahme bis zur Beseitigung der Mängel verweigert werden. Diese Abnahmeverweigerung sollte immer schriftlich erfolgen. Die Abnahme hat für den Bauherren zwei wesentliche Konsequenzen. Erstens kann die Schlussrechnung gestellt werden, und zweitens beginnt die Gewährleistungsfrist. Der Auftragnehmer hat seine Leistungen prüfbar abzurechnen. Das bedeutet die Abrechnung der Positionen des Leistungsverzeichnisses in der exakt gleichen Reihenfolge wie im Angebot. Damit ist eine schnelle und eindeutige Überprüfung möglich. Fehl- oder Zusatzpositionen sollten nur erscheinen, wenn diese mit dem Bauherrn vereinbart wurden. Bei der Bauausführung können immer unvorhersehbare Dinge auftreten, die Entscheidungen zur Veränderung beabsichtigter Bauleistungen verlangen. Zu den dann notwendigen Maßnahmen muss zwischen Auftraggeber und Auftragnehmer Konsens bestehen.

Die Schlussrechnung ist entsprechend VOB nach Prüfung, spätestens jedoch nach zwei Monaten zu begleichen. Eine Skontovereinbarung im VOB-Vertrag kann einen Anreiz zur kurzfristigen Bezahlung innerhalb einer vereinbarten Frist schaffen.

Gewährleistung

»Der Auftragnehmer übernimmt die Gewähr, dass seine Leistung zur Zeit der Abnahme die vertraglich zugesicherten Eigenschaften hat, den anerkannten Regeln der Technik entspricht und nicht mit Fehlern behaftet ist, die den Wert oder die Tauglichkeit zu dem gewöhnlichen oder nach dem Vertrag vorausgesetzten Gebrauch aufheben oder mindern« (§ 13 Abs. 1 VOB Teil B). Die Verjährungsfrist beträgt laut VOB, wenn im Vertrag nichts anderes vereinbart, für die meisten Gewerke zwei Jahre. Der Auftragnehmer muss in der Verjährungsfrist auftretende Mängel, die er zu vertreten hat, auf seine Kosten beseitigen. Kommt der Auftragnehmer der Aufforderung zur Mängelbeseitigung in einer angemessenen Frist nicht nach, so kann der Auftraggeber die Mängel auf Kosten des Auftragnehmers beseitigen lassen. Das Problem ist jedoch, dass er diese Kosten beim Auftragnehmer eintreiben muss. Das kann mit Schwierigkeiten verbunden sein. Prinzipiell ist davon auszugehen, dass der Auftragnehmer, wenn schon Mängel aufgetreten sind, ein dringendes Interesse daran hat, diese zu beseitigen. Der Auftraggeber ist genauso an einer Mängelbeseitigung interessiert und sollte deshalb vernünftige und einhaltbare Fristen zur Mängelbeseitigung stellen. Die Fristen sollten sich neben der technischen Machbarkeit auch an der möglichen Beeinträchtigung durch den Mangel orientieren.

Auf einen Blick

- Mit Beginn der Planung für den Wintergarten ist das Genehmigungsverfahren zu klären.
- Für die Bauleistung sollte ein Vertrag auf der Grundlage der VOB abgeschlossen werden.
- Die Gewährleistung beträgt im Normalfall zwei Jahre nach VOB.

Winter-garten – Beispiele

Seite 58 ➡ **Ein Anlehnwintergarten als Metallkonstruktion**

Seite 60 ➡ **Anlehnwintergarten für eine Villa**

Seite 63 ➡ **Ein Wintergarten an einer historischen Stadtvilla**

Seite 66 ➡ **Neubau eines Einfamilienhauses mit Holzwintergarten**

Seite 71 ➡ **Ein Holzwintergarten als Gebäudeerweiterung**

Seite 73 ➡ **Terrassendach und Glashaus**

Seite 75 ➡ **Ein Bausatzwintergarten für die Selbstmontage**

EIN ANLEHNWINTERGARTEN ALS METALLKONSTRUKTION

An einem langgestreckten Einfamilienhaus mit ausgebautem Satteldach und angebautem Erker mit Balkon befand sich zum Garten ein nach Süden ausgerichteter Terrassensitzplatz, der über eine Stufe vom Wohnbereich aus erreichbar war. Im Bild unten links ist die Ausgangssituation dargestellt. Das Foto zeigt einige der Kübelpflanzen, für die durch den Wintergarten ein Überwinterungsquartier gefunden werden sollte. Gleichzeitig sollte er auch als Wohnraum nutzbar sein.

Bauvorbereitung und Ausführung

Von der ersten Kontaktaufnahme des Bauherren zur Wintergartenfirma bis zur Auftragserteilung verging einige Zeit, da Größe, Materialwahl und Ausstattung im Laufe der Vorbereitungsphase präzisiert werden mussten. Nach Auftragsauslösung erfolgte über den Auftragnehmer die exakte Auslegung des Wintergartens, die statische Berechnung, der Wärmeschutznachweis entsprechend EnEV und der Bauantrag. Vom Termin der Antragstellung bei der Baubehörde bis zur Auftragsauslösung bei der Manufakturfertigung für die Tragkonstruktion des Wintergartens vergingen etwa fünf Monate, die im Wesentlichen durch das Genehmigungsverfahren benötigt wurde. Acht Wochen nach der Bestellung erfolgte die Anlieferung der Konstruktionsteile auf der Baustelle. Diese Zeit ist jedoch immer abhängig von der Auftragslage der Firma. Die Zwischenzeit kann für die Realisierung der Bauleistungen und die Bestellung der passgerechten Glasscheiben genutzt werden.

Die direkte Montage des Wintergartens mit Tragkonstruktion, Verglasung und Anschlussverbindungen dauerte etwa zwei Wochen. Der Auftragnehmer koordinierte dabei neben den genannten Leistungen auch sämtliche Bau- und Baunebenleistungen, wie z. B. Ausführung der Bodenplatte, der Heizung, der Elektrik sowie der korrekten Installation der Wasseranschlüsse.

Konstruktion des Wintergartens

Das Fundament ist als bewehrte Bodenplatte ausgeführt und wurde auf das Niveau des bestehenden Wohnraum im Haus angehoben. Im Bild sieht man die Montage des Grundgerüstes für den 9,5 × 4,0 m großen Wintergarten. Es besteht aus einer Metallkonstruktion mit Wandanschlussträgern sowie einem Traufenträger mit Dachrinne und beidseitigem Ablauf. In der Mitte befindet sich die 4 m breite Öffnung für die Falttüranlage. Links und Rechts sind im unteren Bereich Querträger montiert, da der Spritzbereich durch nicht transparente Bauteile realisiert werden sollte. Im Dachbereich befinden sich zwei kleine halbrunde Bauteile – die Verkleidung für die fest installierten, motorisch betriebenen Abluftgeräte.

Als Verglasung wurde eine Wärmeschutzverglasung mit 10 mm VSG, 14 mm Zwischenraum und 10 mm Floatglas als Außenscheibe gewählt. Damit konnten die Anforderungen der EnEV erfüllt und diese auch im Wärmeschutznachweis dokumentiert wurden. Das Rastermaß der Fenster beträgt 950 mm.

Bei der Schneelastberechnung musste die spezielle Anbauart sowie das Anwehen und Abrutschen von Schnee des darüber liegen-

Die Ausgangssituation zeigt eine Teilansicht des Hauses mit Terrasse, Sitzgruppe und Kübelpflanzen

Bei der Montage des Wintergartens wird zuerst die Tragkonstruktion errichtet und mit dem Gebäude und dem Fundament verbunden.

Die nach außen zu öffnende Falttüranlage mit integrierter Beleuchtung im Dachrinnenträger. In den Türelementen sind die Zuluftgitter sichtbar.

Sonnenstrahlung erzeugten Wärme aus dem Wintergarten abgeführt werden. Neben der Lüftungstechnik verhindert die Beschattung durch den umfangreichen Baumbestand im Garten auch eine übermäßige Erwärmung innen. Aus diesem Grund wurde auf eine zusätzliche Schattierung verzichtet.

Ausstattung

Im Bild links mit der geöffneten Falttüranlage ist die Konvektorheizung im fliesenverlegten Boden zu sehen. Zusätzlich wurde eine Fußbodenheizung installiert. Unterhalb der Regenrinne ist eine Lichtleiste montiert, sie dient der Allgemeinbeleuchtung der Glasfassade. Dadurch erscheint der Raum bei Dunkelheit größer und wird nicht durch die nachts fast schwarzen Glasscheiben eingeengt. Die zusätzliche Gartenbeleuchtung kann ein weiteres »Highlight« der Gesamtwirkung sein.

den Daches beim statischen Nachweis berücksichtigt werden.

Den schon fertigen Wintergarten mit der nach außen zu öffnenden Falttüranlage zeigt das Bild oben. Im unteren Teil der Falttüren sind verschließbare Zuluftöffnungen zu sehen, die die Luftführung zum Abluftsystem als Diagonallüftung gewährleisten. Die Abluftventilatoren im Dachbereich mit Drehzahlregelung erreichen bei geöffneter Falttüranlage eine maximale Fördermenge von jeweils 850 m³/h. Das entspricht bei einem Rauminhalt des Wintergartens von 117 m³ einem 15-fachen Luftaustausch pro Stunde. Damit kann ein großer Teil der durch die

TIPP **Die komplette Bauvorbereitung bis zum Abschluss des Genehmigungsverfahrens sollte vom Montagebetrieb realisiert werden.**

Hier sieht man die gelungene Ein- und Anbindung des Wintergartens in Form und Farbe, passend zum Ambiente.

Wintergarten – Beispiele

ANLEHNWINTERGARTEN FÜR EINE VILLA

Die Haupt- und Schmuckseite der Villa ist zur Straße nach Südost gerichtet, die Rückfront und der Garten liegen im Nordwesten. Diese Hausseite ist bereits durch mehrfache Anbauten geprägt. Durch Himmelsrichtung, Baustil, Fenstergrößen und die Anbauten ist davon auszugehen, dass die zum Garten gerichteten Räume nicht gerade mit Licht überflutet sind. Das mag mit ein Grund für den Wunsch nach einem hellen Wintergarten als Wohnraum gewesen sein.

Das Bild unten zeigt den Wintergarten im Hochparterre der Villa. Er wird als Speisezimmer genutzt, verbindet die Küche (rechts) mit dem Wohnzimmer, das hinter dem Wintergarten liegt. Die klare Struktur der Gestaltung und die Lichtverhältnisse unterstützen die Nutzungsart.

Der Wintergarten im Hochparterre einer Villa mit Ausgang und Treppe zum Garten. Struktur, Rastergrößen und waagerechte Teilung der Fassade wurden so gestaltet, dass Fluchtlinien zum bestehenden Gebäude entstanden.

Konstruktionsbeschreibung

Der Wintergarten hat eine Abmessung von 4,7 × 3,4 m, die Höhe beträgt 4 m. Das Rastermaß wurde mit knapp 100 cm gewählt, um die Grundfläche optimal auszunutzen. Die Träger für das Tragwerk sind als Aluminium-Schweißkonstruktion ausgeführt. Besonderer Wert wurde auf Grundlage der statischen Berechnung auf möglichst schmale Profile gelegt, um damit eine hohe Transparenz durch die Fassade zu erreichen. Im Entwurfskonzept hat man die Fluchtlinien des Oberlichts des Küchenfensters für den Wintergarten übernommen und dort sieben handbetätigte Lüftungsfenster integriert. Daraus resultiert die vertikale Gliederung in 230 cm hohe Türen mit Kippbeschlag, 70 cm hohe, kippbare Lüftungsfenster und in 100 cm hohe Festverglasung im oberen Bereich.

Mit der oberen Fensterreihe ist eine Diagonallüftung möglich, um Wärme abzuführen, ohne zugleich im Aufenthaltsbereich Zugerscheinungen auszulösen. Zusätzlich können die Türen zur Verstärkung der Lüftungswirkung angekippt werden.

Klimagestaltung

Der Wintergarten wird über eine Warmwasserheizung mit Radiatoren beheizt. Da keine Bodenkonvektoren zur Erwärmung der Hüllfläche integriert werden konnten, ist die Fassade mit einer Wärmeschutzverglasung $U_w = 0{,}5$ W/m² × K ausgestattet. Damit wird der Strahlungsaustausch zur Glasfassade verringert.

Im Dachbereich ist eine Innenschattierung montiert. Diese wird motorisch betrieben und kann bei Dunkelheit geschlossen werden. Damit wird der Strahlungsaustausch zum Dach $U_w = 1{,}2$ W/m² × K reduziert und der Raum kann bei Dunkelheit besser ausgeleuchtet werden, da das Licht an dem hellen Gewebe sehr gut reflektiert wird.

Die filigrane Dachkonstruktion aus hochbelastbaren Aluminiumprofilen ermöglicht einen fließenden optischen Übergang zu den großen Bäumen des Gartens.

Mit dem Wintergarten an der historischen Stadtvilla wird die ursprüngliche Verandakonstruktion in Form und Funktion aufgenommen.

EIN WINTERGARTEN AN EINER HISTORISCHEN STADTVILLA

Baugeschichte

Der Dresdner Maler Gerhard von Kügelgen ließ 1820 auf einem Weinberggrundstück am Dresdner Elbhang ein Weinberghaus errichten. 1852 wurde an dieser Stelle die heute noch bestehende Villa mit einem dazugehörigen Remisengebäude errichtet. Helas[1] beschreibt die Villa wie folgt: »Stattlicher palaisartiger Bau, ehemaliges Landhaus in einem Weinberge, Zweigeschossig, 5/5 Achsen, flaches Walmdach, Hanglage. In der Front die beiden äußeren Achsen als Risalite stark hervortretend, hohes Sockelgeschoss in der Flucht der Risalite, vor dem Mitteltrakt eine Terrasse bildend. Die Mittelachse überhöht mit gekuppeltem Fenster unter Attika. Das Sockelgeschoss mit Putzquaderung, die oberen Geschosse glatt, kräftig, aber schmale Ecklisenen. Gurtgesims zwischen den oberen Geschossen mit Rundbogenfries, im Obergeschoss des Mitteltraktes arabeskenähnliche Ornamente, unterhalb des Fenstersimses des ersten Obergeschosses stark plastische Reliefs, Kinder und Weintrauben. Die Fenster rechteckig, im Mitteltrakt rundbogig. Die Fensterreliefsfassungen durch schmale Säulchen mit Kapitellen, über dem Sturz mit Rankenwerk. Zwischen den Fenstern des 1. Obergeschosses des Mitteltraktreliefs Figuren vor Rankenwerk.

An der linken Seite in einem vor einer Mauer mit Tor und Einfahrt abgeschlossenem, etwa quadratischem Hof der Eingang. Das Portal mit Stabwerk, glatter Leibung und geradem Sturz als Sitznischenportal ausgebildet. Über

dem Sturz in einem Spruchband Datum der Erbauung und Name des Bauherrn. Links im Hofe ein sehr schlichtes eingeschossiges Nebengebäude mit der Giebelseite zur Straße, an seiner Außenseite führt eine Treppe zu einer Terrasse, die auf der Rückseite des Hauses vor dem 1. Obergeschoss liegt.

Als störende Veränderung ist ein zweigeschossiger Anbau von zwei Achsen an der rechten Seite des Hauses zu betrachten, weiter der Einbruch eines Garagentores in den rechten Risalit.«

Bauträger und Vorbereitungsphase

Häuser zu sanieren ist eine sehr reizvolle und interessante Aufgabe. Sie erfordert, ursprüngliche Gestaltungen möglichst zu erhalten und zugleich moderne Bautechniken und neuzeitliche Nutzungsanforderungen anzuwenden und zu berücksichtigen. Die Restaurierung der Stadtvilla an der Leonhardistraße in Dresden stellte eine ganz besondere Herausforderung dar, denn hier galt es, den drohenden Verfall dieses kulturellen Erbes Dresdner Baugeschichte zu verhindern. Wirtschaftliche Interessen mussten vollständig vernachlässigt werden. Die Gmach Bau- und Vertriebsgesellschaft stellte sich dieser anspruchsvollen Aufgabe. Die Gesellschaft wurde 1990 in Bayern gegründet und hat seit 1992 in Dresden einen Firmensitz, von dem aus jährlich 160 bis 200 Wohnungen in Dresden umgebaut und renoviert werden.

Im Oktober des Jahres 1999 wurde mit den Sanierungsarbeiten an der Villa begonnen. Zu diesem Zeitpunkt befand sich das Gebäude in einem äußerst schlechten Zustand.

Die Schönheit dieses Bauwerkes im Stile der italienischen Renaissance ließ sich nur noch erahnen. Die Stuckornamente der Fassade waren verwittert und zu großen Teilen zerstört. Erhaltungs- und Sanierungsmaßnahmen waren dringend geboten, um das Bauwerk vor dem völligen Zerfall zu schützen. Im Gebäude erinnerte kaum noch etwas an den repräsentativen Charakter des Hauses. Die Wohnungsgrundrisse wurden bei Umbaumaßnahmen 1920 und 1950 verändert. Dabei hat man durch Einsetzen von Zwischenwänden der jeweiligen Wohnraumsituation und den Ansprüchen der Zeit Rechnung getragen. Sämtliche Holzbalkendecken befanden sich in einem Zustand, der einen kompletten Ersatz der Decken notwendig machte. Im Ergebnis dieser Ausgangssituation erschien es sinnvoll, das Gebäude komplett zu entkernen und die Fassaden zu sanieren. Die Entkernung hatte den Vorteil, dass der repräsentative Charakter des Gebäudes auch im Inneren wiederhergestellt werden konnte. Zugleich war eine Raumaufteilung entsprechend der vorgesehenen Nutzung unter Berücksichtigung verschiedenster Anforderungen unserer Zeit möglich. Mit dem Einbau neuer Deckenkonstruktionen konnte gleichzeitig die gesamte Installations- und Haustechnik verlegt werden.

Der Anbau an der rechten Seite des Gebäudes stellte eine besondere Herausforderung dar, sollten doch Aspekte der möglichst originalgetreuen Wiederherstellung des historischen Bauwerkes und zeitgemäße Nutzungsansprüche in Einklang gebracht werden. Deshalb entschloss man sich an die Stelle des Anbaus einen Wintergarten zu platzieren. Der Wintergarten ist ein Kontrastpunkt zum Gebäude, der aber durch die Rundbogen in seiner Fassade Elemente des Gebäudes aufgreift und dadurch die notwendige Beziehung schafft. Der Bauträger beauftragte den Dresdner Architekten Horst Witter mit dem Entwurf des Wintergartens.

---

1) Helas, Volker und Zadnicek, Franz: Das Stadtbild von Dresden. Lipp-Verlag, 1996

Wintergarten – Beispiele

Entwürfe des Wintergartens

Der Grundgedanke zur Gestaltung des Wintergartens ist eine zweigeschossige Stütze-Riegel-Konstruktion mit einem flachen Walmdach in Blechausführung. Der Wintergarten wird über eine schmale, rahmenlose Verglasung optisch vom Gebäude getrennt. Auf Streifenfundamenten wird die Bodenplatte aufgelegt. Über den Streifenfundamenten werden auf der Bodenplatte die vier Stahlstützen befestigt. Die Stahlstützen übernehmen in einer Höhe von ca. 4,10 m über Fußbodenoberkante die Betondecke für das erste Geschoss des Wintergartens und in einer Höhe von 7,20 m die Dachkonstruktion.

Als Fassadengestaltung wird eine Stahl-Alu-Glas-Konstruktion gewählt, die an der Tragkonstruktion befestigt wird. Die Grafik unten zeigt den gesamten Entwurf.
Für die Unterteilung der Fassade, die Ausführung der Abdeck- und Blindleisten, die thermische Trennung und die Farbgestaltung wurden vom Architekten Vorgaben formuliert, die für die beabsichtigte Gestaltung von Bedeutung sind. Als Verglasung wird Wärmeschutzisolierglas empfohlen. Zur Beschattung wird eine Innenjalousie vorgeschlagen, die im geöffneten Zustand in der Stahlkonstruktion verdeckt befestigt ist.
Nach dem Entwurf des Architekten waren die Statik und die Ausführungsplanung zu erstellen.

Ausführungsplanung

Auf der Grundlage der statischen Berechnungen wurden die Streifenfundamente und die Bodenplatte (bewehrt) festgelegt. Für die Stützen berechnet man Kastenprofile von 180 × 180 mm. Die Geschossdecke sollte als Spannbetondecke in einem U-Profil-Rahmen ausgeführt werden. Die äußeren U-Profile sind mit den Stützen verbunden. Zusätzlich erfolgt eine Verbindung der Geschossdecke zum Gebäude. In den U-Profil-Rahmen werden Trapezbleche als verlorene Schalung eingelegt. Damit sind die Voraussetzungen für die Fertigung der Spannbetondecke gegeben. Im Bereich der Dachkonstruktion werden die vier Stützen mit waagerecht eingebauten Riegeln aus Kastenprofil 180 × 180 mm verbunden. Auf diesen Riegeln erfolgt die Abstützung und Befestigung des Daches.
Für die Metallglasfassade legte der Ausführungsplaner das System Stabalux T-Profil der STABA Wuppermann GmbH mit Eisenglimmerlackierung fest. Die Fenster und Türen, die eine wichtige Funktion bei der Belüftung des Wintergartens übernehmen, wurden in Holzausführung gefordert. Sie sind in der Glasfassade so angeordnet, dass eine effektive Querlüftung möglich ist.
In der Ausführungsplanung erfolgt auch die genaue Festlegung des Fußbodenaufbaus. Als Beispiel sollen die Angaben zum Fußbodenaufbau im Erdgeschoss dienen.
Für die Bodenplatte sind 250 mm bewehrt, eine Lage PE-Folie als Trennlage und 300 mm Kiesschicht gefordert.
Auf der Oberkante des Fundaments ist ein Stahlprofil mittels einer Fußplatte verankert. Diese Profile übernehmen die Befestigung der Glasfassade. Spezielle Halteprofile zur Aufnahme der Glasscheiben sind mit dem Profil verbunden. Nach Einsetzen der Scheiben werden von außen Abdeckleisten aufgeschraubt.

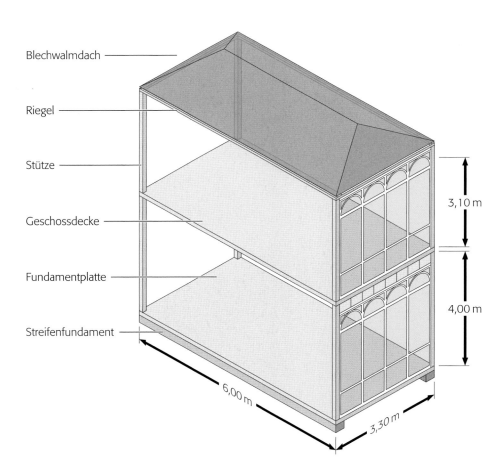

Blechwalmdach

Riegel

Stütze

Geschossdecke

Fundamentplatte

Streifenfundament

3,10 m

4,00 m

6,00 m

3,30 m

Die thermische Trennung wird durch die EPDM-Dichtungen an den Gläsern und den Befestigungen der Halteprofile erreicht. Im Bereich des Fußbodenaufbaus wird ein undurchsichtiges, farblich abgestimmtes Paneel eingesetzt. Am Paneel ist das Abtropfblech zum Schutz des Fundamentes befestigt. Die Rückstauhöhe zu wasserführenden Schichten muss mindestens 150 mm betragen. Der diffusionsoffene Dichtungsstreifen gestattet die Hinterlüftung der Konstruktion.

Für die Lüftung des Wintergartens wurden Fenster- und Türflächen mit einem Anteil größer als 10 % der Hüllfläche eingebaut, die manuell bedient werden.

Die Beheizung des Wintergartens soll in beiden Etagen über eine Fußbodenheizung erfolgen. Aus bautechnischen, gestalterischen und Raumluftansprüchen wurde auf ein zweites Heizsystem bewusst verzichtet. Die Nutzungseinschränkungen bei Außentemperaturen unter −10 °C werden akzeptiert. Eine Beschattung wurde nicht installiert. Als Ersatz wurden Sonnenschutzgläser mit einer Lichttransmission von 57 % eingebaut. Zu berücksichtigen ist, dass der Wintergarten eine nicht transparente Bedachung besitzt. Die Südostseite ist im Sommer durch eine ca. 20 Meter hohe Eiche beschattet. Nur an der Schmalseite im Südwesten ist über die Sonneneinstrahlung ein entsprechender Wärmeeintrag möglich. Bei Bedarf lässt sich dort eine Innenbeschattung nachrüsten, die aber den wunderbaren Blick über Dresden und das Elbtal einschränken würde.

Im ersten Geschoss wurde zur baurechtlich vorgeschriebenen Absturzsicherung Verbundsicherheitsglas mit den gleichen Sonnen- und Wärmeschutzwerten eingesetzt. Fenster und Türen wurden in Holzausführung ausgeschrieben.

Zur Ausführungsplanung gehört die Leistungsbeschreibung für die einzelnen Bauleistungen, auf deren Grundlage die Angebote für die Ausführung eingeholt wurden. Die Leistungsbeschreibungen für Tragkonstruktion und Glasfassade sollen hier beispielhaft wiedergegeben werden. Sie sind im Kasten links neben dem Bild aufgeführt und beinhalten nur die Fassadengestaltung. Die Leistungen der Grundkonstruktion einschließlich Dach- und Bodenaufbau sind darin nicht enthalten.

Leistungsbeschreibung:

- Pfosten-Riegel-Konstruktion aus Stahl System Stabalux oder gleichwertig, bestehend aus Stabalux T-Stahl 50 × 80 sowie U-förmigen Außenabdeckleisten in Alu natur
- senkrechte Abdeckleisten: U-Deckleiste DL 5061
- horizontale Abdeckleisten: Flachdeckleisten DL 5020
- oberflächenfertig, feuerverzinkt, beschichtet mit Glimmerlack »Graphit« bzw. nach Angabe Architekt
- Verglasung mit Isolierglas k-Wert 1,3, herstellen, liefern und in fertiger Arbeit montieren einschließlich aller umlaufenden Dämmungen, Anschlüsse und Anschlusswinkel.
- Gesamtabmessungen: im EG: 14,80 lfd. m (abgewickelt 4,34 m + 6,12 m + 4,34 m), ca. 4,04 m hoch; im OG: 14,80 lfd. m (abgewickelt 4,34 m + 6,12 m + 4,34 m), ca. 3,02 m hoch

In der Verbindung des historischen Gebäudes mit einem ehemaligen Anbau, der jetzt als Wintergartenkonstruktion verwirklicht wurde, bestand die besondere Herausforderung für den Architekten.

Wintergarten – Beispiele

NEUBAU EINES EINFAMILIENHAUSES MIT HOLZWINTERGARTEN

Der Freisinger Architekt Karl Sebastian Habermeyer erhielt im Jahr 2000 den Auftrag zur Projektierung eines Einfamilienhauses am Stadtrand von Freising bei München. Die Gestaltung geht von einem zur Straße liegenden Flachbau mit Garage und Arbeitsräumen aus. Über einen an der Ostseite liegenden Verbindungsgang gelangt man zum etwa acht Meter entfernten Hauptgebäude. Dieses ist zweigeschossig mit flachem Satteldach ausgeführt. An der Westseite wird der Flachbau mit dem Wohngebäude mit einem acht Meter langen und vier Meter breiten Wintergarten verbunden. Zwischen Wintergarten und Verbindungsgang der beiden Gebäudeteile entsteht dadurch ein Atrium (siehe Grafik Seite 67). Dieses hat etwa die gleichen Abmessungen

wie der Wintergarten. Die Grafik rechts unten zeigt die Ansicht des Wohngebäudes mitsamt Wintergarten und Flachbau von der Westseite.

Der Wintergarten sollte nach Wunsch des Bauherrn in Holz ausgeführt werden und auf maximal 15 °C beheizbar sein. Die Projektierung, mit allen Ausbaugewerken, die Auftragsvergabe und die Bauleitung wurden vollständig als Komplettleistung an das Freisinger Architekturbüro vergeben.

Konstruktionsprinzip des Wintergartens

Die Konstruktion ist als Rahmenkonstruktion mit Leimholzelementen ausgeführt. Insgesamt besteht der Wintergarten aus zwölf

komplett vorgefertigten Rahmenbaugruppen (siehe dazu Seite 21). Die Verwendung von großflächigen Rahmen, die auf der Baustelle auch bei ungünstigen Witterungsverhältnissen schnell zusammengesetzt werden können, hat sich bei großen Wintergärten durchgesetzt. In unserem Beispiel war die Montage der Holzkonstruktion mit sechs Handwerkern in etwa vier Stunden abgeschlossen.

Die Konstruktion des Wintergartens ist so ausgelegt, dass er zwischen den beiden Gebäuden frei auf der Bodenplatte steht und die Kräfte über die Rahmen in das Fundament eingeleitet werden.

Die Rahmenteile werden mit Spannschrauben verbunden (siehe Bild Seite 70). Köpfe und Muttern der Schrauben sind versenkt. Nachfolgend wird mit kleinen Holzblättchen die Bohrung von außen verschlossen, sodass die Verbindungselemente unsichtbar sind. Bei der statischen Auslegung der Holzrahmen war zu berücksichtigen, dass an der Ostseite eine vierflügelige Falttüranlage mit einer Breite von 3,6 Metern den Wintergarten zum Atrium öffnen soll. Eine gleiche Falttüranlage ist an der Westseite als Öffnung zum Garten vorgesehen (siehe Bild Seite 70 unten rechts).

Die Aufnahme der einzuleitenden Kräfte hätte auf Grund des geringen Widerstandsmomentes von Holz zu sehr wuchtigen Holzelementen geführt. Deshalb entschloss man sich, an der horizontalen Verbindungslinie der Rahmen einen Stahlträger im Holz verdeckt einzubauen. Die Holzkonstruktion ist ausgefräst, sodass der Doppel-T-Träger genau zwischen die Rahmenteile eingefügt werden konnte (siehe Bild S. 70 oben links). Gegen aufsteigende Feuchtigkeit wurden die Rahmenteile auf einer Gummidichtbahn auf den Rohfußboden aufgesetzt (siehe Bild Seite 70 oben rechts). Zur Höhennivellierung nutzte man Füllhölzer.

Die erforderliche Winkelsteifigkeit von Holzfachwerken ist im Prinzip mit Holzstreben

Ein Wintergarten verbindet bei diesem Neubau den Wohnbereich mit dem Büroräumen.

im Eckverband erreichbar. Im Wintergarten würden diese Streben jedoch stören, weshalb man Knotenbleche aus Edelstahl einsetzte (siehe Bild Seite 70 unten links). Die Holzrahmen wurden dazu geschlitzt, und die Knotenbleche wurden eingeschlagen. Nachfolgend verstiftet man die Holzkonstruktion mit den Knotenblechen.

Gleichfalls zur Erhöhung der Stabilität der Holzkonstruktion dienen Diagonalverstrebungen. Angreifende Windkräfte können sonst zu einer Parallelverschiebung des Fachwerks führen. Um dies bei großen Wintergärten zu verhindern, sind die Fachwerke entsprechend auszusteifen. Im gezeigten Beispiel wurden in einem Rahmen der Dachkonstruktion zwei Edelstahlseile diagonal von Ecke zu Ecke des Rahmens gezogen und gespannt. Mit speziellen Ankerplatten werden die Kräfte von den Seilen in die Holzkonstruktion eingeleitet.

Zur Verbindung des Wintergartens mit den Gebäudewänden dienen Schraubverbindungen zu den eingeschlagenen Wanddübeln. Der Spalt zwischen Holz und Wand wird ausgeschäumt und oberflächlich mit einer elastischen Silikonfuge geschlossen. Die Farbe der Fuge kann der Fenster- oder Mauerfarbe angepasst werden, oder der Rahmen erhält eine Blechabdeckung, die gleichzeitig die Fuge schließt.

Die Aluminiumschienen und die EPDM-Dichtungen waren bereits werkseitig montiert. In der Mitte der Aluminiumschiene befindet sich ein Schraubkanal für die Befestigung der Abdeckleisten. An diesem erfolgt auch die Ableitung von Kondenswasser oder eingedrungener Feuchtigkeit, z. B. durch Schlagregen.

Die Dichtungen lagern die Scheiben elastisch auf der Konstruktion, übernehmen die thermische Trennung und verhindern das Eindringen von Wasser. Wichtig ist, dass die Aluminiumprofile und Dichtungen ein dichtes und perfektes System der Wasserableitung von der höchsten Stelle bis zur

Übergabe in die Regenrinne oder an das Schwellblech gewährleisten. Stoßen Längs- und Querprofile aufeinander, sind diese so zu verbinden, dass die genannten Grundsätze eingehalten werden. Stoßstellen sind mit Silikon abzudichten, damit kein Wasser auf den Holzrahmen gelangen kann. Die EPDM-Dichtungen sind nach Vorschrift des Systemherstellers zu verlegen und zu verbinden. Im dargestellten Holzwintergarten wurden Profile des Herstellers BUG verwendet. Am zweiten Tag der Montage wurden die Scheiben eingebaut. Im Dachbereich verwendete man Zweischeibenisolierglas in

Stufenglasausführung mit folgendem Aufbau: innen 8 mm Verbundsicherheitsglas, 12 mm Zwischenraum, mit Argon gefüllt, und außen 8 mm Einscheibensicherheitsglas. Damit wird ein Ug-Wert von 1,3 W/m² × K erreicht.

Die Länge des Daches beträgt acht Meter. Es mussten deshalb zwei Scheiben hintereinander verlegt werden. Auch an der Stoßstelle beider Scheiben wurde Stufenglas eingesetzt, sodass ein rückstaufreies Abfließen von Regenwasser möglich ist. Der Selbstreinigungsprozess wird dadurch nicht unterbrochen. Die Glasstufen wurden außen emailliert, um den Randverbund vor UV-Strahlen zu schützen. Die Verbindungspfette der Dachrahmen bietet von innen einen guten Sichtschutz an dieser Stelle.

Die senkrechten Fassaden wurden mit Zweischeibenisolierglas aus 4 mm Floatglas, 16 mm Zwischenraum und 4 mm Floatglas realisiert. Im Brüstungsbereich hat man ein spezielles Sicherheitsglas für die Außenscheiben eingesetzt, welches nicht so leicht beschädigt und zerschlagen werden kann. Alle angelieferten Scheiben waren auf Glastransportpaletten aufgestellt, gegen Beschädigungen geschützt und eindeutig bezüglich der Montagestelle gekennzeichnet. Vor dem Einsetzen der Scheiben wurden zwei Klötze eingebaut, auf denen die Scheibe steht. Für die Kranmontage verwendete man spezielle Anschlagmittel für Glas. Anschließend erfolgte das Absetzen der

Großzügig gestalteter Grundriss eines Einfamilienhauses mit Wohn- und Aufenthaltsbereich einschließlich Wintergarten und Atrium.

Die Westansicht zeigt die Verbindung der beiden Gebäudeteile durch den Wintergarten.

TIPP Der Schutz der Wintergartenkonstruktion vor eindringender Feuchtigkeit ist von besonderer Bedeutung. Er muss durch eine qualitativ einwandfreie Montage gesichert werden. Systemhersteller bieten dazu spezielle Schulungen an.

Scheibe auf der Verklotzung, und jede Scheibe wurde mit vier kurzen Halteprofilen jeweils an der Mitte einer Scheibenseite befestigt. Den Abschluss dieser Arbeiten bildete die Ergänzung der Halteprofile.

Lüftungskonzept

Neben den großen vierflügeligen Falttüren an der Ost- und an der Westfassade sieht das Lüftungskonzept zwei Diagonallüftungen vor. Dazu sind an beiden Seiten im unteren Bereich jeweils zwei Kippfenster 80 × 80 cm installiert. Diese fungieren als Zuluftöffnungen. Diagonal gegenüber, an der höchsten Stelle der Fassade, befindet sich jeweils ein Kippfenster als Abluftöffnung. Auf Grund der Höhe des Wintergartens wird durch die entstehende Kaminwirkung eine gute Lüftung erreicht.

Bei starker Sonneneinstrahlung im Sommer können im Atrium sehr hohe Temperaturwerte erreicht werden. Die Diagonallüftung von Ost nach West wäre dadurch beeinträchtigt. Es ist jedoch zu berücksichtigen, dass der Gesamtkomplex aus Gebäuden und Wintergarten eine kontrollierte Lüftung besitzt. Entsprechend den jeweiligen Klimaanforderungen erfolgt eine Absaugung der Raumluft über Rohrleitungssysteme. In einer Entfernung von zehn Metern zum Gebäude wird an der Nordseite Frischluft angesaugt. Über Filter und einen Kreuzstromwärmetauscher aufbereitet, gelangt sie in das Gebäude. Damit steht eine zusätzliche Lüftungskomponente für den Wintergarten zur Verfügung.

Die Kippfenster werden automatisch mit Linearkettenantrieben betätigt. Die Ansteuerung der Antriebe erfolgt in Abhängigkeit der Innentemperatur. Liegt diese über einer eingestellten Solltemperatur, erfolgt das Öffnen der Kippfenster. Vor- und Nachteile der Automatikfunktion wurden bereits beschrieben. In diesem Projekt taucht eine spezielle Anforderung des Bauherrn auf. Wenn die Raumtemperatur unter die Solltemperatur abgesunken ist, schließen die Fenster automatisch. Die Linearkettenantriebe realisieren eine Anpresskraft von 15 kg, damit die Fenster dicht schließen. Das Kippfenster als Zuluftöffnung befindet sich direkt über dem Boden. Wenn spielende Kleinkinder ihre Finger am Fenster haben, kann es beim automatischen Schließen zu erheblichen Verletzungen kommen. Daher sind zusätz-

Rohbausituation mit den beiden Fundamentstreifen für den Wintergarten im Vordergrund. Dahinter der Bereich des künftigen Atriums.

Die in der Werkstatt gefertigten Holzrahmenteile werden auf der Baustelle zur Tragkonstruktion zusammengefügt. Durch die Vorfertigung kann die Montagezeit auf der Baustelle wesentlich verkürzt werden.

liche Informationen in die Steuerung einzubauen. So können etwa Bewegungsmelder oder Einweglichtschranken vor den Fenstern die Automatikfunktion unterbrechen.

Technische Ausrüstung

Entsprechend den Anforderungen des Bauherrn wurde im Wintergarten eine Fußbodenheizung eingebaut. Diese übernimmt mit der kontrollierten Belüftung die Beheizung des Holzwintergartens. Die Problematik der kalten Hüllflächen kann hier bei sehr niedrigen Außentemperaturen auftreten. Die großen Falttüranlagen waren jedoch das Argument, auf Bodenkonvektoren zu verzichten.

Die Beschattung erfolgt durch Kassettenmarkisen im Dachbereich. Auf Grund der Dachlänge wurde die Beschattung in zwei separate Anlagen aufgeteilt. Trotz optimierter Führungs- und Haltesysteme ist die mecha-

Am zweiten Tag wurden alle Scheiben an den senkrechten Flächen eingesetzt, und es konnte mit den Blechverblendungen und Regenwasserableitungen begonnen werden.

Der Rahmen ist innerhalb von wenigen Stunden fertig montiert. Im Dachbereich sind die Scheiben bereits befestigt, die Handwerker bereiten nun das Einsetzen der Scheiben im senkrechten Bereich vor.

nische Beanspruchung von Konstruktion und Tuch bei höheren Windstärken zu beachten. Über die Messung der Windgeschwindigkeit wird bei Überschreitung des zulässigen Grenzwertes das Beschattungstuch automatisch aufgerollt und in der Metallkassette geschützt aufbewahrt.

Die obere Kassette ist direkt unter dem Dachüberstand installiert. Sie erhält damit einen zusätzlichen Schutz. Die zweite Markisenkassette befindet sich direkt über der Verbindungspfette im Dachverband. Sie ist vor hohen Schneelasten zu schützen. Ebenso kann am Satteldach des Gebäudes

TIPP Bei großen Wintergärten ist eine professionelle Bauleitung zur Koordinierung der Leistungen der beteiligten Gewerke unbedingt notwendig.

Um die Stabilität zu erhöhen, wurden zwischen den Rahmenteilen Stahlprofile eingelegt und verschraubt.

Der Holzrahmen wird durch abgekantete Aluminiumbleche geschützt.

Der Holzrahmen wird durch Isoliermaterial vor aufsteigender Nässe geschützt.

ein Schneefanggitter angebracht werden, damit nicht zusätzliche Schneemassen auf die Wintergartenkonstruktion rutschen können.

Im Atrium kann die Rückstauhöhe von 15 cm für Oberflächenwasser nicht eingehalten werden. Deshalb wurde ein Drainkanal mit Abdeckgitter installiert.

In die Holzkonstruktion wurden zusätzlich zu den bisher bekannten Elektroinstallationen Kabel für nachträgliche Anschlüsse eingelegt. Bei Holzkonstruktionen kann man diese unauffällig in einer Öffnung verstecken, die oberflächlich mit einem Holzblatt verschlossen wird. Nachträgliche Installationen sind mit einem erhöhten Aufwand verbunden.

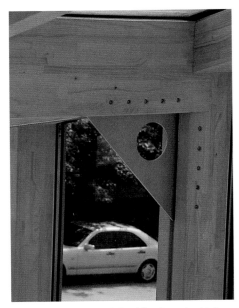

Knotenbleche aus Edelstahl geben der Holzkonstruktion die notwendige Winkelstabilität.

Noch ist der Wintergarten leer, doch hat der Raum für zukünftige Träume schon reale Formen angenommen. Mit etwas Fantasie kann man sich die Nutzungsmöglichkeiten nun schon vorstellen.

EIN HOLZWINTERGARTEN ALS GEBÄUDEERWEITERUNG

Dieser Wintergarten ist als Wohnraumerweiterung für die zu klein gewordene Dachgeschosswohnung konzipiert. Das klar strukturierte Gebäude aus den 1930er Jahren ist eingeschossig und besitzt eine

Grundfläche von knapp 100 m². Das Dachgeschoss des Satteldaches ist ausgebaut und besitzt auf der nach Südwesten ausgerichteten Längsseite einen zusätzlichen Giebel. Damit konnten der Wohnraum ver-

größert und die Lichtverhältnisse verbessert werden.

Mit steigenden Ansprüchen, entsprechend der heutigen Anforderungen an Größe und Qualität des Wohnraumes, ergab sich dringender Handlungsbedarf. Deshalb entschloss sich der Bauherr, speziell zur Wohnraumerweiterung im Dachgeschoss einen fest eingedeckten Wintergarten für das Dachgeschoss in Holzkonstruktion errichten zu

Eine besondere Kombination aus fest eingedecktem Anbau mit überdachten Terrassenplatz und Treppe zum Garten im Erdgeschoss sowie eigenem Wintergartencharakter im Obergeschoss.

Wintergarten – Beispiele

lassen. Der darunter liegende Teil sollte als offen vom Garten zugänglicher Balkon genutzt werden. Der Gedanke dieser Bauweise wurde dem Stil der Villen entlehnt, die am Ende des 19. Jahrhunderts in dieser Region vielfältig errichtet wurden. Diese Villen besaßen bereits damals Veranden aus Holz, die teilweise verglast und reich geschmückt waren.

Grundkonstruktion

Die Konstruktionsmerkmale sind vergleichbar mit denen des Beispieles auf Seite 64. Der Unterschied besteht hier darin, dass das Holz als Werkstoff für die Tragkonstruktion verwendet wurde. Die vier Holzstützen sind über Metallanker mit den Punktfundamenten verbunden, sodass die Holzteile im Bereich aufsteigender Feuchtigkeit am Boden vor Nässe geschützt werden. Die beiden

am Haus anliegenden Stützen wurden mit Verbindungselemente an diesem befestigt. Damit wird hier die erforderliche Winkelstabilität erreicht. Bei den vorderen Stützen sind die Aussteifungen gut sichtbar.

Deckenaufbau

Der Terrassenboden ist als Balkendecke ausgelegt und mit Holzbrettern bestückt. Zusätzlich wurde ein Holzgeländer und eine Treppe zum Garten aus Holz realisiert. Die Geschossdecke für den Boden des Wintergartens wurde als Holzbalkendecke flachbündig eingehängt. Sie erhielt neben der Sichtschalung nach unten auch eine Dampfsperre. Die Wärmeisolation befindet sich zwischen den Balken. Eine 25 mm Spanplatte, auf die die Fliesen verklebt sind, komplettiert den Aufbau. Die Ausführung des Satteldaches erfolgte über

unten liegende Holzbalken einer Holzschalung, einer Dampfsperre und einer 14 cm starken Styrodur-Isolation. Das Ziegeldach wurde auf eine Querlattung aufgelegt. Der geringe Höhenversatz zwischen dem First des Daches und des Wintergartens dient der Bewegungsmöglichkeit zwischen beiden Bauteile. Die Feuchtigkeitssperre an diese Stelle wird hier über ein doppeltes Winkelblech erreicht.

Verglasung

Das Rastermaß für die Verglasung des 4 × 3 m großen Wintergartens beträgt 950 mm. Dazu wurden senkrechte Konstruktionshölzer eingesetzt, die die Festverglasung und die Fenster aufnehmen. Für die Gestaltung der Verbindung zwischen Konstruktionshölzern und Verglasung sind einige Details wichtig, die im Bild erkennbar sind.

Das Konstruktionsholz ① ist über einen Holzriegel ③ mit dem Verglasungsrahmen ② formstabil verbunden. Ein Quellband ④ aus Neopren sichert auch bei Formveränderung des Holzes durch Witterungseinflüsse eine dauerhafte Abdichtung gegen Luftaustausch (Forderung nach EnEV). Des weiteren sind eine Dreifachverglasung ⑥ und die Abschlussleiste ⑦ gezeigt. Bleche ⑤ schützen das Holz an besonders gefährdeten Stellen vor der Witterung. Die Fräsnut ⑧ dient der Belüftung und Trocknung des Holzes bei Auftreten von Kondensat. In Brüstungshöhe ist horizontal ein Konstruktionsholz eingezogen, denn die Glasscheiben im Brüstungsbereich müssen mit der teureren absturzsicheren Verglasung ausgeführt werden. In der Giebelseite sind vier Fenster mit Dreh-Kippbeschlag ausgestattet. Die zwei oberen zur Ableitung der Warmluft im Giebelbereich. An den beiden Seiten ist jeweils oben das mittlere Fenster zu öffnen. Darüber wird eine Außenreinigung der Scheiben an den Seiten ermöglicht..

Die Holzkonstruktion für den Dachbereich mit Verglasung und thermischer Isolierung sowie den außen liegenden Metallabdeckleisten.

Hier wird die optimierte Holzkonstruktion mit Verglasung, Dichtung und Wetterschutz erkennbar.

TERRASSENDACH UND GLASHAUS

Die Terrassenüberdachung mit den beweglichen Glaswänden erhöht den Komfort und verlängert die Nutzungszeit dieses Terrassenplatzes.

Als Terrassendach oder Glashaus werden Glaskonstruktionen bezeichnet, die keine echten Wintergärten sind, dennoch aber wie Wintergärten aussehen und auch ähnlich genutzt werden können. Der Unterschied: Sie besitzen eine Einscheibenverglasung und die senkrechten Glaselemente können zur Seite geschoben und zusätzlich als Paket in eine nicht oder wenig störende Parkposition gedreht werden. Die senkrechten Scheiben schließen die Fassade jedoch nicht ganz dicht. Besonderer Wert wird auf einfache, leichte und schnelle Bedienung der senkrechten Glaselemente gelegt.

Bei rahmenlosen Scheiben ergeben sich Spaltbreiten von 3 bis 5 mm. Gerahmte Scheiben schließen dichter, ohne höhere Anforderungen an Wärmeschutz und Luftdichtigkeit erfüllen zu können und zu wollen. Die Preise für eine qualitativ hochwertige Konstruktion aus Terrassendach und um-schließender Glasfaltwand liegen je nach Größe und Ausführung etwa 20 % niedriger als für vergleichbare Wintergärten.

Vor- und Nachteile von Terrassendächern im Vergleich zum herkömmlichen Wintergarten

Vorteile: Durch fehlende senkrechte Konstruktionsteile wird der Blick in den umgebenden Garten oder die Natur nur unwesentlich durch die Scheiben behindert. Nach Öffnen der Glasfaltwand fällt auch die letzte Barriere zwischen dem geschützten Terrassenplatz und der umgebenden Natur – man fühlt sich wie direkt in freier Natur. Einen Eindruck der Türkonstruktion vermittelt das nebenstehende Bild mit der geöffneten Faltwand.

Nachteile: Die nicht komplett winddichte Verglasung im senkrechten Bereich führt

dazu, dass ohne Sonneneinstrahlung, verzögert durch die Speicherwirkung von Boden und Hauswand, Temperaturen nahe der jeweiligen Außentemperaturen erreicht werden. Dies bedeutet, dass diese Konstruktionsart ungeeignet ist für die Überwinterung der meisten Kübelpflanzen. Sie ist als windgeschützter Terrassenplatz zu sehen, der nur mit vorübergehender Bepflanzung versehen werden kann.

Baurecht

Auch für ein Glashaus muss die statische Sicherheit gewährleistet sein, bei der auch die Schneelast berücksichtigt ist. Durch die konstruktive Ausführung ist die thermische Trennung zum Wohnbereich zwingend notwendig. Dies wird durch entsprechende Türen erreicht. Ein Wärmeschutzgutachten nach EnEV ist nicht erforderlich, und Terrassendächer benötigen teilweise auch keine Baugenehmigung.

Die senkrechten Glaselemente werden als Paket zusammengeführt und an einer festgelegten Position geparkt.

Wintergarten – Beispiele

Konstruktion und Ausstattung

Die einfachste Form ist ein Terrassendach, das über einen Wandanschlussträger und über einen auf zwei oder mehr Stützen gelagerten Traufenträger die auftretenden Kräfte in das Fundament ableitet. Auf die Grundkonstruktion werden Sparren gelegt, die die Verglasung aus Verbundsicherheitsglas aufnehmen. Das Bild Seite 73 bietet einen guten Überblick der Konstruktion. Das Terrassendach selbst kann separat auch ohne senkrechte Glaselemente genutzt werden. Zusätzlichen Schutz gegen Wind und Schlagregen bietet die Glasfaltwand für die freien senkrechten Flächen. Dies führt bei Sonnenschein jedoch zu einer schnellen Erwärmung.

Im gezeigten Beispiel wurde Holz als Material für die Träger gewählt. Der seitliche und vordere Dachüberstand soll dabei das Holz vor Nässe schützen. Alle Konstruktionselemente gibt es jedoch auch ebenso in Metallausführung.

Die innen liegende Schattierung übernimmt die Funktion eines Sonnenschirmes für den Terrassenplatz, der unmittelbar in Verbindung zum Garten steht.

Die Handhabung der Glasfaltwand ist tatsächlich kinderleicht.

Der Terrassenboden ist in diesem Beispiel aus Bangkirai-Holz hergestellt, einschließlich der Stufenkonstruktion, die zum Garten führt. Dazu passt Holz als Konstruktionswerkstoff besonders gut. Deshalb sind die innen liegenden Sparren und Pfetten aus längs verleimten Schichtholz der Holzart Oregon Pine gefertigt. Es lassen sich damit tragfähige und filigrane Konstruktionshölzer herstellen. Im ungeschützten Außenbereich erhalten alle Holzträger pulverbeschichtete Aluminiumprofile als Witterungsschutz.

Klimagestaltung unter dem Terrassendach

Da die Glasfassade nicht luftdicht schließt, findet ohne Einstrahlung ein Temperaturausgleich zwischen außen und innen statt. Bei Sonnenschein erwärmt sich die Luft im Glashaus sehr schnell, und durch den Windschutz der Fassade bleibt diese Wärme auch erhalten. Dementsprechend ist die Terras-

sensaison bei Sonnenschein von Februar bis November sicher möglich. Eventuell kann eine zusätzliche Strahlungsheizung, mit Strom oder Gas als Energieträger, die Nutzungsdauer weiter erhöhen. Die Nutzung dieser Heizung ist für den Einsatzfall besonders geeignet, da nicht die Luft als Wärmeträger dient, sondern die Zielfläche, der Mensch, direkt erwärmt wird (siehe auch das Behaglichkeitsdiagramm Seite 38 unten). Eine Überhitzung des Glashauses analog zum Wintergarten muss nicht befürchtet werden, da durch das vollständige Öffnen der Fassade schnell wieder Außenbedingungen geschaffen werden können. So wie man im Garten unter Umständen einen Sonnenschirm benötigt, ist auch für das Glashaus eine Schattierung vorteilhaft. Dabei ist wie im Bild gezeigt eine Innenschattierung ausreichend und von Vorteil, da dadurch die überschüssige Wärme bei geöffneten Glaselementen durch die Luftbewegung schnell abgeführt werden kann.

EIN BAUSATZWINTERGARTEN FÜR DIE SELBSTMONTAGE

Am Ortsrand einer kleinen Gemeinde wurde ein Baugebiet ausgewiesen, auf dem Einfamilien-, Doppel- und Reihenhäuser längs einer Straße hinter den Feldern und Wiesen entstanden. In einem Komplex aus drei Reihenhäusern wurde eines rohbaufertig verkauft. Die Breite der drei Reihenhäuser beträgt jeweils etwa sechs Meter. Nach Süden, zum Garten und zur Straße hin, war an allen drei Häusern eine Terrasse vorgesehen.

Häufig entsteht in solchen Gebieten, die in kurzer Zeit bebaut werden, eine besondere Struktur und Gemeinschaft, die ihre Grundlage im etwa gleichen Alter der Bauherrn und ähnlicher Familiensituation hat. Trotzdem sind drei in einer Flucht liegende und aneinander grenzende Terrassen nicht jedermanns Geschmack. Der Käufer des rohbaufertigen Reihenhauses entschloss sich deshalb, einen Wintergarten statt der Terrasse zu bauen. Zielvorstellung dabei war die Verlängerung der Garten- und Freiluftsaison. Gleichzeitig bestand der Wunsch nach einem Überwinterungsraum für die Kübelpflanzen. Der Wintergarten sollte nicht wie ein Wohnraum beheizbar sein, sondern nur eine frostfreie Überwinterung der Pflanzen sichern. Da junge Familien häufig nicht über große finanzielle Reserven verfügen, überlegte man sich auch in diesem Fall, wo Kosten beim Ausbau des Hauses und beim Wintergarten durch Eigenleistungen zu sparen waren.

Entscheidung zum Fertigwintergarten

Im Beispiel sollte die Terrasse von etwa 5 × 3 m mit einem Wintergarten überbaut werden. Große Schiebetürelemente waren vorgesehen, um einen fließenden Übergang zum Garten zu ermöglichen. Die eingeholten Kostenangebote in der Größenordnung um 20 000 € überstiegen die Vorstellungen des Bauherrn. Deshalb wurden Alternativen gesucht.

Im Baumarkt wurde man fündig. Es werden sowohl Holz- als auch Aluminium-Wintergärten zur Selbstmontage angeboten. Die

Es ist geschafft. Der Eigenbau-Wintergarten ist fertig montiert, und der Besitzer kann in Ruhe auf sein Werk blicken. Mit der Nutzung verbindet sich dabei immer der Stolz auf die eigene Leistung.

Wintergarten – Beispiele

Dachneigung beträgt einheitlich 4° bei Holz- und 6° bei Aluminiumausführung. Es werden laut Prospekt neun verschiedene Grundmodelle angeboten. Auch Sondermaße sollen möglich sein. Die Dacheindeckung besteht wahlweise aus 3- oder 5-schichtigen Polycarbonatplatten, Farbe Opalweiß oder Klar. Das Dach wird mit Festeindeckung oder Schiebedach geliefert. Die Fassaden können mit Energieverglasung ($U_g = 3,1$ W/m² × K) oder Isolierverglasung ($U_g = 2,4$ W/m² × K) ausgerüstet werden. Es gibt zwei- und dreiflügelige Schiebetüren sowie ein Fensterelement mit kleiner Lüftungsklappe. 25 bis 30 % Kosteneinsparung schienen durch die Selbstmontage möglich. Auch wenn man unterschiedliche Konstruktionen und Ausführungen nicht fachgerecht finanziell bewerten kann, ist diese Differenz Anlass zum Nachdenken. Die nächste zu klärende Frage ist, welche Kenntnisse und handwerkliche Fertigkeiten für die Montage Voraussetzung sind. Solche Wintergärten stehen auch nicht an jeder Ecke, sodass man sich einfach erkundigen könnte. Manche Firmen bieten deshalb ein Video an, das eine Montage zeigt. Daraus kann man einen ersten Eindruck über die auszuführenden Arbeiten gewinnen. Die Besichtigung eines Referenzobjektes und das Gespräch mit dem Erbauer sollten jedoch auf jeden Fall vor der Entscheidung zum Selbstbau erfolgen. Dabei ist neben allen anderen Aspekten die Montagefreundlichkeit zu hinterfragen. Werden Spezialwerkzeuge benötigt, sind die angelieferten Teile eindeutig gekennzeichnet, sind die Montageanleitungen und -zeichnungen leicht lesbar, wie ist die Unterstützung durch die Firma, wenn Fragen bei der Montage auftreten? Ist die Entscheidung für einen Bausatzwintergarten gefallen, ist die Baugenehmigung einzuholen. Dazu sind der Grundriss und mindestens zwei Hauptansichten zu zeichnen. Der Nachweis für die statische Sicherheit muss erbracht werden. Im Beispiel

existierte bereits eine Baugenehmigung für das Reihenhaus mit eingezeichneter Terrasse. Der Bauherr zeichnete die Ansichten auf der Grundlage der Prospektunterlagen in die vorhandene Bauzeichnung ein, legte die von der Firma gelieferte Typenstatik bei und erhielt in spektakulär kurzer Zeit, ohne weitere Nachfragen, die Baugenehmigung für den Wintergarten. Nun wurde der Vertrag mit dem Baumarkt zur Lieferung des Wintergartens abgeschlossen, und die konkrete Bauvorbereitung konnte beginnen.

Bauvoraussetzungen

Eine zwei Meter breite Bodenplatte für die vorgesehene Terrasse war mit dem Rohbau realisiert worden. Entsprechend den Abmes-

TIPP Anbieter von Wintergärten zur Selbstmontage sollten neben ihrer Montageanweisung präzise Angaben zur Ausführung von Fundamenten, und zur Befestigung an dem Baukörper formulieren.

sungen des Wintergartens wurde ein Streifenfundament frostfrei gegründet und eine 5 cm starke Wärmeisolierung aus Styrodur eingebracht. Auf diese wird bei Terrassen verzichtet. Auch bei frostfreien Wintergärten hat sie Vorteile, da der Boden dann nicht so fußkalt ist. Anschließend erfolgen das Ausgießen und Komplettieren der Bodenplatte. Vom Fundament zum Garten ist die Rück-

Aufbauprinzip des Bausatzwintergartens: Zuerst montieren Sie die hinteren Pfosten und Balken an die Hausfassade.

Dann bringen Sie die Sektionen mit den schrägen Ecken an der Vorderkante an und montieren die Giebelbalken.

Schrauben Sie die Balken an der Vorderkante des Wintergartens an und richten Sie dann die mittleren Dachstühle auf. Schon ist das Skelett fertig.

Setzen Sie jetzt die Führungsprofile für die Glaspartien zusammen und montieren Sie sie fest. Schrauben sie die Dachplatten an. Die Dachentwässerung bildet den Abschluss.

stauhöhe für Oberflächenwasser von 15 cm zu beachten.

Für einen frostfreien Wintergarten ist eine Zusatzheizung notwendig. Bei zwei Glasaußenwänden mit einem U_g-Wert von 2,5 W/m^2 × K und dem Dach aus 5-fach-Stegplatten mit einem U-Wert von 1,5 W/m^2 × K wird die Heizleistung mit 1,5 kW berechnet. Der Heizkörper ist entsprechend auszulegen. Er sollte mit einem Thermostatventil ausgerüstet sein, das eine Frostschutzfunktion besitzt. Damit kann die Heizung nicht einfrieren. Die Ableitung der Regenrinne muss bekannt sein, um die Entwässerungsleitungen zu verlegen.

Die Montage beginnt

Das Material wird zum vereinbarten Termin ordentlich verpackt und nummeriert auf der Baustelle angeliefert. Die zu unterschreibende Eingangskontrolle auf Vollständigkeit ist aus Zeitgründen praktisch meist nicht möglich. Spätere Nachforderungen wurden jedoch kurzfristig realisiert. Die Montagefolge

mit den speziellen Bezeichnungen und Konstruktionsnummern ist zuerst etwas verwirrend, obwohl die Gesamtkonstruktion, wie aus dem Bild unten hervorgeht, einfach und anschaulich ist.

Hier hilft das nochmalige Anschauen des mitgelieferten Videos weiter. Sinnvoll wäre analog der Stückliste für die Konstruktionsteile eine Tabelle der wesentlichen Montagearbeiten in chronologischer Reihenfolge etwa in folgender Form:

1. Ausmessen und Anzeichnen der Lage für die Ankerprofile
2. Befestigen der Ankerprofile
3. Aufbau der zwei Wandstützen und des Dachbalkens
4. Befestigung der Konstruktion am Gebäude
5. Setzen der vorderen Stützen und des festen Fensterelementes
6. Auflegen des Rinnenbalkens
7. Verschrauben des Seitenbalkens
8. Einsetzen der Dachpfetten.

Mit diesen acht Montageschritten steht das Grundgerüst. Nun können die Eindeckung sowie das Einsetzen von Glas- und Tür-

elementen beginnen. Bis auf die Arbeitsschritte 5 und 6 sind alle Arbeiten von einer Person ohne Hilfeleistungen möglich. Für die vorderen Stützen, das Halten dieser und das Auflegen des Rinnenbalkens werden zwei Arbeitskräfte benötigt. Der erste Punkt verlangt eine sehr hohe Präzision, da nachträgliche Korrekturen mit einer Demontage verbunden sind.

Der Plan für die Lage der Ankerprofile wurde mitgeliefert. In einem weiteren Plan sind die Maße angegeben. Die Maße gehen von einem exakten 90°-Winkel aus. In dem Beispielwintergarten wurde die Trennung zur Nachbarterrasse als feste Mauer ausgeführt. Eventuell stimmte der Winkel nicht genau, es musste jedenfalls bei der Montage rückgebaut und der Standort des Ankers geringfügig korrigiert werden. Das kostet Zeit und ist ärgerlich. Leichte Abhilfe wäre zu schaffen, wenn man in der Zeichnung zusätzliche Diagonalmaße von Ecke zu Ecke angeben

MATERIALLISTE
(für die Vollständigkeitskontrolle)

NR.	AN-ZAHL	BAUTEIL	MATERIAL
1	1	Styropor zw. Seitenblech	
2	1	Unterdach	
3	1	Dachrinne Seite links	Alu
4	1	Dachrinne vorne Ecke re.	Alu
5	1	Rahmen in der Schräge	Alu
6	1	Rinnengiebel gegen Haus re.	Platisol
7	1	Rinnengiebel links	Platisol
8	1	Seitenblech links	Platisol
9	1	Seitenblech rechts	Platisol
10	1	Winkelleiste unter Dach	Alu
11	1	Pfosten für Seitenlicht	Alu
12	1	Seitenbalken links	Alu
13	1	Wandpfosten links	Alu
14	1	Wandpfosten rechts	Alu
15	2	Pfosten vorne	Alu
16	1	Balken vorne	Alu
17	5	Dachbalken	Alu
18	1	Hintere Balken	Alu
19	4	Balken zw. Dachbalken	Alu
20	1	Fallrohr	Alu
21	1	Blech an Dachrinne Seite	Platisol

würde. Abweichungen wären dann sofort sichtbar. Bohrschablonen aus Papier oder zusammenfügbar aus Teilen der Konstruktion wären weitere Lösungsansätze zur Vermeidung solcher Probleme.

Nach dem Anzeichnen sind die Löcher zu bohren, Dübel einzusetzen und die Ankerprofile zu verschrauben. Die Ankerprofile sind ca. 6 cm hoch. Die Stützen passen genau über die Ankerprofile und geben für die Montage die notwendige Stabilität.

Die Montage der Wandstützen und des Dachbalkens – dritter Arbeitsschritt – erfolgt durch Verbindungsstücke, die an den Stützen angebracht sind. Die Konstruktion aus zwei senkrechten Stützen und Dachbalken wird auf die beiden Anker gestellt und an der Gebäudewand mit Schrauben befestigt. Zu den Befestigungsmitteln gibt es in der Montageanordnung keine Aussagen. Man verweist auf die unterschiedlichen Mauerausführungen. **Für einen Bausatzwintergarten mit geprüfter Statik sollte eine ausführliche Befestigungsvorschrift,** mindestens für übliche Bauausführungen, **zum Lieferumfang gehören.**

Die Aufstellung der vorderen Rahmengruppe benötigt eine zweite Montagekraft.

Zwischen den Dachträgern lässt sich die Innenschattierung an Spannseilen befestigen. Die Ausrüstung dazu kann beim Lieferanten des Wintergartens mitbestellt werden.

Die Stützen halten in den Ankerprofilen. Die feste Glaswand muss eingesetzt und der Rinnenbalken montiert werden. Das geht nur mit zwei Personen. Diese vordere Rahmengruppe steht auch noch nicht allein. Sie muss gehalten werden, während der »Obermonteur« die Pfetten in dem wandseitigen Dachträger verankert und am vorderen Dachträger, dem Rinnenträger, verschraubt.

Die Grundkonstruktion, aus hinteren und vorderen Rahmen, verbunden durch die Pfetten, steht jetzt stabil und selbständig, und die Arbeiten an der Hüllfläche können beginnen. Das Einlegen der Dichtgummis und der Polycarbonatplatten im Dach stellt keine größere Schwierigkeit dar. Anschließend erfolgt das Anschrauben der Abdeckleisten. Die Dachplatten sind damit abgedichtet und befestigt. Im Stehwandbereich werden je nach Größe weitere Glaselemente oder die Schiebetüranlagen montiert. Alle Glaselemente und Türen sind fertig in einem Aluminiumrahmen montiert und einbaufertig. Damit wird die Montage wesentlich vereinfacht und zugleich Transport- und Montageschäden vorgebeugt.

Die Dachrinne ist mit einfachen Aluminiumprofilen leicht und ausreichend stabil zu montieren. Ein kleines Detail soll den Qualitätsanspruch, der von der Firma auch an diesen Wintergarten zur Selbstmontage gestellt wird, unter Beweis stellen. Die Möglichkeit des Verstopfens von Dachrinnen ohne oder mit geringem Gefälle wurde bereits angesprochen. Wasser darf aber nicht unter die Konstruktion zurückstauen. Deshalb wurde am Ende der Dachrinne, der entfern-

Als Dachmaterial wurde eine Stegfünffachplatte Opalweiß mit sehr guten Wärmedämmeigenschaften gewählt. Dieses Dachmaterial verringert auch die Lichttransmission.

testen Stelle vom Ablauf, ein sehr einfacher Überfüllungsschutz vorgesehen.

Die Belüftung des Wintergartens erfolgt diagonal über die sehr großzügig dimensionierten Schiebetüranlagen. Diese erlauben eine Öffnung von über 60 % der Stehwandfläche. Damit wird eine Atmosphäre analog einer überdachten Terrasse geschaffen.

Für die ständige Beschattung werden die Polycarbonatplatten in Opalweiß angeboten. Die Bestellung einer Innenschattierung in Stoffausführung mit komplettem Befestigungssystem für die Montage an den Pfetten ist möglich.

Eine Problematik ergab sich durch die Anbausituation des Wintergartens an das Reihenhaus. Das Satteldach des Reihenhauses endet ca. 2,5 m über dem Wintergarten. Abrutschende Schneemassen könnten zu einer Beschädigung des Wintergartens führen. Deshalb wurden spezielle Schneefanggitter auf dem Dach installiert, um den möglichen Beschädigungen vorzubeugen.

Die wetterfesten Anschlussverbindungen zwischen Bau und Wintergarten, z. B. durch Winkelbleche, mussten durch Spengler realisiert werden. Ausführungsvarianten wurden nicht angegeben und sind auch nicht ganz problemlos realisierbar.

Ein Bausatzwintergarten zur Selbstmontage kann, handwerkliche Fertigkeiten vorausgesetzt, eine Alternative zum Bau des Wintergartens durch einen Spezialbetrieb sein. Die Optik wird sich nicht wesentlich von auftragsgebunden Spezialanfertigungen unterscheiden.

Der beispielhaft gezeigte Hersteller hat viele Ideen im Projekt verwirklicht, die eine einfache Montage sicherstellen. Individuelle Anpassungen und Ausführungen sind allerdings nur teilweise möglich. Der niedrigere Preis kann mit den Ausführungen und den geringen Ansprüchen an den Wärmeschutz begründet werden. Da auch regionale Handwerksbetriebe des Wintergartenbaus auf wenige Systemanbieter zurückgreifen, sind Preisunterschiede – neben den Montagekosten von etwa 20 % des Endpreises – auf Qualitätsunterschiede zurückzuführen.

Neben dem dargestellten Beispiel gibt es noch weitere Anbieter für Bausatzwintergärten zur Selbstmontage.

Die Qualität des Wintergartens ist eigentlich erst nach mehreren Jahren Nutzung einzuschätzen. Der Laie hat zudem Schwierigkeiten, die einzelnen Qualitätsmerkmale fachgerecht zu beurteilen. Insgesamt kann man zusammenfassen: Der Bauherr muss wissen, was er vom Produkt erwartet und was er dafür bereit ist zu bezahlen.

Die Eigenmontage verlangt handwerkliche Fertigkeiten und ist bis auf die Dachmontage von einer Person zu bewerkstelligen. Im Bild steht das Dach bereits auf seinen Stützen.

Winter-garten — Bepflan-zung

Seite 82 ➡ **Den Wintergarten bepflanzen**

Seite 91 ➡ **Die Elemente der Wintergarten-bepflanzung**

Seite 99 ➡ **Der Stil der Bepflanzung**

Seite 105 ➡ **Strukturpflanzen für den Wintergarten**

Seite 119 ➡ **Der warme Wintergarten**

Seite 143 ➡ **Der kalte Wintergarten**

Seite 171 ➡ **Die Bepflanzung in der Praxis**

Wintergarten – Bepflanzung

DEN WINTERGARTEN BEPFLANZEN

Das Erfolgsrezept für eine gelungene Wintergartenbegrünung: Im Vordergrund stehen die Bedürfnisse der Bewohner. Ist man sich über die eigenen Wünsche und Vorlieben im Klaren, wählt man den dazu passenden Temperaturbereich: kalt, lauwarm oder warm.

Unter Beachtung der Lichtverhältnisse sucht man erst dann Pflanzen heraus, deren Ansprüche dem individuellen Wintergartenklima entsprechen.

Es ist noch nicht sehr lange her, da verstand man in Mitteleuropa unter einem Wintergarten ein Anlehngewächshaus von vielleicht gerade mal 1,5 m Tiefe bei höchstens 4,5 m Breite. Ein erweitertes Blumenfenster eben, bei Pflanzenliebhabern sogar über die Terrasse gezogen. Es war nötig, um die viel zu vielen und inzwischen viel zu großen Kübelpflanzen zu überwintern. Sowohl im Keller und Treppenhaus als auch in der Garage war längst kein Platz mehr.

Ein klassisches »grünes Zimmer«. Der Vorrang von unterschiedlich belaubten Immergrünen vor Blütenpflanzen spart viel Arbeit.

Mancher Kübelpflanzenfreund stellte nun zu seiner Überraschung fest, dass sich sein verglastes Winterquartier bei entsprechender Witterung zum Hauptaufenthaltsort in der Freizeit entwickelte. Nicht nur, dass man dauernd etwas zu tun hatte, nein, als endlich einmal die veredelte Akazie blühte, verlockte sie zu einem entspannenden, wenn auch recht beengten Liegestuhlbad. Und als man dann ihren Duft wahrnahm, legte man die frisch aufgeschlagene Zeitung glatt wieder weg. Und das Mitte Januar, zu Hause. Aus solchen Erlebnissen wird oft ein Wintergarten.

Neben dem Standardweg der Pflanzenliebhaber gibt es auch andere Schlüsselerlebnisse. Der übliche Wintergartenbesitzer assoziiert seinen Wintergarten mit Urlaub. Winterurlaub im Warmen; egal wo, Hauptsache, man braucht keinen Wintermantel. Manch einer, der fast sein ganzes Leben in der Stadt verbracht hat, erfolgreich und zufrieden, nur ganz schön gezeichnet vom täglichen Stress, gönnt sich vielleicht ein paar Tage in einem Tropic Resort, unter Palmen. Und er stellt dort fest, dass abends ein Duft die Gegend durchzieht, den man weder dem Abendessen noch einem weiblichen Wesen zuordnen kann. Ob das von den Blumen kommt? Diesem dicken Aststück, von dem die weißen Blüten jetzt nachts so auffallend herüberleuchten? Und dahinter die Silhouette der Palmen, vor dem Mond ... Solche Momente muss man genießen, wo doch alles andere schon längst bekannt und fade erscheint. Und plötzlich bemerkt man auch, dass hier, wo man seine Ruhe hat, wieder Ideen kommen, die während der täglichen Routine undenkbar sind. Man kann Sachen aufarbeiten, für die man einen klaren Kopf braucht.

Der Wunsch, sich solche erholsamen Stunden auch in der vertrauten häuslichen Umgebung zu verschaffen, führt nicht selten zum eigenen Wintergarten. Und wer die Kreativität beruflich braucht, richtet hier bald sein Zweitbüro ein. Zudem lassen sich dort Gäste, die man einmal außerhalb der förmlichen Enge des Wohnzimmers begrüßen will, stilvoll bewirten.

Individuelle Wohlfühltemperatur

Schon bei der Planung der Wintergartenkonstruktion hat der individuelle Nutzen ganz im Vordergrund zu stehen. Damit ist weniger gemeint, dass der Wintergarten ästhetischen Standards entsprechen soll. Wichtig sind vor allem die richtige Auslegung und die entsprechende technische Ausstattung. Der eigene Wintergarten muss ein Klima ermöglichen, in dem sich die Bewohner wohl fühlen. Zu kalt, zu heiß, zu trocken sind Umschreibungen dafür, dass erstrebter Nutzen und technische Einrichtung nicht im Einklang stehen.

Häufigkeit und Dauer der Nutzung bestimmen die Wintergartentemperatur. Wer den Wintergarten braucht, um auch im Winter Gärtner spielen zu können, und sich dabei ständig bewegt, legt kaum Wert darauf, ins Schwitzen zu kommen. Wer sich höchstens am Sonntagnachmittag ein paar Liegestuhlstunden gönnen kann, hat wenig von einem Wintergarten, den er auf Zimmertemperatur halten muss.

Wer den Wintergarten wenig nutzt, ist also mit einem kalten Wintergarten oft besser bedient, weil der Pflegeaufwand dort geringer ist. Und sollte es tatsächlich ein Anlass erfordern, genügt ein Dreh am Thermostatknopf oder an der Zeitschaltuhr, und es herrscht die gewünschte wohlige Wärme. Je länger man den Wintergarten passiv nutzt, desto eher liegt die Wohlfühltemperatur bei Zimmertemperatur – einem recht dehnbaren Begriff. Wer im kühlen Schlafzimmer ins Federbett gekuschelt stundenlang Romane lesen kann, kann dasselbe auch mit einer Decke im lauwarmen Wintergarten. Wer aber erst die Krawatte lockert oder das Jackett auszieht, wenn ihm der Schweiß auf der Stirn steht, der braucht's eben wärmer.

Wird der Wintergarten nur tagsüber genutzt, tut man sich leicht mit tiefen Nachttemperaturen. Wer oft erst nach Einbruch der Dunkelheit nach Hause kommt, will es dagegen manchmal gerne bis spät nachts zimmerwarm. Dazu müssen die technischen Gegebenheiten stimmen. Und damit dann auch das Gartengefühl im Wintergarten aufkommt, müssen die Pflanzen passen.

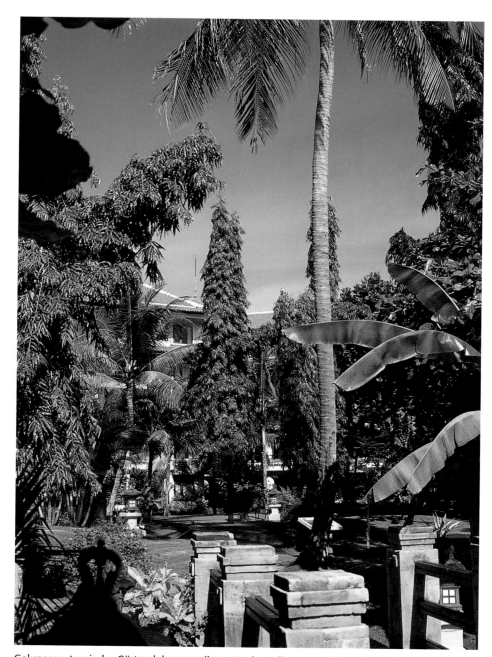

Gelungene tropische Gärten leben von ihren Strukturpflanzen und den Accessoires.

Wintergarten – Bepflanzung

Kalthaus oder Warmhaus?

Wintergärten kann man gartenbauüblich in

- Kalthäuser (mit 0 – 5 °C Nachttemperatur),
- Lauwarmhäuser (ca. 12 °C Nachttemperatur) und
- Warmhäuser (über 18 °C Nachttemperatur) unterteilen. Dazu kommen
- Solarhäuser, in denen auch Temperaturen unter 0 °C vorkommen.

Die **Warmhaustemperatur** von 18 °C geht eigentlich auf die Festlegung der Temperaturgrenze für die **Tropen** zurück, sie entspricht der Isotherme (Linie mit ganzjährig gleichbleibender Temperatur) des kältesten Monats und damit der minimalen Bodentemperatur. Da mit zunehmender Höhe über dem Meeresspiegel die Durchschnittstemperatur zurückgeht, ist bei 1200 bis 1300 m über NN die Grenze der Tropen erreicht. Deutlich wird dies in der Vegetation durch das Fehlen der meisten Palmen.

Die **Subtropen** unterscheiden sich von den Tropen durch ausgeprägte Jahreszeiten und entsprechend schwankende Temperaturen,

durch warme bis heiße Sommer, frostfreie, milde Winter und absolute Temperaturminima um 5 °C. Die Vegetation ist meist durch den Wechsel von regenreichen und regenarmen Perioden im Jahresturnus geprägt. In diesem Bereich bewegen sich die Lauwarmhäuser.

Noch stärkere Ausprägung der Jahreszeiten und der Temperaturschwankungen findet man in den **mediterranen** oder **warm temperierten Gebieten.** Fröste können hier durchaus vorkommen, die Durchschnittstemperatur beträgt jedoch im kältesten Monat 5 – 10 °C. Dies entspricht einem **Kalthaus.**

Natürlich ist diese Temperatureinteilung im Prinzip willkürlich. Dem liegt aber zu Grunde, dass sich wärmeliebende Pflanzen auch bei Temperaturen etwas über dem Gefrierpunkt »erkälten« können. Ab einer pflanzenspezifischen Minimumtemperatur kommt es zu Stoffwechselstörungen. Der Schaden tritt nicht sofort ein, wird aber bald sichtbar in einem langsamen Vergilben der Blätter. Eine Pflanze unter ihrer Minimumtemperatur halten zu wollen bedeutet, sie langsam

TIPP Pflanzen aus tropischen Höhenlagen stehen oft besser im **Lauwarmhaus,** zusammen mit subtropischen Arten.

verhungern zu lassen. Leider ist bei den meisten Pflanzen die Minimumtemperatur nicht genau bekannt, und schon gar nicht, wie lange sie einen Temperaturstress aushalten.

Nun ist bei 18 °C Bodentemperatur bzw. Nachttemperatur im Wintergarten keinesfalls Schluss: Zahlreiche Tropenpflanzen haben Temperaturminima über 20 °C. Will man diese Pflanzen im Wintergarten ziehen, muss man auch im Sommer heizen. Das ist sicher nicht jedermanns Sache. Viel leichter verzichtet man daher auf ein paar Pflanzen.

Der »exotische Look«

Viele mag es verblüffen: Der exotische Eindruck eines Wintergartens hängt nur wenig von seiner Temperatur ab.

Tropische und subtropische Pflanzungen zeichnen sich aus durch luxuriöses Wachstum mit üppiger Pflanzendichte und tiefem Schatten, dem Vorrang der Belaubung vor den Blüten, dem Formenreichtum von exotischen Früchten, Blüten und Blättern, intensiven, brillanten und leuchtenden Blütenfarben anstelle gewohnter Pastelltöne und vor allem der Spannung in der Bepflanzung.

»Exotische Pflanzen« sind keineswegs auf die Tropen beschränkt. Sogar Palmen und Bananen halten mit gutem Winterschutz an klimatisch günstigen Standorten selbst in Mitteleuropa aus. Ob die 5 m hohe Banane nun eine fast winterharte Japanische Faserbanane *(Musa basjoo)* oder eine 5 m hohe tropische und entsprechend empfindliche *Musa × paradisiaca* ist, spielt für den optischen Eindruck keine Rolle.

Südliche Stimmung ist nicht immer eine Frage der Üppigkeit – hier ein Hotelgarten am Golf von Aquabah, Ägypten.

Ein Dorf unter Glas

Zur Situation der Pflanzen in einem Solarbau gibt ein exklusives Bauvorhaben Aufschluss: Eine mittelständige Baufirma im Voralpenland wollte ihren Verwaltungstrakt mit Besprechungs- und Bemusterungsräumen in einem Großraumgewächshaus einer aufgelassenen Gärtnerei errichten. Bepflanzt werden sollten die zwischen 2 und 6 m breiten Flächen zwischen den Gewächshausstehwänden und den Umrissmauern der Gebäude, dazu der komplette Eingangsbereich, weitere Beete lagen in den Passagen. Die ganze Anlage ist durch breite Wege erschlossen, man kann um das Gebäude herumgehen.

Um die Wärmebilanz vor allem nachts zu verbessern, wurde eine Innenschattierung als Energieschirm eingebaut. Diese ist nachts geschlossen, tagsüber nur bei Bedarf

im Bereich des Sitzdecks. Die Klimatisierung erfolgt ausschließlich durch die Lüftung. Über einen Zeitraum von fünf Jahren zeigte sich, dass in einem normalen Winter Temperaturen unter −5 °C kaum vorkommen, die tiefste gemessene Temperatur war −10 °C im kältesten Eck, bei geschlossener Schneedecke und Außentemperaturen um −25 °C. Keine einzige Pflanze fiel temperaturbedingt aus.

Ganzjährig dekorativ und mit Blüteschwerpunkt im Winterhalbjahr, wurde im Eingangsbereich ein Mediterrangarten angelegt. Dominierende Bäume sind hier ein Schlafbaum (*Albizia julibrissin*), vor dem während der sommerlichen Blüte jeder stehen bleibt, und eine Olive. Dazu gesellen sich als Winterblüher der Mittelmeerschneeball und ein Erdbeerbaum, im Frühjahr blühen nach dem Rosmarin die Zistrosen, im Sommer der Oleander. Mastixsträucher, Zwergpalmen und als Bodendecker vor allem Mäusedorn runden das Bild ab. Weiter führt der Weg durch ein Lavendelfeld, in dem als Gehölze ein Granatapfelstamm und eine Feige dominieren. Es folgt eine Steingartenszenerie mit Pflanzen der südwestlichen USA, darunter stammbildenden Yucca-Arten, dem Flanellstrauch (*Fremontodendron*) und verschiedenen kalifornischen Säckelblumen (*Ceanothus*).

Durch einen aus Felsbrocken erstellten Hohlweg erreicht man Ostasien, das sich über die gesamte Gewächshausbreite um das Sitzdeck zieht. Zum Abpflanzen des durch eine Glaswand abgetrennten Baustofflagers wurden verschiedene Bambus (*Phyllostachys*-Arten) verwendet. Im Schatten des Bambus finden sich auf der Hohlwegseite immergrüne Ostasiaten wie Aukuben, Zimmeraralien (*Fatsia*) und Klebsame (*Pittosporum*). Die Seite mit dem Sitzdeck, ebenfalls im Bambusschatten, wird von einem Kameliensortiment geprägt, aus dessen Mitte ein fast 6 m hoher Tuff der Japanischen Faserbanane ragt. Die Lücken

durch *Nandina* (»Heiliger Bambus«) gefüllt, ist dieses überwältigende exotische Bild inzwischen durch die ganze Fachpresse gegangen als beispielhaft für eine Tropenstimmung in ungeheizten Glasbauten.

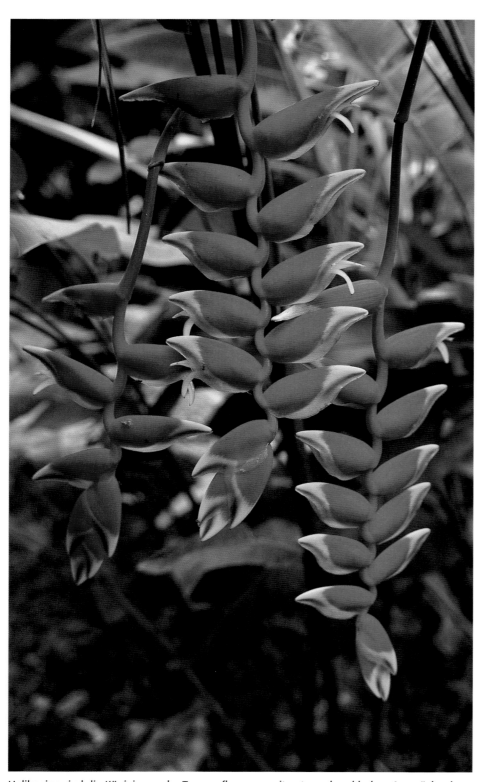

Helikonien sind die Königinnen der Tropenpflanzen – mit entsprechend hohen Ansprüchen! Also nur etwas für Fortgeschrittene.

Etwas Botanik

Die Grenzen des Wachstums

Wenn man vom recht freundlichen München ans Mittelmeer fährt, nach durchschnittlich 59 Sonnenscheinstunden im Dezember, kann man im Januar mit 150 Stunden Sonne rechnen. Da ist schnell klar, was uns und den meisten Pflanzen fehlt. Und nicht nur im Winter. Um die Sonnenstunden eines mediterranen Julis zu sammeln, braucht es bei uns den ganzen Herbst.

Dass sich lichtliebende Pflanzen hier im Grenzbereich befinden, ist leicht einzusehen. Ohne Licht kein Stoffgewinn, ohne Licht produzieren die Pflanzen nichts und können letztlich keinen Zuwachs bilden, bleiben also schwachtriebig und blühfaul. Der Stoffwechsel und damit die Veratmung geht aber weiter; Letztere braucht kein Licht, sondern ist allein temperaturabhängig. Bei gleichzeitig hohen Temperaturen und wenig Licht schießen die Pflanzen als eine Art Aufbäumen »ins Kraut«, sie bilden lange, dünne, kaum lebensfähige Triebe.

TIPP Es gibt wintergartentaugliche, übermannshohe Pflanzen, die so geringe Lichtansprüche haben, dass diese auch im Winter in keinem Glasbau unterschritten werden – sehr tröstlich für Wintergartenbesitzer, die ihren Glasbau nicht nach Süden orientieren können. Eine ganze Reihe der schwächerwüchsigen gehört zu den beliebtesten Zimmerpflanzen: Blattbegonien, Tradeskantien, Aronstabgewächse oder die unverwüstliche Grünlilie. Sie halten selbst in der dunkelsten Ecke aus und gehen – da sie Wassergewebe in den Blättern haben – auch nicht sofort ein, wenn man sie einmal zu gießen vergisst.

Eine Pflanze unter ihrem Lichtlimit halten zu wollen bedeutet, sie langsam verhungern zu lassen.

Will man sich nicht mit einer (stromfressenden) Zusatzbelichtung im Winter anfreunden, sollte man nach Pflanzen mit geringerem Lichthunger Ausschau halten: Tropische Regenwälder werden allgemein als höchst dunkel empfunden, die Lichtintensität am Boden beträgt nur 0,5 – 1 % des Tageslichts. Selbst die dunkelsten mitteleuropäischen Länder erscheinen hier heller.

Der Grund für dieses Phänomen ist, dass die in unseren Wäldern oft nur knöchelhohe Krautschicht in den Tropen eine Höhe von zwei Metern und mehr hat, wir dort also unter Farnen und Ingwergewächsen herumlaufen wie bei uns die Waldmäuse unter den Buschwindröschen. Dagegen herrschen in den oberen Schichten der Tropenwälder höchste Lichtintensitäten, weshalb diese Arten in Mitteleuropa oft an Lichtmangel leiden. Außerdem spricht die rasante Wuchsgeschwindigkeit gegen ihre Verwendung.

Kompensationspunkt und Temperatur

Man kann davon ausgehen, dass bei **Schattenpflanzen** und Schattenblättern bei etwa 10 % des vollen Tageslichts im Sommer der Punkt des maximalen Stoffgewinns erreicht ist, bei Sonnenblättern und bei lichthungrigen Pflanzen erst bei etwa 45 %.

Für **lichtliebende Pflanzen** bedeutet eine Schattierung also fast immer eine Einbuße. Die Anspruchslosigkeit von Schattenpflanzen beruht nicht nur auf einer besseren Ausnutzung des Lichts, sondern vor allem auf einer

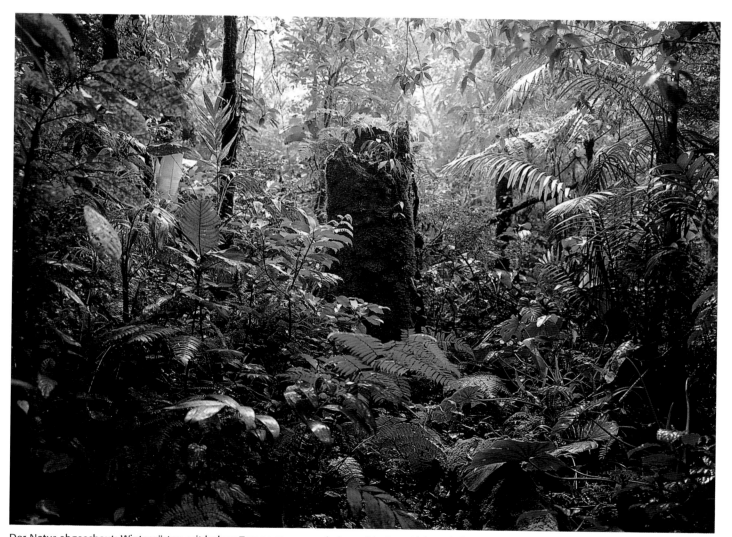

Der Natur abgeschaut: Wintergärten mit hohen Temperaturen und eher schlechten Lichtverhältnissen begrünt man mit Pflanzen des tropischen Unterholzes. Hier darf man allerdings auch keine Scheu haben, einmal kräftig zurückzuschneiden.

Wintergarten – Bepflanzung

geringeren Veratmung. Aber auch bei Schattenpflanzen ist nicht der relative Lichtgenuss für den Stoffgewinn und damit den Zuwachs maßgeblich, sondern nur die Tageslichtsumme über dem individuellen Minimum. An trüben Tagen ist also auch bei Schattenpflanzen die Tagesbilanz nicht ausgeglichen, der Stoffverlust durch Veratmung überwiegt den Stoffgewinn.

Stoffgewinn und Stoffveratmung sind in unterschiedlichem Maß temperaturabhängig; eine Temperaturerhöhung um 10 °C bedeutet eine Zunahme der Veratmung um das 2,5fache, während der Stoffgewinn nur um den Faktor 1,2 steigt. Für unsere Wintergartenpflanze bedeutet dies – vorausgesetzt, das Temperaturminimum ist nicht unterschritten –, dass bei sehr wenig Licht der effektive Stoffgewinn bei einer möglichst tiefen Temperatur am höchsten ist.

Für den Wintergartenbesitzer heißt das: Im Winter höher zu heizen als die von den Pflanzen benötigte Mindesttemperatur kompensiert das fehlende Licht nicht, ganz im Gegenteil, die höhere Veratmung verstärkt den Lichtmangel nur gewaltig. Unnötig hohe Wintertemperaturen sind für lichtliebende Pflanzen eher Gift.

Wer also besonderen Wert auf die überwiegend lichtliebenden Blütenpflanzen legt, hält die Wintergartentemperatur während lichtarmer Zeiten so, dass die Mindesttemperatur gerade nicht unterschritten wird. Wegen ein paar Tropenpflanzen, die 20 °C brauchen, auf die Winterblüte von Akazien zu verzichten, die mit 0 °C auch auskommen, macht wenig Sinn. Und wenn man dann im Sommer wegen ein paar falsch platzierter Schattenpflanzen die lichthungrige Akazie auch noch schattieren muss, hat man schon den zweiten Kardinalfehler gemacht.

Reservestoffe: Aufbau, Abbau und Funktion

Ein Wintergarten ist auf Dauer nur befriedigend, wenn er auch – oder gar vor allem – im Winter ästhetischen Grundanforderungen genügt. Wachsen die Pflanzen willig und nahezu übergangslos in den wieder zunehmenden Tag, kann man sich gratulieren: Pflanzenauswahl und Temperaturmanagement stimmen. Ist der Wintergarten aber im Spätwinter nur noch eine Ansammlung von Reisig, das hier und da mal einen grünen Austrieb zeigt, ist etwas danebengegangen.

Mitteleuropäische Winter stellen die Leidensfähigkeit vieler Pflanzen auf eine harte Probe.

Alle Pflanzen haben einen Reservestofftank. Die Reservestoffe werden im Stoffwechsel »verbrannt«. In Zeiten, zu denen nicht genügend Licht für eine Stoffproduktion vorhanden ist, also vor allem nachts, läuft der Stoffwechsel weiter, der Tank leert sich

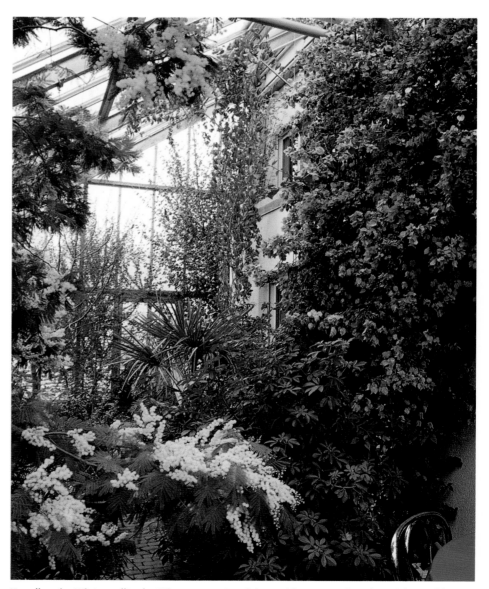

Vor allem im Winter sollte der Wintergarten Attraktionen bieten: Für eine überreiche und lang anhaltende Blüte müssen Akazien und *Bougainvillea* zu dieser Jahreszeit kühl stehen!

TIPP Wer einen möglichst hohen Nutzen von seinem Wintergarten haben will, zäumt das Pferd von vorne auf: Er klärt zuerst die Ansprüche der Bewohner an das Wintergartenklima und sucht sich dann die dazu passenden Pflanzen.

Winter erreicht, jeweils bei maximalem Lichtgenuss. Eine nächtliche Temperaturabsenkung verringert in jedem Fall die Veratmung und kann die Blühfreudigkeit erhöhen. Das Nichtberücksichtigen der individuellen Licht- und Temperaturansprüche bzw. das wahllose Aneinanderreihen dekorativer Pflanzen führt zwangsläufig dazu, dass ein Teil der Pflanzen recht bald ausfällt; der

gedankenlose Umgang mit Schattierung und Heizung erledigt dann oft den Rest. Es ist deshalb vorteilhaft, Pflanzen aus Gegenden mit ähnlichen Klimabedingungen zu kombinieren. Entweder geht es dann allen gut, oder es geht allen schlecht. Im zweiten Fall kann man die klimatischen Bedingungen ändern.

allmählich. Neben diesem Kurzzeitspeicher haben Pflanzen aber auch einen Langzeitspeicher, der ihnen hilft, Phasen mit schlechten Wachstumsbedingungen zu überbrücken. Man braucht hier nur an Kartoffeln oder Dahlienknollen zu denken. Bei den meisten Pflanzen befindet sich der Tank jedoch in den Blättern bzw. im »Holz«.

Blühfaule Tropenpflanzen

Pflanzen der feuchten Tropen haben oft wenig Speicherkapazität, denn sie müssen auf Grund der gleichmäßig guten Klimabedingungen immer nur ein paar »graue« Tage überbrücken können. Manchmal beinhaltet dieser Speicher aber die Energie für die Entwicklung von Blüten und Früchten. Hier liegt der Hauptgrund, warum viele lichtliebende Pflanzen der Tropen bei uns nicht zum Blühen, geschweige denn Fruchten kommen. Wenn man bedenkt, wie wenige Stunden ihnen zur Verfügung stehen, um bei einer Minimumtemperatur von 20 °C und gerade ausreichend Licht überhaupt erst etwas für ihre Reservestoffe tun zu können, kann man sich leicht ausrechnen, dass unsere Sommer zu kurz und unstabil für eine normale Entwicklung sind. Die Stoffreserven werden im Herbst und Winter für den Stoffwechsel, im Frühjahr für den Neutrieb wieder verbraucht, worauf der Zyklus von neuem beginnt. Der haushälterischste Umgang mit pflanzlichen Reservestoffen wird unter Berücksichtigung der normalen Tageslänge durch hohe Temperaturen im Sommer und niedrige im

Sonnenschutzverglasung als Schutz vor Erwärmung einerseits und lichtliebende Pflanzen andererseits schließen sich gegenseitig aus.

DIE ELEMENTE DER WINTERGARTENBEPFLANZUNG

Wenn ein Wintergarten eine Art Wohnzimmer im Grünen sein soll, wird man beim Einrichten genauso vorgehen wie beim Einrichten eines Zimmers. Man zeichnet sich einen genauen Grundriss im Maßstab 1 : 50 oder gar 1 : 25, nimmt Türen und Fenster und deren Öffnungsrichtungen auf, trägt Steckdosen, Wasseranschlüsse, Heizkörper und eventuelle Lüftungsklappen in den Stehwänden ein. Eine Sitzgarnitur mit Couchtisch oder ein Esszimmertisch mit Stühlen wird als Rechteck aus einem andersfarbigen Papier ausgeschnitten. Dasselbe geschieht für andere Einrichtungsgegenstände: Schaukelstuhl, Zimmerspringbrunnen und Sandkasten, Katzenklo und Abstellflächen für Schlauch, Sonnenschirm, eventuell einen Kübel für den ständig anfallenden »Pflanzenabfall«. Das wichtigste »Möbelstück« und gleichzeitig das größte ist die Sitzgarnitur. Im kleinen Wintergarten nimmt sie den zentralen Raum ein, ansonsten wird man sie meist in die Nähe der Tür zum Haus legen.

Das grüne Mobiliar: Pflanzflächen festlegen

Mit dem in den Grundriss eingepassten erweiterten Sitzplatz sowie Papierschnipseln für die weitere Einrichtung zur Hand, sucht man jetzt nach Plätzen für die Großpflanzen. Durch die Lage der Türen vom Haus zum Wintergarten und vom Wintergarten ins Freie sowie die Lage des Sitzplatzes und des Wasseranschlusses ergeben sich Wege, die nicht zugestellt werden sollten. Speziell im kleinen Wintergarten gilt, dass der gerade Weg immer der kürzeste ist. Im Großen wird man die Wege rechtwinklig bzw. schräg miteinander verknüpfen. Automatisch ergibt sich

durch Einzeichnung der Wege die potenzielle Pflanzfläche. Wenn man jetzt die Weg- und Sitzflächen schraffiert und die anderen Einrichtungsgegenstände provisorisch verteilt, bleiben nur noch wenige Standorte für größere Pflanzen übrig.

Beckenbepflanzung oder Einzeltöpfe?

Den meisten Wintergartenbesitzern kommt es gar nicht in den Sinn, ihren Wintergarten so zu betreiben wie ihren Garten im Freien auch. Meist werden die Pflanzen in Kübeln aufgestellt, wobei diese oft kostspieliger sind als das lebende Grün.

Da die Pflanzen im Vergleich zu Töpfen ein viel größeres Substratvolumen erschließen können, ist das Wachstum über Jahre hinweg kräftig, Wasser- oder Nährstoffmangel wie im Kübel treten kaum auf, jede Pflanze schöpft aus dem Vollen. Oft ist der Winter-

TIPP Hat man zusammenhängende potenzielle Pflanzenstandorte von mehreren Quadratmetern, sollte man sich sehr überlegen, ob man anstelle von Einzelpflanzen nicht lieber Becken oder Bankbeete einbaut. Besonders wenn man seine Vorstellung eines Dschungels verwirklichen will, spart dies viel Gießarbeit.

garten bereits nach 2–3 Vegetationsperioden fertig, die gewünschte Höhe erreicht, es muss verstärkt geschnitten werden. Die gleichen Effekte haben wir beim Umtopfen auch, nur ist das zusätzliche Erdvolumen, gleichzeitig auch die Speicherfähigkeit für Wasser und Nährstoffe sehr begrenzt. Als deutlicher Vorteil der Pflanzen im Kübel bleibt, dass ein Austauschen und eine individuelle Behandlung möglich ist und sich das Wachstum in Grenzen hält. Gerade in einstöckigen Wintergärten ist das oft ent-

Im kleinen Wintergarten beanspruchen Sitzplatz und Wege den meisten Raum – umso wichtiger ist die gekonnte Auswahl der Einzelstücke.

Wintergarten – Bepflanzung

Unter dem Guavenbaum

Der großzügige Glasanbau sollte für Familie Winter zum zweiten Wohnzimmer werden. Eine leichte Nachtabsenkung der Temperatur auf 16 °C hilft, zusätzlich zu einem sehr gut dämmenden Wärmeschutzglas, Energie zu sparen. Sind am Abend Gäste geladen, kann ohne weiteres die Temperatur bei molligen 22 °C gehalten werden. Eine wichtige Vorgabe von Familie Winter lautete »Pflegeleichtigkeit«.

Die Ansprüche an den Leitbaum waren rasch skizziert: Schatten spendend, nicht schädlingsanfällig, nicht zu hoch werdend. Dies erfüllt die Erdbeerguave (Psidium littorale). Auf die weißen, duftenden Blüten folgen im Spätherbst reifende essbare Früchte. Jederzeit gut schneidbar, erfreut diese Guavenart durch den vergleichsweise geringen Laubfall. Anders als die Echte Guave (Psidium guajava) wird die Erdbeerguave auch nicht von der Weißen Fliege und anderen Schädlingen heimgesucht.

Der Erkenntnis folgend, dass die Wirklichkeit in Wintergärten weit weniger blütenreich ist als die Bilder vieler Hochglanzmagazine glauben machen, bestimmen hier unterschiedliche Blattstrukturen das Bild. Beispielsweise kontrastieren großlaubige Alpinien zum filigranen Echten Papyrus. Über das ganze Jahr verteilt bieten dennoch einzelne Arten Blühhöhepunkte, beispielsweise violette Brunfelsien, die feuerrot blühende Calliandra tweedii oder orangeblaue Strelitzien.

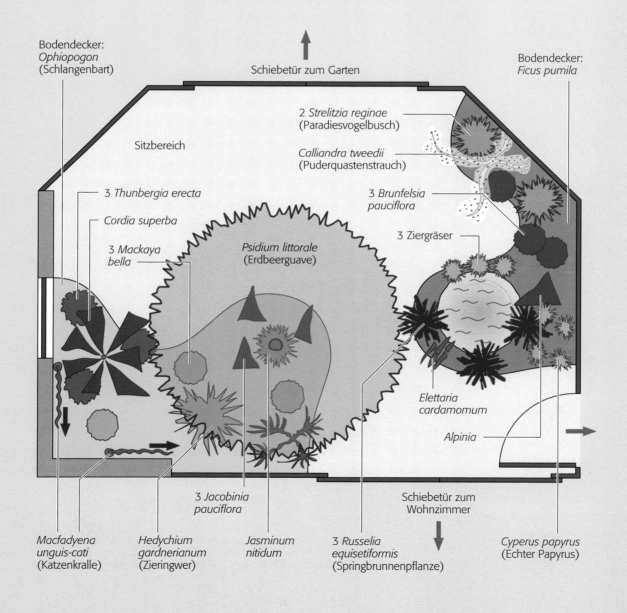

Bodendecker:
Ophiopogon
(Schlangenbart)

Schiebetür zum Garten

Bodendecker:
Ficus pumila

Sitzbereich

2 *Strelitzia reginae*
(Paradiesvogelbusch)

Calliandra tweedii
(Puderquastenstrauch)

3 *Thunbergia erecta*

Cordia superba

3 *Mackaya bella*

Psidium littorale
(Erdbeerguave)

3 *Brunfelsia pauciflora*

3 Ziergräser

Elettaria cardamomum

Alpinia

3 *Jacobinia pauciflora*

Schiebetür zum Wohnzimmer

Macfadyena unguis-cati
(Katzenkralle)

Hedychium gardnerianum
(Zieringwer)

Jasminum nitidum

3 *Russelia equisetiformis*
(Springbrunnenpflanze)

Cyperus papyrus
(Echter Papyrus)

Wintergarten – Bepflanzung

scheidend. Fehler bei der Pflanzenzusammenstellung lassen sich unschwer beheben, durch Umgruppieren oder sei es durch Entsorgen »nicht mehr so schöner« Pflanzen.

Bankbeete

Eine Beckenpflanzung muss nicht notgedrungen ebenerdig sein. Oft ist die Bodenplatte fertig, bevor die Beckenidee aufgegriffen wird. Dann setzt man das Becken eben auf die Bodenplatte, als so genanntes Bankbeet. Häufig zum Kaschieren von Heizkörpern verwendet, haben Bankbeete auch gärtnerische Tradition. Der Boden ist wärmer, vor allem im Vergleich zu Becken längs einer Außenwand, man braucht sich bei der Pflege auch nicht so zu bücken. In botanischen Gärten senkt man oft Pflanzen im Tontopf in solche Beete ein, das Wachstum bleibt gebremst, die Wasserversorgung wird besser, kleine Pflanzen sind näher beim Betrachter.

Pflanzen in Bankbeeten gedeihen üppiger, stoßen damit aber auch rascher ans Glas.

Eine Bankbeethöhe von etwa 40 cm reicht meist aus, die Beetkante lässt sich dann als Sitzbank ausführen. Für kleine Wintergärten ist das ideal, weil man auf einen Teil der sperrigen Stühle verzichten kann.

Platzierung von Pflanzflächen

Bevor man nun Becken oder Bankbeete in den Wintergartengrundriss skizziert, gilt es, einige Dinge zu erwägen. Sind die Wege breit genug? Welche Verschnittflächen, speziell in Ecken und Schmalseiten, sind vorhanden, und wie lassen sie sich nutzen? Wo muss die Bepflanzung besonders üppig sein? Und, was gerne übersehen wird: Wie viel Platz ist nach oben? Wenn man Becken baut, lassen sich Fehler bei den Wegeflächen nicht mehr ändern. Im Zweifelsfall macht man lieber das Becken kleiner. Höher wachsende Pflanzen haben wenig Respekt, was Beckenränder angeht. Sie ragen in den Weg, man streift mit Hüften oder Schultern an den Pflanzen, wenn man nicht ausweichen kann. Nicht nur, dass die ständige Beschädigung den Pflanzen nicht gut tut und öfter einmal etwas abbricht, hier sind auch Unfälle mit dem Serviertablett vorprogrammiert.

Die meisten Wintergärten sind mit ihrer Breitseite nach Süden orientiert. Deshalb weisen auch die meisten Becken mit ihrer Breitseite nach Süden. Da alle Pflanzen zum Licht wachsen, ist die Südseite auch die »Schokoladenseite« einer Pflanzung. Das heißt, dass ans Haus angelehnte Beete mit ihrer Schokoladenseite in den Wintergarten schauen, an die verglaste Seite angelehnte dagegen in den Garten! Wer einen großen Garten hat, der auch im Winter Freude macht, wird sich den Blick nicht durch ein Beet verstellen wollen, sondern die Pflanzenbecken ans Haus anlehnen, mit allen Vorteilen. Hier hat man die größte Höhe, der Boden ist wärmer, die Pflanzen orientieren sich zum Betrachter. In diesen Wintergärten sitzt man im Garten.

Eine Pflanzung längs der Glashaut des Wintergartens bietet Sichtschutz.

Leider ist diese Anordnung eher die Ausnahme, zumeist lehnt sich die Sitzgruppe ans Haus an und ist durch ein Beet vom Garten abgetrennt. In diesen Wintergärten sitzt man im »grünen Zimmer«.

Wohl vor allem aus psychologischen Gründen ist dies sehr beliebt: Nicht von der Hand zu weisen ist der Einwand, dass man ohne Abpflanzung an der Glasseite vor allem nachts wunderbar in den erleuchteten Wintergarten hineinschauen kann – man fühlt sich wie auf dem Präsentierteller. Bei dieser Vorstellung sträuben sich manchem die Nackenhaare.

Wer einen Garten hat, wird sich überlegen, ob er die glasseitige Abpflanzung nicht ins Freie legen kann und den Sitzplatz mit dem Schattenbaum, der dann auch im Freien steht und beliebig hoch werden kann, zur Verglasung verschiebt. Sehr oft geht das ausgezeichnet, der Wintergarten wirkt dann doppelt so groß. Den besten Zimmereffekt erzielt man mit winterharten Immergrünen, die zur Wintergartenbepflanzung passen. Eine Bambushecke mit einem wintergartenseitigen Beet voll japanischer Azaleen beispielsweise verträgt sich mit fast allen üppigen Begrünungen unter Glas.

Probleme mit Lüftung und Heizung

Die Wintergartenbelüftung verträgt sich oft schlecht mit glasseitig orientierten Becken. Wenn die Zuluftöffnungen über dem Sockel hinter der Bepflanzung verschwinden, streift bei offener Firstlüftung die kalte Außenluft zuerst einmal durch die Bepflanzung. Vor allem im Frühjahr zur Zeit des Austriebs kann das in warmen Wintergärten zu erheblichen Schäden führen. Deshalb bedient man solche Zuluftöffnungen in der Übergangszeit besser von Hand und nicht per automatischer Steuerung!

Nicht zuletzt soll erwähnt werden, dass bei gleicher Lufttemperatur die Bodentemperatur in einem Beet an der Außenwand um mehrere Grad tiefer liegt als in einem solchen an der Hauswand. Ist das Fundament nicht gut isoliert, kann es sogar hereinfrieren, mit katastrophalen Folgen!

Da es letztlich die Bodentemperatur ist, die für die Einstufung in Kalt- und Warmhauspflanzen verantwortlich zeichnet, muss also ein Wintergarten mit einem glasseitig orientierten Beet höher geheizt werden, als wenn das Beet an der Hauswand liegt.

Schattierung am Sitzplatz

Sosehr von einer allgemeinen Schattierung für den Wintergarten abgeraten wird, der Sitzplatz muss während der heißesten Tageszeit im Schatten liegen. Wenn nicht gerade neben dem Wintergarten der Hausbaum steht und das Problem erst gar nicht auftaucht (siehe Beispiel Seite 44), braucht man entweder eine Schattierungseinrichtung, eine Schattierung durch unter dem Glas gezogene Pflanzen, einen Schattenbaum im Wintergarten oder einfach nur einen großen Sonnenschirm.

Da die Sitzgarnitur immer im Norden oder Nordosten der Schattierung liegt, deckt der schattierte Bereich eine größere Fläche als lediglich den Sitzplatz ab. Bevor man im Geiste einen Schattenbaum pflanzt, schaut man sich die Stelle, wo er stehen müsste, genau an. Wenn die lichte Höhe weniger als ca. 3 – 3,5 m beträgt, ist ein Baum, der bereits nach ein oder zwei Vegetationsperioden ans Glas stößt, keine Lösung. Also zunächst die verfügbare Höhe feststellen und dann die Baumart auswählen. Angaben dazu finden Sie auf den Seiten 119 ff. und 143 ff.

(Schatten-)Bäume im Wintergarten

Wenn es tatsächlich nicht möglich ist, den Schattenbaum für den Wintergartensitzplatz nach draußen zu verlagern, man aber auch nicht auf einen Sonnenschirm – oft tatsächlich die einfachste Lösung – zurückgreifen will, muss man sich näher mit dem Thema Baum beschäftigen.

Zur Beschreibung eines Baumes benützen Gärtner zwei Zahlen bzw. eine Zahl und ein Zeichen. Die Zahl gibt den Stammumfang wieder, das Zeichen, ob es sich um einen Halb- oder Hochstamm handelt.

Vorbildliche Platzierung des Sitzplatzes: Schatten während der heißen Tageszeit.

Wintergarten – Bepflanzung

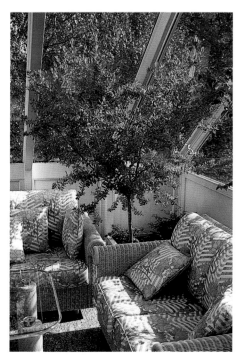

An derart niedrigen Stellen findet lediglich ein Viertel- oder Fußstämmchen Platz.

- Ein **Halbstamm** hat eine Stammhöhe von 90 (bis 120) cm,
- ein **Hochstamm** eine solche von 180 (bis 210) cm.

Stämme werden in den gärtnerischen Baumschulen grundsätzlich so geschnitten, dass sie in dieses Raster hineinpassen. Als Schattenbaum im Wintergarten kommt eigentlich nur ein Hochstamm in Frage, man möchte ja unten durchgehen können. Bei Beckenbepflanzungen ist das auch gar kein Problem. Steht die Pflanze aber im Kübel, entschwindet der Kronenansatz in eine Höhe von deutlich über zwei Meter. In nur stockwerkhohen Wintergärten kann man daher Hochstämme nicht verwenden, Halbstämme wiederum sind zu niedrig. Glücklicherweise sind auch Bäume keine Fabrikware, man kann bei der Suche nach einem Dreiviertelstamm oder einem hohen Halbstamm mit steil angesetzter Krone durchaus fündig werden. Bestellen lässt sich

so ein Exemplar nicht, man kann aber nach einem Stammbusch fragen, die unteren Äste entfernen und den oberen Kronenbereich durch Schnitt formen.

Schattierung durch Spreizklimmer

Wenn ein Schattenbaum weder innen noch außen Platz hat und technische Lösungen nicht akzeptabel erscheinen, macht man es wie früher. In vielen etwas angestaubten Gartenbüchern liest man: »... zieht man die Pflanzen am besten unter Glas ...«. Pflanzen unter Glas zu ziehen stellt man sich am besten wie ein Spalier vor, das parallel zur Stehwand verläuft, im Abstand von 20 bis 30 cm, in Traufhöhe dann abknickt und parallel zur Dachverglasung weitergeführt wird – im Endeffekt nichts anderes als eine Innenschattierung mit Pflanzen.

Hier kommen hängende Blütenstände – man denke nur an Blau- oder Goldregen – ideal zur Geltung. Dasselbe gilt für Pflanzen, die längs oder an der Spitze überhängender Triebe blühen; so der Zylinderputzer *(Callistemon)*, die südafrikanische *Tecomaria* oder auch die goldgelbe *Allamanda*. Die

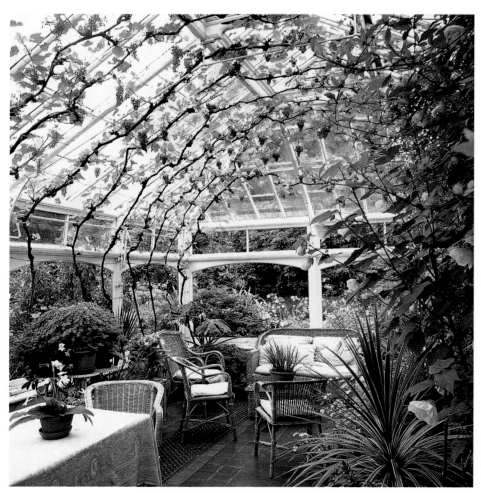

Unter dem Glas gezogene Weinreben sind eine fast optimale Schattierung, bescheren aber viel Arbeit. Neben dem herbstlichen Laubfall ist der regelmäßige Schnitt nicht zu unterschätzen.

Blütenstände hängen dann über dem Kopf frei in den Luftraum – besser kann man sie nicht platzieren.

Gerade licht- und wärmebedürftige Pflanzen gedeihen dicht unter dem Glas ganz ausgezeichnet. Ein Nachteil dieser Methode: Man braucht ständig Leiter und Schere, sonst ist rasch die Entlüftung zugewuchert. In der Nähe der Lüftung haben die Triebe nichts zu suchen, schnell entfernen sie sich ins Freie, worauf die Lüftung beim Schließen klemmt. Ein weiterer, nicht zu unterschätzender Nachteil: Die Scheiben können kaum bzw. gar nicht mehr geputzt werden.

Richtige Kletterpflanzen sind zum Ziehen unter Glas oft wenig geeignet, weil sie, ineinander verwoben, schlecht zu schneiden sind. Pflanzen, die schlingen oder winden bzw. Kletterorgane haben, halten sich auch überall fest, vor allem an einer eventuellen Innenschattierung, die dann rasch außer Funktion ist. Dünntriebige Sträucher oder Spreizklimmer lassen sich demgegenüber leicht auslichten und sind, da ohne Kletterorgane, viel mehr der Schwerkraft unterworfen.

Diese Art der Schattierung durch Pflanzen darf man nicht zu dicht werden lassen. Besonders bei geschlossener Lüftung kommt es sonst schnell zum Wärmestau, bei Temperaturen über 45 °C können die Blätter verbrennen.

Wem das Ziehen von Pflanzen unter Glas zu aufwändig ist oder wer Bedenken wegen einer Innenschattierung hat, dem bleibt immer noch die Möglichkeit, sich über dem Sitzplatz eine Pergola zu bauen. Dann kann man zur Schattierung auch zahlreiche Kletterpflanzen verwenden, deren Einsatz direkt unter dem Glas nicht zu empfehlen wäre.

Sichtschutz

Wenn man im Wintergarten Sichtschutz braucht, kann man mit Pflanzen des oben genannten Typs leicht mannshohe Spaliere

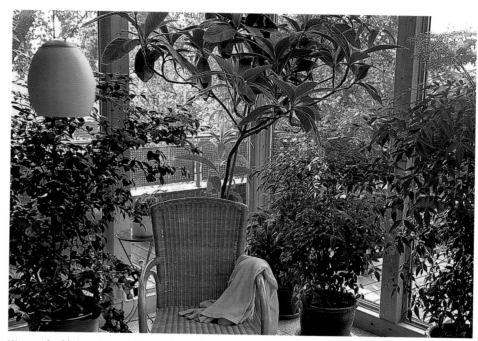

Wegen der kleinen Grundstücke oft unerlässlich: Sichtschutz. Wesentlich stilvoller als Jalousien übernehmen ganz natürlich Pflanzen diese Funktion.

erstellen. Ein gerade 30 cm breiter Kasten reicht zur Aufnahme völlig aus, wenn man das Spalier senkrecht fixieren kann.

Aber auch ohne Spalier lässt sich durch eine geschickte Pflanzenauswahl eine sehr schmale Abschirmung schaffen, die nicht gleich wie eine geschnittene Hecke aussieht. Die Pflanzen müssen nur recht rasch und straff aufrecht wachsen, dazu schnittverträglich sein. Dass sie sehr dicht sind, ist nicht erforderlich. Der Gardineneffekt bewirkt, dass jedes Grün aus der Entfernung viel dichter aussieht als aus der Nähe. Aufrecht wachsen vor allem Gräser wie Bambus, das Pfahlrohr *(Arundo)*, Zuckerrohr *(Saccharum)* oder Papyrus.

Auch viele Gehölze eignen sich ausgezeichnet, es müssen keine Mittelmeerzypressen sein.

Unverwüstlich selbst direkt am Glas ist beispielsweise *Dodonaea*, die Sandolive, desgleichen die bis unten mit Ästen garnierten Olivensorten 'Cipressino' oder 'Pyramidalis'.

Und wem auch das noch zu breit ist oder wer nicht warten kann, sät die raschwüchsige, aber nicht hoch werdende Zaunwicke *(Lathyrus odoratus)* oder die Schwarzäugige Susanne *(Thunbergia alata)*.

Auf einen Blick

■ Das Wechselspiel zwischen Lüftung, Heizung und Schattierung ist entscheidend für die Nutzungsmöglichkeiten eines Wintergartens. Hier gibt es viele Reibungspunkte, weil jeder Wintergarten in einer kleinklimatisch anderen Umgebung steht. Optimale Lösungen sind deshalb ganz individuell zu finden.

■ Auf keinen Fall darf man die Wirkung der Pflanzen unterschätzen: Ein Baum macht eine Schattierung überflüssig, Pflanzen können andererseits auch die Belüftung erheblich einschränken.

DER STIL DER BEPFLANZUNG

Es sei noch einmal darauf hingewiesen, dass der Stil einer Wintergartenbegrünung nur am Rande von der Temperatur abhängt. Man muss sich immer bewusst sein: Mit unseren üblichen Wintergartenminimaltemperaturen von durchschnittlich 5 – 15 °C im kältesten und 20 °C bis über 25 °C im wärmsten Monat bewegen wir uns nicht in den Tropen! Südafrika, Südaustralien, Florida, Kalifornien sind unsere Messlatte, nicht Bali oder Barbados. Dies bedeutet den Verzicht auf einige Stilelemente, die für diese Regionen typisch sind. Ein Sortiment von Tempelbäumen (Frangipani) unter Kokospalmen beispielsweise ist im gewöhnlichen Wintergarten nicht möglich.

Wer sich nicht nur vom persönlichen Geschmack leiten lassen, sondern sichergehen will, dass die Pflanzen auch in ihren Ansprüchen zueinander passen, lehnt sich an die Erfahrungen der botanischen Gärten an. Hat man früher Pflanzen nach Familien zusammengefasst, also nach Verwandtschaft, ordnet man sie jetzt auch in den botanischen Gärten nach Herkunft. Man baut komplette Vegetationsbilder nach, also von Buche über Haselbusch bis zum Buschwindröschen als Beispiel für den Laubwald Mitteleuropas. Damit werden nicht nur Eindrücke wie am fernen Naturstandort möglich, sondern auch der Pflegeaufwand ist deutlich geringer.

Am Vegetationstyp orientierte Wintergärten

Natürlich darf man bei einer Wintergartenbepflanzung die Vorgaben der botanischen Gärten nicht als Muss ansehen. Genauso wenig, wie jemand auf die Idee kommt, seinen Garten ausschließlich mit nordamerikanischen Pflanzen zu bestücken, so wenig ist man bei der Anlage eines südostasiatischen Regenwaldgartens auf südostasiatische

Pflanzen festgelegt. Gerade in den Tropen und Subtropen hat sich in den Gärten längst eine weltweit ziemlich einheitliche Mischung etabliert, deren Elemente beliebig austauschbar sind.

Man sollte jedoch nicht zwischen »wet« und »dry tropical look«, den niederschlagsbedingten Vegetationstypen, hin und her springen. Ganz egal, ob das ein asiatischer Zieringwer oder eine amerikanische Helikonie ist – diese Regenwaldpflanzen sind neben Kakteen und Yuccas deplatziert. Wer einen Kaktus in den Regenwald setzt oder ein Fensterblatt neben eine Agave, wird kaum erwarten können, dass beide gleich gut gedeihen.

TIPP Für tropische und subtropische Gärten unter Glas ist der Londoner Kew Garden das Mekka. Beim Gang durch die verschiedenen Gewächshäuser kann man sich bestens informieren und inspirieren lassen.

Der gezähmte Dschungel (»wet tropical look«)

Als Muster für einen exotischen Wintergarten bietet sich immer der (tropische) Regenwald an, wie er von einer Lichtung oder einem Flusslauf anzusehen ist – mit hohen, von Kletterpflanzen überwucherten Bäumen, einer ausgeprägten Strauchschicht und zahl-

Vorbild für einen üppigen exotischen Wintergarten: ein tropischer Waldrand. Man beachte die Lichtverhältnisse. Solche Pflanzen gedeihen auch im Halbschatten.

Wintergarten – Bepflanzung

reichen, oft mannshohen Kräutern bzw. Knollengewächsen. Dieser Vegetationstyp ist am leichtesten nachzuahmen, er macht aber auch viel Arbeit. Der harmonisch gezähmte Dschungel orientiert sich an der natürlichen Staffelung eines Urwalds: hohe Bäume, niedrige Bäume, Sträucher, Unterwuchs, Bodendecker und dazu einige Lianen. Dass wir im Wintergarten wegen der beschränkten Glashaushöhe immer die hohen und oft auch die niedrigen Bäume weglassen müssen, ist weiter kein Schaden.

Für ein geschlossenes Bild braucht man recht viele Pflanzen, die sich auch noch üppig entwickeln sollen. Will man die Pflanzen in Töpfen halten, folgt daraus ein nicht zu unterschätzender Gießaufwand. Ist man mit dem Gießen nachlässig, entwickelt sich aus dem Regenwald rasch ein Trockenwald.

Das heißt nicht zwangsläufig, dass viele Pflanzen eingehen, doch werden die Pflanzen, die viel Wasser brauchen – also die meisten -, nicht zufriedenstellend wachsen und optisch unterdrückt.

Bei niedrigen Wintergärten ist grundsätzlich fraglich, ob ein Ausschnitt aus einem »tropischen« Waldrand ein angepasster Stil ist. Der Verzicht auf große und kleine Bäume, von Kletterpflanzen überwuchert, schmerzt nicht so sehr, weil sich diese Etagen über Augenhöhe befinden. In niedrigen Wintergärten muss aber auch auf alle größeren Sträucher verzichtet werden, was schon erhebliche Lücken reißt. Nicht alle Pflanzen lassen sich jährlich bis auf das Gerüst zurückschneiden. Wenn man den Aufwand rechnet, bis man im Sommer wieder einen Dschungel hat, und den Aufwand, den

Dschungel im Winter wieder wegzuschneiden, ist der Waldrandausschnitt also in diesem Fall nicht optimal. Für eine »echt tropische« Stimmung empfiehlt sich daher ein hoher, möglichst über zwei Stockwerke reichender Wintergarten.

Natürliche Strauchvegetation als Vorbild

In der Heimat unserer Wintergartenpflanzen gibt es dort, wo der Wald und meist auch das Wasser fehlt, eine Strauchvegetation. Den meisten vertraut ist die so genannte Macchia, die typische Strauchvegetation rund ums Mittelmeer. In allen anderen Erdteilen gibt es vergleichbare Vegetationstypen, nur heißen sie dort anders (Chaparral, Fynbos, Mallee) und enthalten andere Pflanzenarten.

Da die höheren Gewächse dieser Gemeinschaften in voller Sonne wachsen, der Baumschicht eines Regenwalds entsprechend, brauchen sie für ein arttypisches Wachstum mehr Licht als ähnlich stark wachsende Sträucher des Unterholzes. Zwar wachsen sie auch mit wenig Licht rasch, sind dann aber spindelig und blühen schlecht.

Es ist ein voreiliger Schluss, dass niedere Pflanzen zwangsläufig langsam wüchsen. Viele Pflanzen der Strauchgesellschaften – die im Übrigen von knöchel- bis fast haushoch werden können – erreichen in wenigen Jahren ihre Endhöhe. Dann werden sie nur noch breiter, im Gegensatz zu Bäumen, die noch nach einem Jahrhundert einen Höhenzuwachs zeigen können. Vorausgesetzt, sie haben genug Licht, finden wir in Strauchgesellschaften deutlich mehr für Wintergärten geeignete Pflanzen als im Wald. Ihr Wachstum ist im Wintergarten oft stärker als in der Natur. Regelmäßig gegossene Pflanzen stellen es nicht so ein, wie sie das in der Natur wegen Wassermangel tun müssen. Nicht nur im Regenwald, auch in

Der Wintergarten eines Pflanzenliebhabers und -sammlers. Diese tropisch wirkende üppige Pflanzenvielfalt kostet jedoch ihren Preis: viele Stunden Pflege.

Strauchgesellschaften der wärmeren Gebiete liefern Wintergartenpflanzen, die nicht sofort das Dach sprengen. Allerdings brauchen sie sehr viel Licht!

hitzen nicht gewohnt sind, rasch zum Problem. Für unzureichende Bewässerung oder unzureichende Schattierung von Schattenpflanzen gilt genau dasselbe.

Der »dry tropical look« ist keineswegs weniger exotisch als ein Ausschnitt aus einem Regenwald. Wer die Sukkulentengärten der Riviera einmal gesehen hat, wird dem sofort zustimmen. Allen diesen Pflanzen gemeinsam sind fleischige Organe, in denen sie Wasser speichern. Das können Zwiebeln oder Wurzeln sein, aber auch der Stamm und die Blätter (siehe Seite 165 ff.). Eine weitere Gruppe wirft sehr rasch das Laub, sobald die Wachstumsbedingungen ungünstig sind. Sind sie wieder besser, werden – unabhängig von der Jahreszeit – frische Blätter nachgetrieben.

der Strauchvegetation ist deshalb die Schere der ständige Begleiter des Gärtners.

Was im Regenwald die Krautschicht aus Farnen, Ingwergewächsen und ähnlichen immergrünen Stauden ist, sind in den Strauchgesellschaften die Zwiebelblumen. Welche Pflanzenschätze es da – außer Tulpen und Narzissen – gibt, füllt ganze Bücher. Wenn es den Sträuchern außerhalb der Blütezeit auch manchmal daran mangelt – mit Zwiebel- und Knollenblumen bekommt man in jeden Wintergarten den gewünschten Schuss Exotik.

Die Halbwüste (»dry tropical look«)

Wem auch das Gießen und Schneiden eines »gezähmten Buschlands« zu aufwändig ist, hat noch eine Möglichkeit. Er tauscht »wet tropical look« gegen »dry tropical look«. Dies ist oft der Rettungsanker für klimatisch verkorkste Wintergärten. Eine zu träge Heizung oder unzureichendes Lüften werden für Pflanzen, die Unterkühlen und Über-

Sehr dekorativ, aber anspruchsvoll zeigt sich dieser Wintergarten. Die Palmen und palmenähnlichen Pflanzen machen zwar wenig Arbeit, doch die Höhe stellt schon bald ein Problem dar, das nur mit der Säge gelöst werden kann.

Wintergarten – Bepflanzung

TIPP Oft spricht nur das langsame Wachstum gegen eine Halbwüstenpflanzung. Mittelfristig ist das ein Vorteil, es spart zudem viel Arbeit. Nachteilig ist vor allem, dass die Pflanzen recht beschädigungsträchtig sind. Wehren sie sich nicht durch manchmal extrem verletzungsträchtige Dornen, haben sie in einem von kleinen Kindern und Haustieren bevölkerten Wintergarten einen schweren Stand.

Ob Wasserspeicher oder Laubabwurf – beides dient dazu, die sommerliche Trockenheit am Naturstandort zu überstehen. Die Vermeidung bzw. Toleranz von Wasserstress läuft parallel zu Hitze- und Kältestress, dem die Pflanzen ausgesetzt sind. Luft- und Bodentemperaturen von tagsüber bis 50 °C und in der Nacht um den Gefrierpunkt zeichnen die Wachstumsbedingungen aus.

Halbwüsten lassen sich mit Agaven, Yucca und Kakteen mehr mexikanisch (siehe Seite 169), mit Aloe und Kandelaber-Euphorbien südafrikanisch orientiert und eher noch exotischer bepflanzen (siehe Seite 165 f.).

Die traditionelle Orangerie

Die **klassische Orangerie** als Vorbild traditioneller Wintergärten ist ein »Rein-Raus-Garten«: Im Winter wird gerade eben frostfrei gehalten, im Sommer stehen die Pflanzen draußen. Dies sind zumeist Immergrüne aus dem Mittelmeerbereich, oft in Form geschnitten zu Pyramiden oder Kugelbäumchen. Dazu Sauerorangen oder andere Zitrusfrüchte, meist eine Kanarische Dattelpalme und das Sortiment der typisch mediterranen Blütensträucher, vom Oleander bis zum Mittelmeerschneeball. In diese festgefügte Phalanx konnten nur wenige Exoten einbrechen, beispielsweise die »Yuccapalme«.

Das Kunststück beim Herausräumen dieser Pflanzen ist immer der Zeitpunkt: Man muss den Austrieb so lange zurückhalten, dass er Opfer weder eines Spätfrostes noch von Sonnenbrand wird. Den Austrieb bremsen kann man nur über möglichst tiefe Temperaturen, was einer ziemlich intensiven Nutzung des Wintergartens genau entgegenläuft. Orangerien sollten bei hoher Sonneneinstrahlung gelüftet werden, selbst bei ein paar Grad Frost draußen.

Wer mehr Wert auf die Wintergartennutzung legt, als nur ein bisschen darin herumspazieren zu können, muss den Austrieb nicht bremsen. Wenn man aber Pflanzen ins Freie stellen will, dann sollte dies erst nach dem letztmöglichen Spätfrost und nur mit einer Akklimatisierung im Halbschatten geschehen. Leider leidet aber auch dann der unter Glas erfolgende Neutrieb, jedoch nicht so stark.

Was den Orangerie-Wintergarten heute noch wertvoll macht, sind die Winterblüher, die umso länger blühen, je kühler es ist. Das sind nicht nur Mittelmeerschneeball und

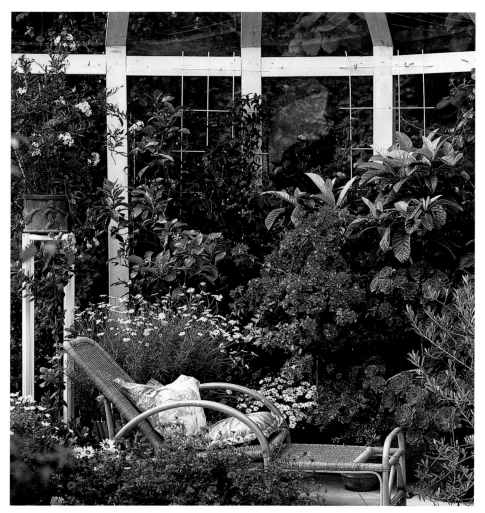

Hier braucht man nicht vor Neid erblassen: Solche Wintergartenbilder sind Arrangements. Als Vorbild für einen Orangerie-Wintergarten mag diese Aufnahme dennoch dienen.

Erdbeerbaum, sondern auch die Kamelien, die Citrus-Arten und viele Pflanzen vom anderen Ende der Welt, beispielsweise Akazien.

Für die »warmen Orangerien«, die erst im Mai ausgeräumt werden, steht ein größeres Pflanzensortiment zur Verfügung: alle Pflanzen, die niedrige Temperaturen, aber keinen Frost aushalten. Beispielsweise Bananen, verschiedene Gummibäume, die austral-asiatischen Myrtengewächse und natürlich einige Palmen. Da diese Pflanzen auch drinnen gut wachsen, muss man sie nicht ausräumen. Aber man kann.

Der ideale Orangerie-Wintergarten sieht wohl so aus, dass alle Winterblüher im Sommer im Freien stehen. Die oft nicht sehr robusten, witterungsempfindlichen Sommerblüher wie *Bougainvillea, Lagerstroemia* und gefüllte Oleander-Sorten lässt man besser ganzjährig drinnen stehen.

In diesem Orangerie-Wintergarten finden dann im Sommer die Zimmerpflanzen aus dem Haus eine angemessene Sommerfrische – sie können bei dem reichlichen Lichtangebot wieder Reservestoffe aufbauen und werden wesentlich schöner.

Themenorientierte Wintergärten

Bei themenorientierten Wintergärten steht nicht die Temperatur im Vordergrund, sondern die Vorliebe des Besitzers für eine bestimmte Pflanzengruppe. Das können tropische Obstgehölze sein, eine Bromeliensammlung oder der Wunsch, eine ganz bestimmte Vegetationsstimmung einzufangen. Sieht man von unseren Alpinhäusern ab, sind es vor allem Pflanzen von der anderen Seite des Globus, die den Spieltrieb befriedigen. Nicht unerwähnt bleiben sollen die hier so genannten **Ethno-Gärten.** Im japanischen **Zen-Garten** oder im maurisch-andalusischen Innenhof haben die Pflanzen zwar eine wichtige Funktion, stehen aber nicht im Mittelpunkt und sollen sich der Stimmung

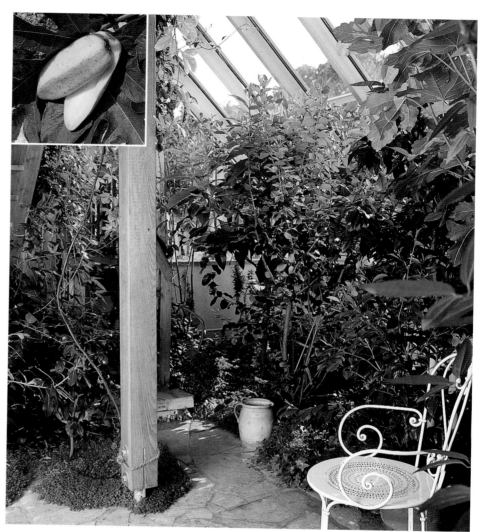

Thema Obst: Nicht nur Feigen und brasilianische Guaven, auch andere exotische Obstgehölze wie die Bergpapaya (kleines Bild) gedeihen im Wintergarten vorzüglich.

unterordnen. Hier sind die passenden Accessoires genauso wichtig wie die Pflanzen. Diese sind meist nur Symbol und können ersetzt werden. Nur dieses Ersetzen einer Art durch eine andere macht es möglich, dass ein chinesischer Garten im frostigen Peking nicht so viel anders aussieht als einer im tropischen Singapur.

Um solche Gärten nachzugestalten, braucht man einen guten Bildband. Sie sind auch ein wertvolles Hilfsmittel für den, bei dem die Pflanzen im Mittelpunkt stehen.

Auf einen Blick

- Zu stilecht braucht man bei der Wintergartenbegrünung nicht vorgehen. Zum maximalen Nutzen gehört, dass erlaubt ist, was gefällt.
- Wintergärten im individuellen Stil lassen deutliche Rückschlüsse auf den Nutzer bzw. Besitzer zu. Wer den Wintergarten nicht nur privat nutzt, sollte sich einen Stilberater leisten.

STRUKTURPFLANZEN FÜR DEN WINTERGARTEN

Wenn eine Wintergartenbepflanzung gelingen soll, steht am Anfang die bewusste Auswahl der Strukturpflanzen. Strukturpflanzen sind die Pflanzen, die ganzjährig den Stil eines Wintergartens prägen. Blütenpflanzen zählen also nicht dazu, zumindest nicht wegen ihrer Blüte.

Strukturpflanzen sind meist keine Blickpunkte, vielmehr bilden sie den Rahmen für das Bild, das man in seinem Wintergarten malen will. In jedem exotischen Wintergarten hat die Formenvielfalt Vorrang vor der Blüte. Strukturpflanzen sind also repräsentative Vertreter der Formenvielfalt.

Da es nicht sehr viele Strukturpflanzen gibt, kann man nicht viel falsch machen. Die wichtigsten Gruppen sind Palmenartige, Bananenartige, Großgräser wie Bambus und als Familie prägnanter Blattschmuckpflanzen die Araliengewächse. Nimmt man noch die neuseeländische Keulenlilie und den Neuseeländer Flachs hinzu, die großen Agavengewächse und Kakteen Amerikas und die Säuleneuphorbie und Aloe des südlichen Afrika, sind wir schon fast am Ende. In diesen Gruppen lassen sich die Arten je nach Temperatur austauschen. Weitere Strukturpflanzen sind dann schon sehr spezifisch, so die Olive fürs Mittelmeer oder ein Elefantenohr für eine halbschattige Sumpfszenerie in irgendeinem tropischen Urwald.

Strukturpflanzen und Vegetationsbilder

Palmen in der Karibik – dazu braucht es keine Vorstellungskraft. Palmen in Afrika? Ja, aber eigentlich fällt einem hier nur die Dattelpalme ein, und die ist als Oasensymbol verbraucht, mit dem »echten« Afrika identifiziert man sie nicht. Palmen in Südostasien?

Ja, natürlich, da stammen schließlich die Kokospalmen her, und auch der Rattansessel war einmal eine südostasiatische Palme, wenn auch eine kletternde.

Setzt man für Palme Banane, wiederholt sich das Spiel, Bananen kann man sich überall in den Tropen vorstellen. Setzt man jetzt aber Bambus für Palme, neigt sich die Waagschale schwer nach Südostasien. Zu Dattelpalmen und Sandsturm passt Bambus auch nicht, genauso wenig wie zu Agaven und Kakteen. Mit den wenigen genannten Pflanzen lassen sich schon mehrere Rah-

Palmen zählen zu den wichtigsten Strukturpflanzen; hier die ostasiatische Hanfpalme.

Wintergarten – Bepflanzung

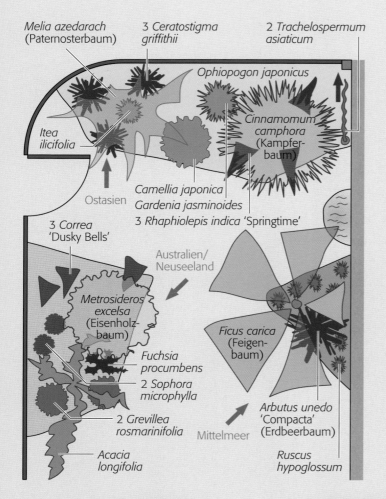

Melia azedarach
(Paternosterbaum)

3 Ceratostigma
griffithii

2 Trachelospermum
asiaticum

Ophiopogon japonicus

Cinnamomum
camphora
(Kampfer-
baum)

Itea
ilicifolia

Ostasien

Camellia japonica
Gardenia jasminoides
3 Rhaphiolepis indica 'Springtime'

3 Correa
'Dusky Bells'

Australien/
Neuseeland

Metrosideros
excelsa
(Eisenholz-
baum)

Fuchsia
procumbens

2 Sophora
microphylla

Ficus carica
(Feigen-
baum)

2 Grevillea
rosmarinifolia

Mittelmeer

Arbutus unedo
'Compacta'
(Erdbeerbaum)

Acacia
longifolia

Ruscus
hypoglossum

Die Pflanzenwelt dreier Kontinente in einem kühlen Wintergarten

Die Temperaturen dieses Wintergartens fallen nicht unter etwa 8 °C, wobei im vorderen Bereich durchaus Temperaturen knapp über 0 °C auftreten können.

Jedes der drei Beete wurde mit Pflanzen eines Kontinentes bestückt – Ostasien, Australien/Neuseeland und Mittelmeerraum. Durch die bewusst zurückgenommene Artenvielfalt strahlt die Pflanzung vor allem Ruhe aus.

Um den Luftraum des zweistöckigen Wintergartens gut auszunützen, wünschte sich Frau Stöcker auch hohe Bäume. Wohl wissend, dass sie dann früher oder später um Schere oder gar Säge nicht herumkommen wird. Vier Großpflanzen beherrschen nun das Bild: eine Feige, ein Kampfer-, ein Paternoster- und ein Eisenholzbaum. Vorteilhaft an Paternosterbaum und Feige ist, dass sie im Winter laublos sind. Das dann ohnehin geringe Lichtangebot kommt der Unterpflanzung zugute, der Glasanbau wirkt zu dieser Zeit erheblich lichter. Im Gegensatz zu Palmen oder Bananen kann man diese Leitgehölze jedoch zurückschneiden.

Feige und Paternosterbaum sollten häufiger, teilweise sogar zweimal im Jahr, eingekürzt werden, weil sie sonst ans Glas stoßen. Bei einem Sommerschnitt der Feige beachten: Der tropfende, klebrige Milchsaft sollte von darunter ausgelegten Folien oder Zeitungen aufgefangen werden. Auch Eisenholz- und Kampferbaum können regelmäßig geschnitten werden, damit sie die Form bewahren und den Rahmen nicht sprengen.

Im Laufe der Jahre stellte sich heraus, dass die wegen des Duftes ausgewählte Gardenia jasminoides ihrem schlechten Ruf gerecht wurde: Sie ging nach drei Jahren ein. Frau Stöcker war darüber allerdings nicht unglücklich, hatte der Duft doch stets eine leicht unangenehme, aufdringliche Note gehabt.

men schaffen, nur mit Afrika tut man sich manchmal schwer, zumal die uns nahe liegende Hälfte eigentlich nur ein großer Sandkasten ist. Für Südafrika gibt's dann die Strelitzien.

Ein mutiger Pflanzer kann sich aber durchaus auch einen von Palmen überragten mexikanischen Dorfgarten mit einer Banane vorstellen, auch wenn drum herum nur noch Agaven gedeihen.

Wieder ein Rahmen, der sich leicht ausfüllen lässt: Sowohl in die trockene Richtung mit Kakteen, in Richtung Ziergarten mit einem hartlaubigen Oleander oder in Richtung typischer amerikanischer Obstgehölze wie Guaven, Avokados und Papayas.

Platzierung von Struktur- und Großpflanzen

Welche Strukturpflanzen man verwendet und wie groß sie sind, ist immer in Verbindung mit dem Wintergarten zu sehen. Wer sich im sechs Meter hohen Wintergarten nur mit Halbstämmchen und Bodendeckern umgibt, muss sich schon die Frage gefallen lassen, wozu er den riesigen Glaspalast braucht.

Häufiger ist das Gegenteil. Vielen Wintergartenbesitzern geht nur schwer ein, dass in ihren drei Meter hohen Wintergarten eine fünf Meter hohe Banane (ersatzweise Palme, Bambus usw.) nicht hineinpasst. Da kann man nicht einfach den Kopf abschneiden, wenn die Pflanze zu hoch wird.

TIPP   Hohe Bodendecker eignen sich auch vorzüglich, um ein Motiv zusammenzuhalten, das sich nicht an der natürlichen Vegetation orientiert, beispielsweise tropische Obstgehölze, eine Sammlung verschiedenfarbiger Croton oder ein Kameliensortiment.

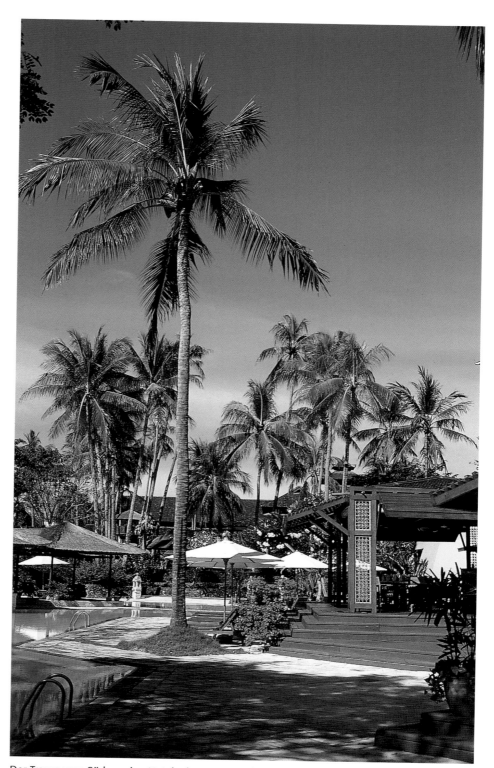

Der Traum vom Süden: eine Hotelanlage unter Kokospalmen auf Bali. Doch Vorsicht beim Transfer solcher Pflanzen nach Mitteleuropa: hohe Ansprüche – hohe Temperaturen, hohe Luftfeuchte, hohe Glashäuser!

Wintergarten – Bepflanzung

Bei den meisten Laubgehölzen ist das nicht so krass, trotzdem ist leicht nachzuvollziehen, dass selbst der wunderschönste Tropenbaum überhaupt kein schöner Tropenbaum ist, wenn er ständig gestutzt werden muss.

Strukturpflanzen sollten sich im Wintergarten artgemäß in Richtung volle Größe entwickeln können, wobei der Zeitfaktor zu berücksichtigen ist. Wenn eine Palme 100 Jahre braucht, bis sie zehn Meter hoch ist, wird sie während unseres Lebens kaum an das in sechs Meter Höhe befindliche Glasdach stoßen. Bis aber eine Banane sechs Meter hoch wird, braucht sie höchstens drei Jahre.

Die Silhouetten verschiedener Palmenarten vermitteln tropisches Flair. In Kübeln gezogen, lässt sich ihr Ausbreitungsdrang über viele Jahre hinweg bremsen.

Bepflanzung der Restflächen

Zur Begrünung der restlichen Flächen geht man am besten von einem einfachen Schema aus. Man ordnet die Pflanzen in zwei oder drei Reihen an, aber immer versetzt zueinander, also entsprechend der Fünf eines Würfels. Die niedrigsten Pflanzen kommen in die dem Betrachter nächstgelegene Reihe, die höchsten in die entfernteste. Ausnahmen sind erwünscht. Wer hier zu stur bei einem Schema bleibt, hat leicht eine Hecke gepflanzt. Währenddessen springt aber ein Waldrand in der Natur immer wieder vor oder zurück, er zeigt der Sonne möglichst viel Oberfläche.

Am besten arbeitet man mit **Füllpflanzen.** Damit die Pflanzung anfangs nicht kahl aussieht oder sich die Blickpunktpflanzen zu rasch bedrängen, ist jede zweite Pflanze einer Reihe eine raschwüchsige Füllpflanze, die sofort dicht macht und dann nach und nach zurückgenommen wird.

Da die meisten größer werdenden Pflanzen wegen der zu erwartenden Breite ausgelichtet bzw. aufgeastet werden müssen, haben sie bald eine kahle Basis. Die versteckt man hinter knie- bis hüfthohen, eher diskreten immergrünen Büschen. Hohe rasenartige Bodendecker wirken oft sauberer, da sie das Falllaub besser schlucken.

Das sind beispielweise die niedrigen, kriechenden, im Wintergarten meist zu aggressiven Bambusarten (siehe Seite 113 f.), der

TIPP Bei Palmen sollte man sich ganz genau erkundigen, ob die gewünschte Art bei der angestrebten Temperatur gedeiht. Palmen wachsen in ihrer Jugend sehr langsam und sind deshalb zu teuer für einen Fehlschlag. Und leider zeigen Palmen oft erst dann, wenn es zu spät ist, ob sie mit den Bedingungen klarkommen.

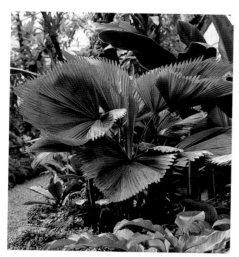

Im Kübel oder ausgepflanzt, gehört die anspruchsvolle *Licuala* zu den beliebtesten Palmen der feuchten Tropen.

Kardamom oder verschiedene Aronstabgewächse der südostasiatischen Flora, ebenso die südamerikanischen Maranten.

Palmen

Palmen sind die Flaggenmasten der Tropen. Höchstes Glück sind weißer Sandstrand, Kokospalmen und Bacardi-Rum. Auch bei uns kommt man den Tropen näher in den Palmenhäusern der botanischen Gärten. Tatsächlich kann man die Palmen an den Tropen festmachen, stammen doch die meisten aus dem schmalen Streifen zwischen 10° nördlicher und 10° südlicher Breite.

Genau diese Arten sind aber für den Wintergarten weniger geeignet, weil kaum jemand Wert auf richtiges Tropenklima legt. Viel wichtiger sind die Arten an den Grenzen der Verbreitung. Eine ganze Reihe davon hält sogar Fröste aus.

Fächer-, Fieder- und Buschpalmen

Gärtner unterscheiden Palmen nach ihrer Blattform in Fächer- und Fiederpalmen. **Fiederblätter** sind länglich und ähneln einer

Feder, **Fächerblätter** eher rundlich und handförmig.

Für den Wintergarten ist neben der Höhe und Wachstumsgeschwindigkeit vor allem wichtig, ob es sich um eine einstämmige oder eine mehrtriebige Buschpalme handelt. Hanfpalmen und Zwergpalmen, die beiden besten Terrassen-Kübelpalmen, kennt fast jeder. Beide sind Fächerpalmen und lassen sich in der Jugend kaum unterscheiden. Während aber die Hanfpalme im Lauf von Jahrzehnten einen mehrere Meter hohen Stamm macht (siehe Seite 105), bildet die Zwergpalme Kindel und wird zu einem vieltriebigen Busch, oft wesentlich breiter als hoch. Außerdem hat sie Stacheln (siehe Seite 146).

Die schwachwüchsige Zwergpalme braucht mittelfristig deshalb mehr Platz als die vergleichsweise starkwüchsige Hanfpalme.

Wer sich das Palmensortiment des Handels anschaut, ist überrascht, wie viele Arten als zimmergeeignet angeboten werden. Manche sind es nicht, trotzdem haben Palmen den Ruf, für eine Topfpflanze recht langlebig zu sein. Die Lichtansprüche sind vergleichsweise gering, in der Natur gedeihen die meisten Arten in ihrer Jugend nur im Schatten größerer Exemplare, andere zählen zeitlebens zum Unterholz.

Größe von Palmen

Es ist nahe liegend, dass das, was im Zimmer gerade noch wächst, im Wintergarten hervorragend gedeiht.

Und genau hier liegt oft das Problem: Ausgepflanzt oder im großen Kübel werden viele Palmen im Wintergarten zu mächtig. Nicht umsonst sind die Palmenhäuser immer die höchsten Gewächshäuser der botanischen Gärten. Vorrangig ist es nicht einmal die Höhe des Wintergartens, die viele Palmen disqualifiziert, sondern die Breite. Alle Palmen entwickeln zuerst einen artgerechten Blattschopf, dann erst den Stamm in seinem endgültigen Umfang. Die

TIPP Freilandpflanzen sollte man unbedingt auf Schildläuse kontrollieren. Sehr oft sind sie schon bis tief ins Herz der Palme vorgedrungen. Man sieht sie erst, wenn sich neue Blätter entfalten.

bei uns häufigsten, weil raschwüchsigen und recht billigen Topfpflanzenpalmen sind hier kaum zu schlagen. Als kältetolerante Subtropenpflanzen fühlen sie sich auch im nicht zimmerwarmen Wintergarten wie zu Hause. Die Blätter der Kanarischen Dattelpalme werden dann 5 – 7 m lang, die der fächerblättrigen Washingtonia mit Stiel auch noch 3 – 4 m.

Als Strukturpflanzen haben Palmen den großen Vorteil, dass sie berechenbar sind. Ob im Topf oder ausgepflanzt, die Proportionen bleiben gleich.

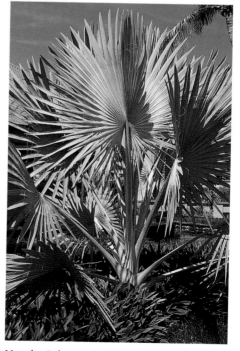

Manche Palmen wie *Bismarckia* (Bild) und *Brahea* haben stahlblaues Laub.

Wintergarten – Bepflanzung

Palmenpflege

Palmen, deren Wachstum man nicht einschätzen kann oder die ausgepflanzt mittelfristig zu groß werden, lässt man im Kübel. Wichtig ist eine strukturstabile Erde ohne Kompostzusatz. Als Düngung erhalten sie pro Jahr 3–5 g/l (bezogen auf das Topfvolumen) eines 8–9 Monate wirkenden Langzeitdüngers. Um Palmen später im Wachstum zu bremsen, reduziert man den Dauerdünger auf ca. 1 g/l Topfvolumen/Jahr. Die Töpfe in Pflanzbeete einzusenken empfiehlt sich nicht: Man wird nicht vermeiden können, dass bei eingesenkten Palmen

die Wurzeln durch die Drainagelöcher entfliehen. Um diese Wurzeln abzureißen, müsste man alle paar Monate den Topf drehen.

Will man Palmen im Kübel ziehen und ein anfangs möglichst rasantes Wachstum, spare man nie mit dem Dünger. Ganz wichtig ist eine 5–10 cm starke Drainageschicht, denn fast alle Palmen sind sehr empfindlich gegen Staunässe.

Man topft erst um, wenn die Wurzeln den Ballen aus dem Topf schieben und man nicht mehr gießen kann. Das vielfach empfohlene Verkleinern des Ballens ist die

TIPP Generell sollte man lieber zu wenig gießen als zu viel – so vermeidet man nicht nur die gefährliche Wurzelfäule. Frisch eingetopfte Pflanzen werden dagegen durchdringend gewässert.

allerletzte Möglichkeit. Besonders bei zu niedriger Bodentemperatur können Palmen dann recht schnell eingehen.

Palmen sind ständig auf Schildläuse und Spinnmilben zu kontrollieren und notfalls zu behandeln. Die Schadschwelle ist praktisch null, weil die Blätter so lange halten und jeder Schaden deshalb jahrelang sichtbar ist. Wenn keine Schädlinge vorhanden sind, die Palmen dennoch sichtlich kränkeln, liegt das fast immer an Störungen an der Wurzel. Das kann Staunässe sein, auch eine zu niedrige Bodentemperatur, oft beides zusammen. Sichtbare Abhilfe ist nicht möglich, einmal gelbe Blätter werden nie wieder grün. Hier hilft nur Geduld, wenn man die Störung abgestellt hat.

Palmfarne und Baumfarne

Diese Pflanzengruppen ähneln den Palmen sehr. Beide bilden häufig einen Stamm mit einer Krone aus Fiederblättern. Bei den Palmfarnen, die meist aus der Strauchschicht warmer Trockenwälder Asiens, Australiens, Afrikas und Amerikas stammen, sind sie lederartig. Die Baumfarne sind richtige Farne mit bis zu 20 m hohem Stamm und bewohnen nahezu ausschließlich die kühlfeuchten Regenwälder der Subtropen und der tropischen Höhenlagen. Sie sind die baumartigen Strukturpflanzen mit den niedrigsten Lichtansprüchen, wachsen selbst noch in hohen, nur oben verglasten Innenhöfen, in die nie ein Lichtstrahl fällt.

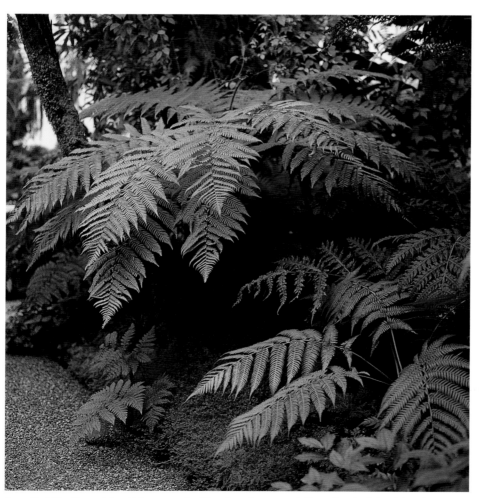

An selbst für die meisten Palmen zu dunklen Standorten gedeihen die ähnlich wirkenden Baumfarne noch ausgezeichnet.

Bananen, Helikonien und Strelitzien

Wer will nicht, wenn der Wintergarten erst einmal steht, am liebsten schon morgen in den Tropen sitzen? Alles möglich, kein Problem. Nur hat nicht jeder das Budget für einen ausgewachsenen Palmenhain. Trotzdem kein Problem. Es gibt ja Bananen. Wohl keine Pflanze spiegelt das luxuriöse Wachstum in den Tropen besser wider als diese großblättrigen Schopfstauden. Dabei gedeihen sie sogar im Kalthaus. Ihr Wintergarten ist zu niedrig? Auch kein Problem, manche Arten werden nur mannshoch. Wenn jetzt noch erzählt wird, dass Bananen zu den besten Schatten»bäumen« im Wintergarten zählen, sieht man von ihrer Anfälligkeit für Spinnmilben ab, fragt man sich, warum man sie so selten sieht. Manch einer hat zwar eine Banane im Wintergarten stehen, aber viel Tropenstimmung bringen die 2 – 3 zerzausten Blätter nicht.

Wenn wir uns bewusst machen, dass es sich bei der Bananenverwandtschaft um immergrüne Stauden des Regenwalds handelt und wie dort die Verhältnisse sind, kann man eigentlich nichts falsch machen.

Als Pflanzen des Unterholzes haben die Bananen recht geringe Lichtansprüche, wachsen also auch im Winter.

Eine Störung für Pflanzen des Unterholzes ist der Wind. Ihre Blätter haben nur Fieder-, aber keine Netznerven. Das bedeutet: Wenn ein Blatt einreißt, geht der Riss gleich bis zur Mittelrippe durch, weil er nicht durch verstärkende Leitungsbahnen gebremst wird. Vorbeistreifende Wintergartenbesucher belasten die Blätter genauso. Das heißt, dass die Blätter der Bananenverwandtschaft umso schneller zerrupft aussehen, je näher die Pflanzen an einem Weg oder Sitzplatz stehen.

Wer also im Wintergarten sein tropisches Wachswunder erleben will, stellt seine Bananen abseits der »Verkehrsflächen« auf, versorgt sie vielleicht mit Langzeitdünger und hat immer eine volle Kanne Wasser in Reichweite.

Echte und falsche Bananen

Echte Bananen haben einen kriechenden Wurzelstock, aus dem ständig neue Triebe hervorbrechen.

Nach der Blüte stirbt der Trieb ab, die Pflanze lebt weiter. Die falschen Bananen dagegen machen keine Ausläufer. Nach der Blüte stirbt die Pflanze ab. Zu dieser Gruppe der Terrassen und Stadtparks gehört die bekannteste **Zierbanane**, *Ensete ventricosum*.

Wichtig sind hier nur die echten Bananen, von denen die meisten aber reine Zierbananen sind. Für wenig Geld im Supermarkt gekauft, werden sie aus Unkenntnis nach der Blüte oft weggeworfen.

Wer länger wartet, entdeckt an der Basis des alten Stammes bald den einen oder anderen Schössling. Jetzt in einen großen Kübel mit nährstoffreicher Erde umgetopft, hat man bald einen mehrstämmigen Bananenbusch, mit Blüten und mit Früchten.

Nur mit entsprechend großem Blattschopf können Bananen normal große Früchte entwickeln.

TIPP Da Palmen nahezu keinen Schmutz machen, sind sie die idealen Pflanzen dort, wo es immer sauber sein muss. Oft pflanzt man sie deshalb neben Pools, was nicht nur sehr gut aussieht, sondern den Palmen wegen der hohen Luftfeuchtigkeit auch gut tut. Bei der Auswahl der Palmenart immer ihre Wuchsstärke und Endhöhe beachten – sie können nicht zurückgeschnitten werden.

Den Show-Effekt bei den Zierbananen machen meist die großflächigen, grell gefärbten Blütendeckblätter aus.

Die kleinste Zierbanane ist *Musa mannii*, die **Rote Assambanane.** Sie wird gerade mannshoch, davon sind 70 cm Blatt. Größer, gleichwohl für niedrige Wintergärten brauchbar sind *M. coccinea, M. ornata* und *M. sumatrana*.

Die wichtigste Banane für hohe Wintergärten – sie ist gleichzeitig die mit den geringsten Wärmeansprüchen – ist die **Japanische Faserbanane** *(M. basjoo)*. Südlich der Alpen sieht man sie häufig in den Gärten, auch dort, wo der Blattschopf jeden Winter erfriert. Ausgepflanzt oder im Großkübel erreicht sie im Wintergarten rasch 4 – 5 m und mehr, bei entsprechender Breite. *M. basjoo* erhält man jedoch nie im Supermarkt. Wer Wert auf **essbare Bananen** legt, muss sich an die unter dem Namen *M. × paradisiaca* (Syn.: *M. acuminata*) zusammengefassten Sorten halten. Für zumindest lauwarme Wintergärten kommt eigentlich nur die Sorte 'Dwarf Cavendish' in Frage, die Ladyfinger-Banane der Kanarischen Inseln und der wärmsten Stellen des Mittelmeeres. Mit gut 3 m Höhe bei gleicher Breite wirkt sie auch in großen Wintergärten füllend, besonders, wenn man – ganz wichtig zur Fruchtentwicklung – von einer möglichst hohen Blattzahl ausgeht. Und man hat ja nicht nur einen Trieb.

Wintergarten – Bepflanzung

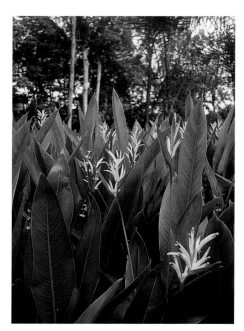

Bisher bei uns nur als Schnittblumen bekannt: Helikonien. Bei der Artenauswahl die Wuchshöhe beachten!

Helikonien

Die riesigen Blütenstände der Helikonien sind uns vor allem als kostbare Schnittblumen bekannt.

Im Wintergarten unterscheiden sie sich von Bananen vor allem in ihren geringeren Platz- und viel höheren Wärmeansprüchen. Helikonien sind echte Tropenkinder, unter 15 °C sind sie kaum über den Winter zu bringen. Auch im Sommer mögen sie es ständig zimmerwarm, sonst blühen sie sehr zögerlich.

Helikonien sind recht moderne Pflanzen, erst seit gut 20 Jahren beschäftigt man sich intensiv mit dieser Gattung. Es gibt um die 250 Arten und eine große, rasch steigende Zahl von Kreuzungen. Als Strukturpflanzen wie Bananen verwendet, sind Blätter und Blattstiele viel fester als bei diesen, die Pflanzen deshalb steifer und nicht so breit, die Stämme viel dünner.

Die kleinsten Helikonien werden knapp einen Meter hoch, die höchsten über sechs Meter, auch innerhalb einer Art sind sehr starke Schwankungen möglich.

Stärker noch als bei den Bananen stehen bei den Helikonien die Blütenstände im Mittelpunkt des Interesses. Auch hier sind es vor allem die fleischigen, in leuchtenden Farben strahlenden Blütenhüllblätter, die Aufsehen erregen.

Niedrige Helikonien verwendet man wie Indisches Blumenrohr *(Canna),* höhere baut man in Gehölzpflanzungen ein, was ihrem natürlichen Standort an Waldrändern nahe kommt. Halbschatten vertragen sie ausgezeichnet.

Es ist vermessen, bei Helikonien von wichtigen Arten oder Sorten zu reden. Es gibt zu viele, das Sortiment ist noch gar nicht richtig gesichtet. Bei den stärker wachsenden sieht man sehr häufig den Formenkreis um *Heliconia bihai* mit gelbroten und *H. caribaea* mit orangeroten Deckblättern, alle mit aufrechtem Blütenstand. Von den Arten mit hängendem Blütenstand gilt *H. rostrata* (Bild S. 86) als schönste, sie ist mit die wichtigste Schnitthelikonie.

Strelitzien

Die dritte wichtige Gruppe in der Bananenverwandtschaft sind die Strelitzien oder Paradiesvogelblumen. Für den Wintergarten sind nur zwei Arten von Belang. Beide sind sie maßgebliche Strukturpflanzen des südöstlichen Südafrika, sind also bei einer Wintergartentemperatur von minimal 10 °C angesiedelt.

Eine der besten Exoten für niedrige, lauwarme Wintergärten ist sicher die uns als Schnittblume bekannte **Paradiesvogelblume,** *Strelitzia reginae.* Sie hat viel härteres Laub als Bananen, macht keine Stämme und bildet einen höchstens brusthohen Busch. Die an oft meterlangen Stielen stehenden Blüten ragen aus den Blattmassen hervor. Strelitzien sind gut kalkulierbar, wachsen aber langsam. Sehr vorteilhaft ist die lange Blütezeit. Ab Mitte Winter bis Ende Frühjahr öffnen sich bei großen Pflanzen ständig neue, sehr haltbare »Paradiesvogelschnäbel« in Orange mit blau. Da diese Strelitzie sehr langsam an Masse zunimmt – bis zur ersten Blüte braucht sie

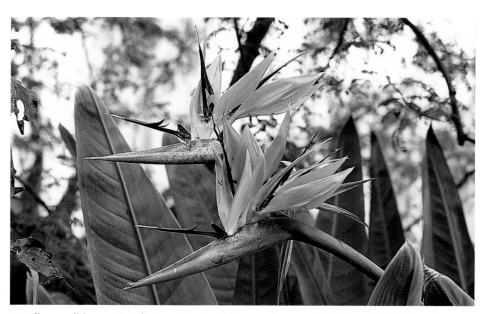

Paradiesvogelblumen *(Strelitzia reginae)* gehören zu den zuverlässigsten winterblühenden Exoten, sie werden nie zu groß.

Im Gegensatz zur Paradiesvogelblume (rechts) wird die Baumstrelitzie (links) gigantisch.

etwa fünf Jahre –, ist sie trotz ihrer eigentlich idealen Höhe erst im Alter als Abschirmung zu gebrauchen.

Strelitzien können sehr lange im gleichen Kübel stehen, sind auch nicht sonderlich anspruchsvoll an Dünger und Wasser. Wenn sie nicht mechanisch beschädigt werden, sind sie äußerst pflegeleicht. Wie Banane und Helikonie vertragen sich wegen ihrer Sauberkeit auch Strelitzien gut mit Pools. Sie gedeihen ausgezeichnet selbst im Halbschatten.

Die zweite, nur für große, hohe Wintergärten wichtige Art ist ein Gigant: die **Baumstrelitzie**, *S. nicolai*. Sie wird 6 – 8 m hoch, anfangs mit einem, später mit mehreren bis oberschenkelstarken Stämmen. Aus windgeschützten Hotelgärten Teneriffas ist diese höchst eindrucksvolle Pflanze sicher vielen bekannt. Ihre 40 cm langen Paradiesvogelblütenstände sind weiß mit Blau und erscheinen im Frühjahr nahezu ohne Stiele in den Blattachseln voll ausgewachsener Blätter.

Bambus im Wintergarten

Zu den ausdauerndsten Strukturpflanzen des Wintergartens gehören die Bambus-Arten. In einer an Ostasien angelehnten Pflanzung nahezu unverzichtbar, gedeihen sie auch dort, wo man nur ein paar schöne Pflanzen will und sich wegen Licht und Temperatur nicht den Kopf zerbrechen mag. Alle Bambus sind immergrün und ständig im Trieb, symbolisieren deshalb vorzüglich das kontinuierliche Wachstum in feuchtwarmen Gebieten. Mit ihrer großen Blattoberfläche können sie einen erheblichen Beitrag zur Verbesserung des Raumklimas leisten. Ihre Ansprüche sind gering, sie wachsen auch im Schatten bei nahezu allen Temperaturen noch gut. Selbst vielen tropischen Bambus-Arten machen kurzzeitige leichte Fröste wenig aus, im Kalthaus gedeihen sie problemlos. Schädlinge sind jedoch leider nicht selten, Blattläuse und Spinnmilben sind öfter zu Gast. Wenn man sie nicht gerade vertrocknen lässt, ist bei keiner immergrünen Solitärpflanze die Ausfallwahrscheinlichkeit ähnlich gering wie bei Bambus.

Drei Gruppen sind zu unterscheiden:

- **Horstbildende Bambus-Arten**

  Bei ihnen stehen die Halme sehr dicht, die Nebentriebe erscheinen im Horst oder wenig daneben.

  Ihr Ausbreitungsdrang ist gering. Für Wintergärten ist dies die wichtigste Gruppe. Bei einer Beckenpflanzung können diese Arten wie gewöhnliche Sträucher verwendet und unterpflanzt werden.

- **Hohe, mäßig wuchernde Bambus-Arten**

  Diese Bambus bilden frei wachsend Wälder von mehreren Meter Höhe. Neue Triebe erscheinen in einem Umkreis, der etwa der Pflanzenhöhe entspricht. Der ideale Standort für diese Arten sind größere Becken in der Innenraumbegrünung, wo man sie tatsächlich waldartig wachsen lassen kann. Im Wintergarten im Becken

gepflanzt, brauchen sie eine stabile Rhizomsperre.

- **Wuchernde niedere Bambus-Arten**

  Diese Bambus sind das Unterholz vor allem ostasiatischer Wälder. Es gibt wintergartengeeignete Arten; wer sich aber nicht genau auskennt und keine zuverlässige Bezugsquelle hat, sollte auf sie verzichten.

Araliengewächse

Sichtet man die wintergartengeeigneten Gehölze auf ihre Eignung als Strukturelement, stößt man immer wieder auf die Araliengewächse. Mit ganz wenigen Ausnahmen werden sie nur wegen ihrer Belaubung und des Wuchses herangezogen.

Bambusarten (hier: *Phyllostachys aurea*) sind Spezialisten für frisches Grün im Wintergarten.

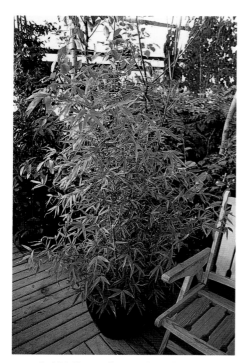

Im Kübel bleiben selbst starkwüchsige Bambus-Arten in »Wintergartengröße«.

Das bekannteste Araliengewächs ist sicher der **Efeu** *(Hedera helix)*. Auch wenn er als Kletterpflanze eine Sonderrolle spielt, ist er

doch in seinen Ansprüchen repräsentativ für die Familie. Efeu gilt bei uns als typische Schattenpflanze. Wo sie wild oder verwildert wächst, sieht man sie oft über Mauerkronen hängen, voller Früchte, in voller Sonne. Mit den Füßen im kühlen Schatten, hält es der Kopf auch in der Sonne aus. Im Schatten wird das Laub aber viel größer.

Mit Araliengewächsen lässt sich der ganze Temperaturbereich vom Solarhaus bis zum zimmerwarmen Wintergarten abdecken, wobei die Arten mit geringen Temperaturansprüchen auch höhere Temperaturen vertragen. Als traditionelle Zimmerpflanze darf die aus Japan stammende **Zimmeraralie,** *Fatsia japonica,* gelten. Im Kübel kaum über zwei Meter hoch und breit, wird sie ausgepflanzt wesentlich größer. Sie gehört zu den besten Solitärpflanzen für absonnige Glasbauten in allen Temperaturbereichen, abgehärtete Pflanzen z.B. in Windfängen vertragen durchaus Fröste bis −10 °C. Der Hauptschmuck dieser Immergrünen sind die 7- bis 9-lappigen, im Halbschatten bis 40 cm breiten Blätter an ebenso langen Stielen. Zimmeraralien geben ausgezeichnete kleine Bäume ab, sie verzweigen sich erst nach der Blüte und brauchen nie geschnitten zu werden.

Einen Gegenpol zu den ostasiatischen Araliengewächsen stellen die neuseeländischen *Pseudopanax*-Arten dar, die zwar keinen Frost mögen, gerade frostfrei im Kalthaus jedoch ausgezeichnet gedeihen. Sie haben ganz unterschiedliche Blattformen, oft ist, wie beim Efeu, das Alterslaub vom Jugendlaub verschieden.

Die Inseln des südlichen Pazifik und das pazifische Australien, also recht luftfeuchte Gegenden, haben noch mehr Araliengewächse für lauwarme Wintergärten zu bieten. So die **Fingeraralie,** *Dizygotheca elegantissima,* eine viele Jahre beliebte Zimmerpflanze. Sie ist etwas »aufs Abstellgleis« geraten, weil sie die niedrige Luftfeuchte bei gleichzeitig hohen Temperaturen zentralge-

Die Zimmeraralie wird oft unterschätzt, sie lässt sich sogar als Baum ziehen.

heizter Räume nicht verträgt. Wenn man ihn nicht entspitzt, wächst dieser Baum in der Jugend eintriebig, mit bis zu 40 cm breiten, aus 7 – 11 Fingern palmenblattähnlich zusammengesetzten Blättern.

Dizygotheca wird inzwischen als *Schefflera* bezeichnet, wobei uns aber als *Schefflera* recht groblaubige Pflanzen bekannt sind. Zwei Arten findet man in vielen Büros als Großpflanzen: *Schefflera heptaphylla,* den **Efeubaum,** und *Schefflera actinophylla* (Syn. *Brassaia actinophylla).* Letzterer ist, meist als »Amate« bezeichnet, ein 1- bis 3-triebiger Solitär mit gehäuft an den Triebenden stehenden handförmigen Blättern, wobei die oft über zehn länglich-ovalen Einzelblättchen 30 cm erreichen können. Diese *Schefflera* sind ausgezeichnete Pflanzen für zumindest 12 °C warme Wintergärten, als Büropflanzen ist ihre Exotik leider etwas verbraucht. Pflanzt man sie im Wintergarten aus, erkennt man sie in ihrer Üppigkeit nicht wieder und wird sie jährlich schneiden müssen.

Auch für den ständig zimmerwarmen, niedrigen Wintergarten findet sich bei den Araliengewächsen Passendes. Vor allem aus Indonesien und von den Inseln der Südsee stammen die **Fiederaralien** *(Polyscias).*

Nicht nur in südostasiatischen Hotelgärten begegnet man ihnen auf Schritt und Tritt. Als Hecke wie Buchs, als Bodendecker, als frei wachsender Solitär, als winziger Bonsai oder großes Formgehölz, am besten in glasierter, chinesischer Terrakotta – für jeden absonnigen, warmen Standort gibt's passende Arten. Für warme Wintergärten sind als kleine Solitärs vor allem die farnartig belaubten Arten *P. filicifolia* und *P. fruticosa* wichtig, Letztere als »Ming-Aralie« bezeichnet. Beide werden nur 2 – 3 m hoch und wachsen langsam.

Nicht alle Araliengewächse sind Halbschattenpflanzen. Die südafrikanischen **Kohlbäume,** *Cussonia,* stehen oft allein auf weiter Flur. Ihr Verzweigungsmuster gleicht denen der neuseeländischen Kohlbäume (*Cordyline,* siehe Seite 156), mit denen sie sonst nichts zu tun haben: Sie machen einen Stamm, erst nach der Blüte gabelt sich der Trieb – ideale, kleinkronige Bäume, die man nie schneiden muss. *Cussonia* gehören mit (Baum-)Strelizien und Aloe zu den Rahmenpflanzen Südafrikas.

Trotz ihrer riesigen zusammengesetzten, vielfach gelappten, geschlitzten oder gebuchteten Blätter brauchen sie für eine Großpflanze wenig Platz.

Starkwüchsige Araliengewächse wie *Tupidanthus* und *Schefflera* eignen sich auch für absonnige Wintergärten.

Strukturstauden

In allen Wintergärten hat man das Problem, dass strauchige Strukturpflanzen entweder zu groß werden, zu rasch wachsen und deshalb dauernd geschnitten werden müssen oder langsam wachsen und jahrelang »nichts her machen« bzw. sehr viel Geld kosten. Für exotische Wintergärten vom Regenwald-Typ ist hier die Lösung einfach: Nahtlos an niedrige Bananen und Helikonien schließen hier andere immergrüne Stauden an, die in zwei bis drei Vegetationsperioden ihre Endhöhe von 1 – 3 m erreichen. Nachfolgend die wichtigsten Vertreter.

Ingwergewächse und andere Exoten

Was in Südamerika die Helikonien sind, sind in (Süd-)Ostasien die Ingwergewächse. Obgleich Pflanzen der unteren Vegetationsschicht, werden viele Arten doch so groß, dass sie im niedrigen Wintergarten die Funktion von Strukturpflanzen übernehmen können. Eine ganze Reihe gedeiht auch noch in absonnigen oder in fast durchgehend schattierten Wintergärten. Da die Herkunft vieler Arten subtropisch ist, können einige auch in Kalthäusern verwendet werden.

Eine Gattung mit sehr breitem Spektrum ist *Alpinia.* Findet man in tropischen Gärten vor allem den **»Red Ginger«** (*A. purpurata*) mit purpurroten Blütenständen, begegnet uns in kühleren Gegenden vor allem *A. zerumbet,* der Muschelingwer. Von dieser Art, die ihre hängenden porzellanrosa Blütenstände im Sommer zeigt, gibt es eine höchst attraktive 'Variegata'-Form, mit gelb und grün gestreiften Blättern. Ein Vorteil der *Alpinia* ist ihr seitlich geringer Ausbreitungsdrang.

Als zweite wichtige **Zieringwer-**Gattung gilt *Hedychium.* Die hierzulande häufigste Art, *H. gardnerianum,* ist wohl mit die beste. Im Kübel meist nur gut brusthoch, erscheinen ihre duftenden gelben Blüten mit lang herausragenden roten Staubfäden bereits im Spätsommer, die Blütenstände sind oft über

30 cm lang. Sie ist so wüchsig, dass sie Plastikkübel bald sprengt.

Nah verwandt mit den Ingwergewächsen sind die Costusgewächse. Vor allem in den Tropen Amerikas, aber auch Afrikas und Asiens verbreitet, tendieren die Temperaturansprüche schon Richtung Warmhaus. Die *Costus*-Arten (**»Spiral-Ingwer«**) werden nur 1 – 2 m hoch und wirken schon von der Belaubung her ganz ungewöhnlich, weil ihre Blätter spiralig um den gleichfalls spiralig gedrehten Stamm stehen. Das gibt den Eindruck einer Wendeltreppe. Bei *Costus* öffnen sich die großen Einzelblüten nur nach und nach, ein Blütenstand hält sehr lange. Vor allem sind aber die Blätter von hohem Zierwert. Es gibt sehr großblättrige Arten, solche mit rotem oder panaschiertem (geflecktem) Laub.

Der **Blaue Ingwer** (*Dichorisandra thyrsiflora*) ist kein Ingwergewächs. Diese etwas sukkulente Staude hat jedoch ebenfalls rohrartige Stängel, und, wie *Costus,* spiralig angeordnetes Laub. Ihre aufrechten Blütenstände erscheinen im Herbst und Winter, die

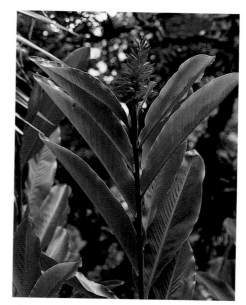

Alpinia purpurata gehört zu den verbreitetsten Ingwergewächsen tropischer Gärten.

Wintergarten – Bepflanzung

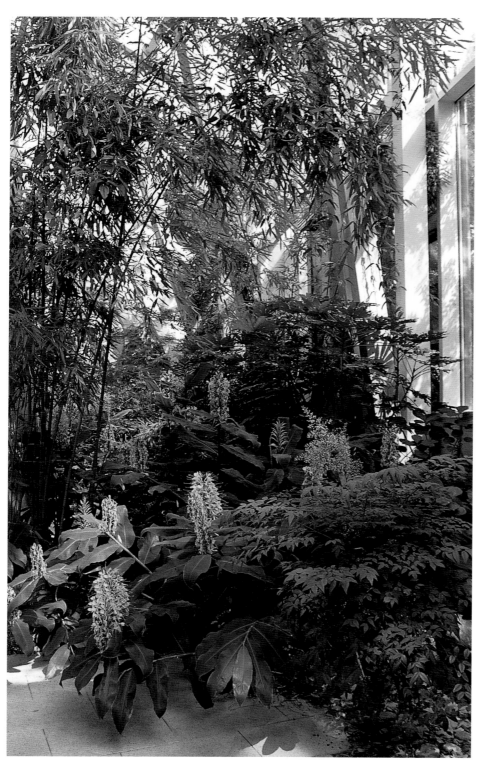

Selbst im gerade frostfreien Wintergarten ist tropisches Ambiente möglich. Viele Exoten, wie hier der Kahili-Ingwer *(Hedychium gardnerianum,* vorne links), haben nur geringe Temperaturansprüche.

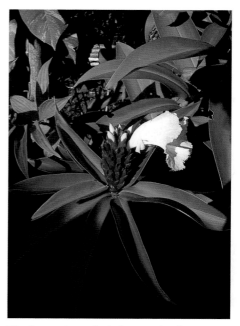

Die *Costus*-Arten (Spiral-Ingwer) gehören zu den Ingwergewächsen mit sehr geringen Licht-, aber hohen Temperaturansprüchen.

Blüten sind dunkelmalvenblau, eine sehr seltene Farbe.

Canna, das **Indische Blumenrohr,** gehört auch in diese Gruppe. Leider sind die vielen Sorten, die man in botanischen Gärten und Stadtgärtnereien findet, kaum erhältlich. Mit höheren Lichtansprüchen als die oben erwähnten Pflanzen hat das Indische Blumenrohr aber eine viel längere Blütezeit, ist ein völlig sicherer Blüher und verträgt durchaus Kalthausbedingungen.

Wegen ihrer Blattzeichnung hervorzuheben ist die Sorte 'Tropicana', deren Laub die verschiedensten Rot-, Gelb- und Grünsprenkel aufweist.

Mächtige Blattschmuckpflanzen – die Aronstabgewächse

Da der exotische Garten vor allem von den Blattstrukturen lebt, sind die zahlreichen Blattschmuckpflanzen genauso wichtig wie die Blütenpflanzen. Die meisten Arten gedeihen am besten im Halbschatten.

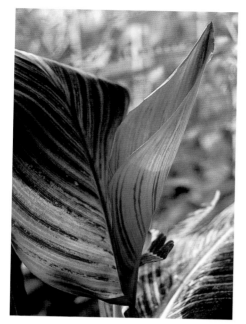

Canna 'Tropicana' ist nicht nur eine höchst attraktive Blattschmuckpflanze, sehenswert sind auch die orangefarbenen Blüten.

Mit Abstand die wichtigsten großwüchsigen Blattpflanzen des Unterholzes sind verschiedene Aronstabgewächse, eine Familie, die uns als Topfpflanze recht vertraut ist. Genannt sein sollen nur **Baumfreund** (*Philodendron*), **Efeutute** (*Epipremnum*) oder **Fensterblatt** (*Monstera*), die sowohl als dichte Bodendecker wie auch als Kletterpflanzen Verwendung finden. Selbst dort, wo es für viele andere Pflanzen des Unterholzes zu dunkel ist. Nur sollten sie keinesfalls länger bei Temperaturen unter 10 °C stehen; die Wüchsigkeit geht sonst völlig verloren, Blätter werden rasch gelb und fallen ab, zurück bleiben nackte Stängel.

Eher selten als Zimmerpflanzen – weil von der Blattsubstanz empfindlicher – findet man Vertreter von *Alocasia* und *Colocasia*, unter dem Überbegriff »Taro« eine Gruppe wichtiger Nahrungspflanzen. Sie stammen alle aus Südostasien. Als gigantische Strukturpflanze und wesentlich weniger temperaturempfindlich als vermutet sei hier der

Riesentaro, *Alocasia macrorrhiza*, genannt. Blätter von oft über 1 m Breite mit ebenso langem Stiel an einem schenkeldicken Spross holen den Urwald in jedes Glashaus. Ähnliches gilt für die **Kris-Pflanze**, *A. sanderiana*, deren am Rand gewellte Blätter tatsächlich einem Malaiendolch ähneln.

Nur am Rande erwähnt sei, dass auch Zimmerhelden wie *Dieffenbachia* und *Aglaonema* zu den Aronstabgewächsen gehören. Ob man allerdings diese typischen Büropflanzen in seinen Wintergarten setzt, sollte überlegt werden.

Nun gibt es auch unter den Aronstabgewächsen einige auffallende Blütenpflanzen. Etwas schwierig in der Kulturführung – ohne Trockenphase blühen sie schlecht – sind die afrikanischen *Zantedeschia*, die **Zimmercalla**. Alle Arten halten selbst im wärmeren Kalthaus noch aus, ihre weißen, rosa oder gelben Blüten erscheinen aber nur, wenn man sie im Winter fast trocken hält. Hauptsächlich als großflächige blühende Bodendecker in der Innenraumbegrünung,

Sehr exotisch mit hohem Platzbedarf: das Elefantenohr, *Alocasia macrorrhiza.*

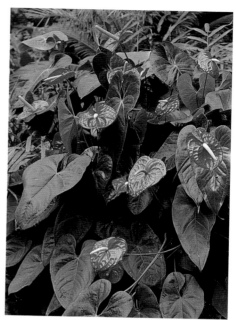

Flamingoblumen (*Anthurium*) bringen selbst im tiefen Schatten noch Farbe.

wo Licht wirklich Mangelware ist, trifft man auf weitere Aronstabgewächse: so die weißblühenden *Spathiphyllum* und die meist roten oder weißen **Flamingoblumen** (*Anthurium*). Diese uns als Topf- und Schnittblume vertraute Pflanze sollte entsprechend ihrer tropischen Herkunft nicht unter 16 °C stehen.

Auf einen Blick

- Strukturpflanzen sollten sich artgerecht üppig entwickeln können. Für niedrige Wintergärten bedeutet das den Verzicht auf alle Arten, die höher als 2,5 – 3 m werden.
- Eine Strukturpflanze, an der ständig herumgeschnippelt werden muss, gibt kein schönes Bild.

DER WARME WINTERGARTEN

Die meisten Wintergärten sind heute als warme Wintergärten konzipiert, d. h. ganzjährig ganztägig nutzbar. Einen Wintergarten ständig zimmerwarm zu halten ist zwar Energieverschwendung; wenn die Nachttemperaturen aber hoch sein müssen, wachsen unter solchen Umständen »echte« Tropenpflanzen am besten. Problematisch wird »zimmerwarm« bei sehr hoher Sonneneinstrahlung. Tropenpflanzen sind nämlich nicht nur empfindlich gegen Kälte, sondern auch gegen Überhitzung!

Bäume für wärmere Wintergärten

Raschwüchsige Gehölze bedingen auch einen oft raschen Laubwechsel. Blüten und Blätter liegen ständig auf dem Boden oder in der Pflanzung. Wer Wohnraummaßstäbe anlegt, tut sich damit schwer. Es ist ähnlich wie im Kinderzimmer. Aber man kann die Reinigungsintervalle ausdehnen, indem man vor dem Fegen die jeweiligen »Kinder« kräftig schüttelt. Und die richtigen Pflanzen auswählt.

Da sie das oberste Stockwerk bilden, sind Bäume gewöhnlich Starklichtpflanzen. Wenn dennoch eine ganze Reihe unsere schlechten winterlichen Lichtverhältnisse aushält, handelt es sich es entweder um Arten aus Gegenden mit ständig hohem Bewölkungsgrad oder um Pflanzen des so genannten zweiten, also unteren Stockwerks der Wälder. Diese sind allein schon wegen ihrer Größe wesentlich besser für Wintergärten geeignet als Jungpflanzen von Urwaldriesen.

Bei Licht und Wärme liebenden exotischen Blütenbäumen stellt sich ganz besonders die Frage, ob die Wärmesumme einer Vegetationsperiode für einen kompletten Wachstumszyklus ausreicht. Ein Beispiel: Der weltweit wohl meistgepflanzte Tropenbaum ist *Delonix regia,* der **Flamboyant.** In Teneriffa wächst dieser Baum im Norden wie im Süden. Allerdings blüht er im Norden nicht.

Einige Grad Temperaturunterschied, ein höherer Bewölkungsgrad sind bereits ausreichend, dass es nicht zum Blütenansatz kommt.

Bei weniger lichtbedürftigen Arten wird dieser durch die winterliche Schwachlichtperiode nicht zwangsläufig bedingt. Viele blühen dann irgendwann, sie ähneln darin der kälteverträglichen **Japanischen Faserbanane** (siehe Seite 85 und 152). Diese wächst im Kalthaus wie im Warmhaus, wird auch gleich groß. Nur dauert es im Kalthaus bis zur Entwicklung des Blütenstands fast doppelt so lange.

Soweit nicht anders erwähnt, brauchen die auf den folgenden Seiten vorgestellten Bäume Lauwarmhausbedingungen. Zwar gedeihen auch die meisten Kalthausbäume im Warmen, doch erschöpfen sich deren Reserven dort schneller.

Die gartenbauübliche Einteilung von Gewächshäusern ist über die tatsächliche Nachttemperatur definiert und kann für Wintergärten übernommen werden. Vorsicht: Die am Thermostat eingestellte Temperatur kann von der tatsächlichen Temperatur erheblich abweichen!
- **Kalthaus:** nachts ca. 5 °C
- **Lauwarmhaus:** nachts ca. 12 °C
- **Warmhaus:** nachts über 18 °C

Die Auswahl der Leitpflanzen für den Wintergarten steht am Anfang der Pflanzplanung. Rasch wird klar: Vorsicht vor zu schnell wachsenden oder nicht zurückschneidbaren Arten!

Wintergarten – Bepflanzung

Euphorbia
(schon vorhanden)

Thalia
dealbata

Acca
sellowiana

Calliandra
tweedii

Heliconia
farinosa

Thunbergia
erecta

Cyperus
papyrus

Strelitzia
reginae

Pseuderanthemum
atropurpureum

Scadoxus
multiflorus

Psidium
littorale

Russelia
equisetiformis

Pseuderanthemum
laxifolium

Thunbergia
grandiflora

Mandevilla × amoena
'Alice DuPont'

Ein warmer Wintergarten mit Papyrus

Wenn man großflächige, aber niedere Wintergärten ohne Becken oder Bankbeete intensiv begrünen will, artet das im Sommer rasch in Arbeit aus. Die Verwendung von großen Kübeln wegen des größeren Wasserspeichers hat nur einen temporären Effekt, er wird vom stärkeren Wachstum rasch aufgezehrt. Trotzdem, wenige große Kübel mit großen Pflanzen sind rationeller zu bewirtschaften als viele kleine. Niedrige, bodendeckende Pflanzen setzt man deshalb möglichst in denselben Kübel wie die Solitärpflanze.

Dieser zimmerwarme Wintergarten kann als recht durchdacht bezeichnet werden. Neben der Verwendung großer Kübel wurde Wert auf Pflanzen gelegt, die in der Bewässerung einfach sind. So wurden zum einen Pflanzen bevorzugt, die wie die Strelitzie wenig Wasser brauchen, gleichzeitig wurden Sumpfpflanzen wie Papyrus verwendet, die in einem glasierten Topf ohne Wasserabzug stehen können und deren »Tank« nur gelegentlich bis zur Topfoberkante gefüllt wird. Auch der Vorteil der Pflanzung in Kübeln wird in diesem Wintergarten deutlich. Stehen die Pflanzen auf rollenden Untersätzen, lässt sich der Wintergarten in wenigen Minuten umgruppieren. Man ist viel flexibler. Eine große Kaffeetafel für eine Familienfeier, ein Kindergeburtstag bei Regenwetter, ein Baustofflager für die Handwerker – hier ist das alles kein Problem.

Schmetterlingsblütler

Fast alle Bäume dieser Familie brauchen viel Licht. Schmetterlingsblütler kommen sehr oft auf eher schlechten Standorten vor, weil sie dort wenig Konkurrenz haben. Im Gegensatz zu anderen Pflanzen können ihre Wurzeln nämlich Stickstoff aus der Luft verwerten. Deshalb wachsen sie rasch, solange sie ausreichend Wasser und vor allem Licht haben. Die meisten Schmetterlingsblütler werden wegen ihrer Blüten kultiviert. Sie sind oft so prächtig wie die des Goldregens (*Laburnum*) oder der Glyzine (*Wisteria*) – beides ebenfalls Schmetterlingsblütler.

Die Blüten der exotischen Schmetterlingsblütler können sehr verschieden sein. Eine Gruppe hat große, recht auffallende Blütenblätter. Hierzu zählen die Bauhinien. Bei der zweiten Gruppe fehlen die Blütenblätter, dafür sind die Staubfäden meist lang und intensiv gefärbt – der Puderquastenstrauch ist hier ein Beispiel. Die dritte Gruppe hat sowohl Blütenblätter als auch meist kontrastierende auffällige Staubfäden. Dazu gehört etwa *Caesalpinia*.

Neben den Akazien, von denen die wegen ihrer Blüten gezogenen Arten durchweg besser im Kalthaus stehen, sind die **Bauhinien** (*Bauhinia*) die verbreitetsten kleinkronigen Zierbäume dieser Familie. Die wichtigsten

Arten stammen aus dem wärmeren Himalaja. Ihre bis handtellergroßen weißen, rosa, roten oder lila Blüten ähneln einem Schmetterling oder einer Orchidee – deshalb ihr Name **Orchideen-** oder **Schmetterlingsbaum**. Auch ohne Blüten erkennt man sie sofort. Ihre im Grundriss fast runden Blätter sind dort, wo gewöhnlich die Blattspitze ist, tief eingekerbt, gleichen also einer aufgeklappten dicken Bohne.

Was bei uns als *Bauhinia* angeboten wird, sind meist Formen von *B. variegata*. Nur wenn die Blütezeit nicht im Spätwinter und Frühjahr ist, ist es eine andere Art. Die meisten Bauhinien werfen kurzzeitig das Laub ab, mit dem Verlust der letzten alten Blätter setzt der Neutrieb ein, gleichzeitig die Blüte. Als buschige Kübelpflanzen sind einige *Senna*-Arten (**Gewürzrinde**) bekannt. Sie sind sehr weit verbreitet, sodass man für jede Temperatur eine geeignete Art finden kann. Die für uns wichtigen haben durchweg gelbe Blüten im Sommerhalbjahr bzw. solange es hell genug ist, sie sind also typische Dauerblüher. Ihre gefiederten Blätter ähneln ziemlich denen von Robinien (»Scheinakazien«). Die als Kübelpflanzen wichtigsten Arten, die robuste *S. corymbosa* aus dem subtropischen Amerika und die **Erdnussbutter-Kassie** *S. didymobotrya* (wegen des eindeutig duftenden Laubs) aus dem tropischen Afrika, sind als kleinkronige Stämme mit die besten. Da sie nicht höher werden als 3 – 4 m, das aber recht rasch, passen sie auch in niedrige Wintergärten. Wenn sie im Spätherbst unschön werden, schneidet man sie kräftig zurück und hält sie dann fast trocken. Sollten Kassien Samen ansetzen – die Hülsen erinnern meist an grüne Bohnen –, entfernt man sie sofort. Sonst ist die Dauerblüte recht bald vorbei.

Hervorragend für die Wintergartenbegrünung ist die Gattung *Calliandra*, die **Puderquastensträucher**. Ihre Blätter sind sehr fein doppelt gefiedert, ähneln darin verschiedenen australischen Akazien. Eigentlich traut

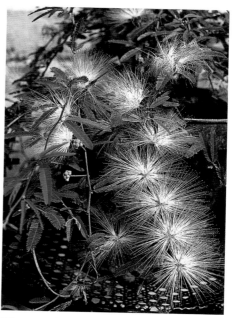

Pflanzen mit fein gefiederten Blättern wie *Calliandra* haben meist hohe Lichtansprüche.

man diesen Pflanzen, die in den feuchten Tropen auch im Halbschatten gedeihen, nicht zu, dass sie in unseren Wintern selbst bei einer Temperatur von 10 °C fast durchblühen, mit einer wenig ausgeprägten Pause im Frühjahr. *Calliandra* fehlen die Blütenblätter.

TIPP Extrem kleinblättrige lichtliebende Arten bzw. solche mit fein gefiedertem Laub, die niedrige Temperaturen vertragen, sollte man nicht in warme Wintergärten stellen. Sie fangen dann nämlich an zu rieseln. Das kann sich über Monate hinziehen, bis zum kompletten Laubverlust. Eine Ausnahme machen nur große Anlagen, wo ein höherer Bodendecker die kleinen Blättchen schluckt. Schlimme »Riesler« sind vor allem die fein gefiederten Akazien, aber auch Pfefferbäume (*Schinus*) und vor allem Jacaranda.

Für warme Wintergärten sind winterblühende *Bauhinia*-Arten Bäume erster Wahl.

Wintergarten – Bepflanzung

Was wir sehen, sind nur intensiv gefärbte Staubfäden – ähnlich wie beim Zylinderputzer (*Callistemon*, siehe Seite 157). Sie bilden einen mehrere Zentimeter breiten Ball, der oft mit einem Nadelkissen oder einem Rasierpinsel verglichen wird.

Calliandra sind in den Tropen meist 4 – 6 m hohe und fast ebenso breite Sträucher. Sie lassen sich beliebig schneiden, auch als Stamm erziehen, wobei die unterschiedlichen Wachstumsmuster der verschiedenen Arten dann besser herauskommen als bei frei wachsenden Büschen. Alle brauchen viel Wasser. Sie sind praktisch schädlingsfrei. Die wichtigsten Arten sind die rote *C. tweedii*, die weiße *C. portoricensis* und die rosa *C. selloi*.

Bei den Wintergartenpflanzen Australiens und Südafrikas sind noch weitere baumartige Schmetterlingsblütler genannt, die sich jedoch hauptsächlich für Kalthäuser eignen (siehe Seite 155/156).

Bignoniengewächse

Wer Wert auf Farbtupfer in den oberen Regionen seines Wintergartens legt, sollte sich die Bignoniengewächse merken. Wobei es bisher fast nur Kletterpflanzen sind, die ihren Weg über südliche Baumschulen bis zu uns gefunden haben (kletternde wintergartengeeignete Arten dieser Familie siehe Seite 133 und 136). Auch in unseren Gärten gibt es Bignoniengewächse, so die Trompetenwinde (*Campsis*) oder den sommerblühenden Trompetenbaum (*Catalpa*). Im Süden sind es vor allem Jacaranda und der Tulpenbaum, *Spathodea campanulata*, die unsere Aufmerksamkeit auf sich ziehen.

Die meisten baumartigen Bignoniengewächse stammen aus Gebieten mit kurzer Trockenzeit. Sie verlieren dann nach und nach ihr Laub – um aber, wenn sie nicht kühl und trocken gehalten werden, sofort wieder auszutreiben. Was außer dem anhaltenden Laubfall gegen sie spricht, ist ihr rasches Wachstum. Es sind zwar nur kleine Bäume, aber doch so groß, dass sie auch in einen zweistöckigen Wintergarten nur hineinpassen, wenn man von Jugend an die Kronenentwicklung korrigiert. Glücklicherweise bleiben sie mit Ausnahme der Jacaranda recht schlank.

Als einer der wichtigsten Alleebäume der Subtropen sind **Jacaranda** (*Jacaranda mimosifolia*, auch **Palisanderbaum** genannt), für jeden zur Blütezeit im Frühjahr ein unvergessliches Erlebnis. Ob in Ägypten oder in Südafrika, Jacaranda-Alleen prägen Anfang Frühjahr oft das Stadtbild. Manchmal sieht man sie auch in der Art einer Kugelrobinie beschnitten, sehr dicht und üppig belaubt, aber kaum blühend. Jacarandas sollte man möglichst nur ihres Laubs wegen pflanzen. Dieses ist genauso fein gefiedert und üppig wie das vieler exotischer Schmetterlingsblütler, die weit empfindlicher sind. Man kann sie selbst zwischen 5 und 10 °C noch gut halten, während ähnlich belaubte Exoten mindestens 15 °C brauchen.

Ihre fliederfarbenen, fliederartigen Blütenstände entwickeln Jacarandas auch bei uns, allerdings wesentlich spärlicher. Ein gravierender Nachteil ist das Rieseln. Ab Herbstmitte zerfallen über Wochen und Monate die Blätter in Millionen kleinster Fiederblättchen.

Auch aus Südamerika, mit einem Schwerpunkt in der Karibik, stammen die *Tabebuia*-Arten. Alle haben über 5 cm breite Trichterblüten, die zu mehreren in einem Büschel zusammenstehen. Von zartem Pastellrosa bis zu einem tiefen Gelb mit orangeroten Linien kommen die verschiedensten Schattierungen vor. Je nach Art blühen sie zwischen Winter und Frühsommer, oft am Ende nahezu laubloser Triebe. *Tabebuia* blühen auch bei uns, die Farbwirkung entspricht fast der einer Forsythie.

Der neben Jacaranda zweite Eliteblütenbaum der Bignoniengewächse ist *Spathodea campanulata*, der **Tulpenbaum**, ein echter

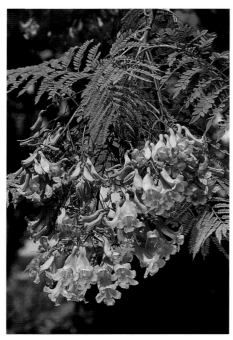

Jacaranda gehören zu den wenigen Tropenbäumen, die auch bei uns blühen. Allerdings brauchen sie Platz.

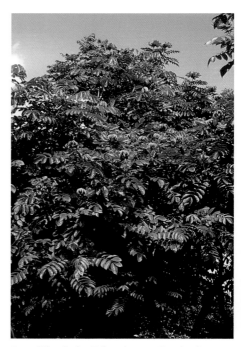

Der afrikanische Tulpenbaum, *Spathodea campanulata*, ist eine sehr sonnenhungrige Pflanze mit Blühchance.

In den Tropen oft verwildert, blüht *Tecoma stans* im Wintergarten fast das ganze Jahr.

Wenn im Spätherbst und Winter in den Subtropen beim Vorbeifahren aus allen Gärten »Forsythien« leuchten, ist das *Tecoma stans,* der **Trompetenbusch,** einer der bekanntesten subtropischen Blütensträucher.

Rund um den Globus ist Tecoma zum Kulturflüchtling geworden. Neben *Tecomaria* ist *Tecoma* das einzige strauchige Bignoniengewächs, das als kleiner Baum auch im einstöckigen Wintergarten zu halten ist.

Afrikaner. Man sieht ihn auf den Kanaren überall als Straßenbaum, wo wenig Autos fahren. Die riesigen Blütenbüschel sind tief orangerot und von gewaltiger Fernwirkung. Mit viel Glück erscheinen sie im Frühjahr und Sommer.

Ein zweiter Afrikaner ist *Markhamia lutea,* oft als **»Yellow Spathodea«** bezeichnet. Ihre großen gelben Trompetenblüten erscheinen bei uns zwischen Anfang Winter und spätem Frühjahr.

Markhamia ist wesentlich stabiler immergrün als *Spathodea,* verträgt trotz ihrer tropischen Herkunft auch etwas niedrigere Temperaturen und wird nur 5 – 10 m hoch. Auch in Südostasien gibt es Bäume aus der Bignonienfamilie. Der für uns wichtigste, *Radermachera sinica,* ist aber trotz der großen Blüten vor allem eine Blattschmuckpflanze, die inzwischen auch einen Platz im Topfpflanzensortiment gefunden hat. Die im Umriss dreieckigen Blätter sind doppelt gefiedert und bis 75 cm lang, sie erinnern stark an einen Farn oder ein geschlitztblättriges Araliengewächs. *Radermachera* wirft zwar im Winter ihr Laub weitgehend ab, treibt aber rasch wieder aus. Besonders als Kübelbaum ist sie sehr wertvoll, weil sie sich erst in Überkopfhöhe sparsam verzweigt, dann aber nur noch langsam in die Höhe wächst.

Im Gegensatz zur Erdbeerguave (großes Bild) wirft die Echte Guave (kleines Bild) im Spätwinter ihr Laub ab. Die Erdbeerguave ist wesentlich robuster.

Myrtengewächse

Die Myrtengewächse sind eine sehr vielfältige Familie. Ein Teil sind typische Kalthauspflanzen, so die Eukalypten oder die Zylinderputzer (siehe Seite 155 ff.). Andere eignen sich gut für warme Wintergärten. Als baumförmige Arten für lauwarme Wintergärten sollen vor allem die **Guaven** erwähnt werden. *Psidium littorale* wird auch **Erdbeerguave** genannt. Meist strauchartig, wird sie von südlichen Baumschulen manchmal als dichter, kugelförmig geschnittener Halbstamm oder Stamm angeboten. Diese vollständig immergrüne Art hat im Frühjahr 2 – 3 cm breite weiße Blüten, die vor allem durch die großen Staubfadenbüschel und den köstlichen Duft auffallen. Je nach Unterart erscheinen später gelbe oder rote, bis 4 cm breite essbare Früchte. Frei wachsend bis 8 m hoch, lässt sie sich mit regelmäßigem Schnitt auch in einstöckigen Wintergärten halten, wobei sie selbst in absonnigen Lagen und unter Kalthausbedingungen noch gedeiht.

Bixa orellana, der Lippenstiftbaum oder Anatto, diente schon den Indianern zur Kriegsbemalung. Er blüht bei uns allerdings nur selten.

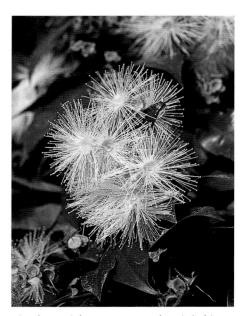

Die Blüten vieler Myrtengewächse (wie hier *Syzygium oleosum*) bestehen nur aus einem Staubfadenbüschel.

Dagegen braucht die **Echte Guave,** *P. guajava,* ein Lauwarmhaus. Sie gehört zu den wenigen Tropenfrüchten, die bei uns im Winter in erstklassiger Qualität geerntet werden können. Die Echte Guave wird zwar bis 10 m hoch, lässt sich jedoch mit entsprechendem Obstbaumschnitt leicht als kleinerer Baum halten. Auf die großen weißen Myrtenblüten, die mit einem Höhepunkt im Frühjahr den ganzen Sommer über erscheinen, bilden sich bei guten Herkünften bis 10 cm breite, runde bis birnenförmige gelbe Früchte. Allein schon der Duft einer aufgeplatzten reifen Guave ist ein Erlebnis. Nach der Reife der letzten Früchte werden die Blätter abgeworfen, danach schneidet man zurück. Leider stellt die Echte Guave einen Leckerbissen für Weiße Fliegen dar.

Auch *Eugenia uniflora,* die **Surinamkirsche,** stammt aus dem tropischen Südamerika. Sie ist ebenso immergrün wie ihre australischen Verwandten *Syzygium paniculatum* und *S. oleosum*. Alle werden sie nicht nur wegen ihrer ganzjährig dekorativen Belaubung und der Blüten, sondern auch ihres farbenfrohen Fruchtschmucks wegen gezogen. Obwohl sich die Pflanzen hervorragend schneiden lassen, wie Buchs oder Lorbeer, sind frei wachsende Stämme viel schöner. Die Seitentriebe hängen nämlich leicht über, wodurch die Pflanzen angenehm grazil wirken. Der Fruchtbehang ist oft überreich und zum Teil sehr lang lebig, die birnen- bis hagebuttenförmigen Früchte sind meist nur 1 – 2 cm groß. Als Fruchtfarben kommen vom seltenen Weiß über Rosa, Magenta bis zum tiefen Purpurrot viele Schattierungen vor.

Alle genannten Gattungen können 10 m hoch werden, sie lassen sich mit regelmäßigem Schnitt im Kübel aber auch im einstöckigen Wintergarten halten. Halbschatten vertragen sie ausgezeichnet.

Sieht man von der Echten Guave ab, sind sie nahezu schädlingsfrei und machen nur dann viel Arbeit, wenn erst Verblühtes und im Spätherbst/Winter die reifen Früchte zusammengefegt werden müssen.

Maulbeerbaumgewächse

Unter den Maulbeerbaumgewächsen finden sich eine ganze Reihe bekannter dekorativer Obstgehölze, angefangen vom **Feigenbaum** (*Ficus carica*) bis zum **Brotfrucht-** *(Artocarpus altilis)* und **Jackfruchtbaum** *(Artocarpus heterophyllus).*

Für lauwarme Wintergärten ist einzig die Gattung *Ficus*, also die **Gummibäume** oder **Feigen,** von Interesse. Gängig sind 3–5 Arten, eine ganze Reihe weiterer – es gibt insgesamt ca. 800 – kann leicht beschafft werden.

Gummibäume lassen sich nicht ohne weiteres einer »Regenwaldstimmung« zuordnen. Es gibt Arten, die zusammen mit Agaven in den Halbwüsten Mexikos wachsen. Andere zeigen durch ihre hartlaubigen Blätter, dass sie einen hoch entwickelten Verdunstungsschutz besitzen und keinesfalls auf ständige Regengüsse angewiesen sind. Auch im innerstädtischen Bereich der trockenen Subtropen gehören die verschiedenen Gummibaum-Arten zu den wichtigsten Straßenbäumen bei minimaler Luftfeuchte.

Tropenbäume der Karibik

Die artenreiche Karibik liefert eine ganze Reihe wintergartengeeigneter kleinkroniger Bäume. Da die Karibik schon tropisch ist, wenn auch am nördlichen Rand, gehören ihre Pflanzen nur in den zimmerwarmen Wintergarten, brauchen also im Winter um 18–20 °C. Im Sommer vertragen sie ohne weiteres durchgehend offene Lüftung, auch wenn die Nachttemperaturen einmal auf 5 °C zurückgehen sollten.

Mit seinen Früchten ein ganz auffälliger Baum ist *Bixa orellana*, der **Lippenstiftbaum.** Nicht nur Lippenstiftfarbe, sondern vor allem Lebensmittelfarbstoff wird aus seinen dunkelroten Samen gewonnen. Schon die Indianer nutzten sie zur Kriegsbemalung. Die Form der Frucht erinnert stark an Bucheckern, sie sind rot, sitzen in dichten Büscheln zusammen und kontrastieren hervorragend mit dem hellgrünen pappelartigen Laub.

Gleichzeitig sind auch noch zahllose rosaweiße Blüten offen. Der Lippenstiftbaum wächst recht rasch, wird aber kaum über 5 m hoch. Sehr häufig sieht man ihn als rundkronig geschnittenen Alleebaum, beispielweise in Bali.

Die Amerikaner hatten schon immer griffige Namen: *Clusia rosea* heißt bei ihnen **Autogrammbaum.** Unter Jugendlichen ist es ein Spaß, die Initialen in die jungen dickfleischigen Blätter zu ritzen und dann beim Wachsen zuzusehen. Bei uns wird *Clusia* meist nur um 3 m hoch, für einen Baum muss sie aufgeastet werden, sie wächst eher breitbuschig. Die etwa 5–8 cm breiten, trichterförmigen, weiß-rosa Blüten im Sommer sind sehenswert.

Der Hauptschmuck des Meerträubels sind seine riesigen, fast kreisrunden Lederblätter.

TIPP Je länger man mit Pflanzen lebt, desto eher treten Blattstrukturen und Wuchsformen in den Vordergrund. Blütenreichtum und -formen verlieren demgegenüber an Bedeutung. Einen guten Vorgeschmack dieses veränderten Stilempfindens gibt ein Blick in den nächtlich erleuchteten Wintergarten: Was dort noch zu sehen (und zu riechen!) ist, das ist zeitlos von Bedeutung.

Obwohl *Coccoloba* bei uns kaum bekannt ist, hat sie einen deutschen Namen: **Meerträubel,** abgeleitet vom amerikanischen »Sea grape«. Die Früchte ähneln tatsächlich Weintrauben und sind essbar. Sonst ist

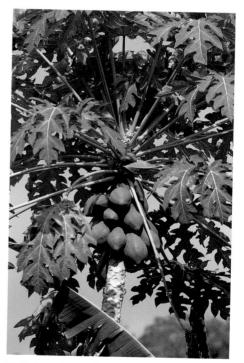

Statt der echten, aber empfindlichen Papaya (*Carica papaya,* Bild) verwendet man in Wintergärten besser die robuste Bergpapaya (*Carica pentagona*).

Wintergarten – Bepflanzung

Coccoloba aber ein immergrünes, im Alter bis 10 m hohes baumartiges Knöterichgewächs. Der Clou an der Pflanze sind die dickledrigen, bis 20 cm breiten, rundlichen Blätter. Sie wirken so exotisch, dass die Pflanze schwer zu kombinieren ist. Zu Hause ist sie in der Strandvegetation, in einer Halbwüstenstimmung würde sie wohl auch nicht stören.

Ein kleiner südamerikanischer Baum passt nicht zu den Blütengehölzen, er ist eher eine anfangs sehr schlanke Strukturpflanze: Die **Babaco** oder **Bergpapaya,** *Carica pentagona,* ist die robuste Schwester der Papaya. In den ersten Jahren wächst sie sehr rasch mit nur einem dicken Trieb straff aufrecht, ist mit ihren lang gestielten, handförmig geteilten großen Blättern eine prächtige Blattschmuckpflanze. Die schon in der Jugend erscheinenden Blüten rund um den Stamm entwickeln sich zu Fruchtkränzen, die Einzelfrüchte sind leicht 1 kg schwer, bis

30 cm lang, erst grün, mit zunehmender Reife orangegelb. Die Früchte werden wie Papayas verwendet.

Babaco wird rasch 5 m hoch, die Breite lässt sich durch Entfernen der Seitentriebe leicht begrenzen. Sie passt ausgezeichnet in jeden exotischen Wintergarten vom Typ tropischer ländlicher Innenhof, beispielsweise zusammen mit Bananen und anderem Obst. Sehr rasch sehr wirkungsvoll!

Aus der Karibik stammen auch die **Frangipani** *(Plumeria).* Jeder Pflanzenliebhaber, der schon einmal in den Tropen oder Subtropen war, kennt sie und will sie haben. Meist als Büsche stehen sie in jedem Privat- und Hotelgarten, als kleine Bäume in Fußgängerzonen, in Kübeln vor Banken – wo man eben eine ganzjährig blühende exklusive Pflanze braucht, die kaum Schmutz macht, kontrolliert wächst und die man kaum gießen muss. Wie der Oleander am Mittelmeer, der mit der Frangipani nahe verwandt ist. Frangipani haben in den Tropen besenstieldicke Neutriebe und produzieren fortlaufend neue, bis halbmeterlange, 15 cm breite Blätter, ständig schließen Triebe mit Blütenknospen ab, verzweigen sich dann und so fort.

Ohne Pause. Bei uns werfen Frangipani, ungeachtet der Temperatur, im Winter meist alle Blätter ab. Solange es ihnen zu kühl und zu wenig hell ist, stehen sie da wie verzweigte Besenstiele, monatelang. Dann bekommen sie kein Wasser. Um diese Zeit sind Frangipani höchst empfindlich. Die meist ziemlich spärlichen Wurzeln faulen leicht ab. In unseren Breiten ist *Plumeria* eine Kostbarkeit und nur für Fortgeschrittene zu empfehlen.

Während Frangipani die Pflanze ist, die uns durch die ganzen Tropengärten begleitet, begleitet uns **Hibiskus** durch die Subtropen. Ob als Busch, Halb-, Dreiviertel- oder Hochstamm – wer einen kleinkronigen, ganzjährig blühenden Wintergartenbaum braucht, nimmt einen Hibiskus.

In den Tropen wohl der verbreitetste kleinkronige Baum, ist Frangipani *(Plumeria)* bei uns eine etwas heikle Liebhaberpflanze.

Von *Hibiscus rosa-sinensis* gibt es zahllose Sorten, die ausgefallensten Farbkombinationen, tellergroße Riesen- oder auch gefüllte Blüten.

Hibiskus ist immergrün und blüht fast pausenlos, wenn er wärmer als 10 °C steht. Darunter baut er ab und verliert viel Laub. Wichtig ist ein Rückschnitt im Spätwinter auf ca. 1/3 des vorjährigen Triebes. Wer die ersten Blüten möglichst früh will, kann bereits im Spätherbst die Hälfte der Triebe einkürzen.

Die Strauchschicht im warmen Wintergarten

Eine ganze Reihe von exotischen Blütensträuchern kennen wir als blühende Topfpflanzen. Viele davon sind ausgezeichnet für den Wintergarten geeignet und können dort zu richtigen Schaupflanzen werden, besonders wenn man sie auspflanzt.

Wo es keine Fröste mehr gibt, sind Hibiskus ständige Begleiter.

Akanthusgewächse

Die überwiegend halbstrauchigen Akanthusgewächse sind ausgezeichnete Blüten- und Blattschmuckpflanzen vor allem für kleine, annähernd zimmerwarme Wintergärten. Als Unterpflanzung sind sie fast ideal, wachsen sie doch am besten im Halbschatten. Viele gedeihen noch recht gut im Lauwarmhaus, werfen aber mit fallender Bodentemperatur viel Laub, werden schütter und erfordern frühzeitigen Rückschnitt. Ausgepflanzt erreichen die meisten Akanthusgewächse in wenigen Jahren ihre Endhöhe.

Die meisten als Zierpflanzen bekannten Vertreter stammen aus Süd- und Mittelamerika. Ein typischer, mit gut 2 m schon sehr hoch werdender Vertreter ist die *Sanchezia*. Zwar hat auch sie einen sehr auffallenden aufrechten Blütenstand an den Triebenden, Hauptschmuck sind aber die bis 30 cm langen, spitz zulaufenden Blätter. Mittelrippe, Hauptnerven und Blattrand sind hell- bis goldgelb gezeichnet, ein ausgezeichnetes Farbenspiel im Halbschatten. Recht ähnlich ist *Aphelandra squarrosa*, das **Glanzkölbchen**. Der Blütenstand dieses höchstens mannshohen Strauchs ist gelb.

Ganz anders die verschiedenen *Odontonema*-Arten. *O. schomburgkianum*, der **»Rote Regen«**, macht bis 2 m hohe fleischige, überwiegend aufrechte Triebe, von deren Spitze im Spätherbst und Winter die halbmeterlangen Blütentrauben herabhängen. Die Röhrenblüten erinnern stark an schlanke Fuchsien, sie sind leuchtend rot und bis 4 cm lang.

Die **Justizie** war früher eine beliebte Topfpflanze, besonders *Justicia carnea*. In tropischen Gärten sieht man sie oft im Halbschatten als brusthohen Strauch, mit gut 10 cm langen, aufrechten Blütenköpfen. Leider gehen die zahlreichen rosa bis fleischfarbenen Blüten fast gleichzeitig auf, weshalb die Blütezeit kurz ist. Wenn man die alten Blütenstände rasch abschneidet, kann man aber zu 3 bis 4 Blühschüben im Jahr kommen.

Wesentlich kleiner bleibt *Justicia rizzinii*, ein fein verästelter, weichholziger Strauch. Wo man bei uns Einfassungsbuchs verwendet, nimmt man in den Tropen als kleines Formgehölz oft diese Pflanze. Viel wüchsiger als Buchs, wird sie alle paar Wochen mit der Schafschere in Form gebracht.

Diese Justizie hat im Spätwinter zahlreiche 2–3 cm lange Röhrenblüten, die je zu zwei Drittel rot, zu einem Drittel orangegelb sind. Ein sehr ähnliches Verzweigungsmuster hat *J. spicigera* mit roten Röhrenblüten, sie wird aber deutlich höher.

Eine der bekanntesten Topfpflanzen der Akanthusgewächse, inzwischen auch als Kübelpflanze angeboten, ist der **Zierhopfen** (*Justicia brandegeana*). Gestäbt oder zu Pyramiden gebunden gut meterhoch, erscheinen die hopfenähnlichen Blütenähren mit weißen Blüten und braunroten Deckblättern fast das ganze Jahr über.

Auch in den subtropischen Flusstälern des Himalaja gibt es Akanthusgewächse. Genannt sei *Adhatoda vasica*, ein anspruchsloser Deckstrauch, der viel zu wenig gewürdigt wird. Zwar hat er auch große, weiße, kerzenartige Blütenstände. Sein Vor-

TIPP Man sollte nicht zu viele Blütensträucher nebeneinander platzieren, viele Arten dulden während der Blüte keine optische Konkurrenz. Am besten lässt man sie als Blickfang aus einem einheitlichen Bodendeckerteppich herauswachsen oder bindet sie in eine immergrüne heckenartige Abpflanzung ein. Letzteres vor allem deshalb, weil eine ganze Reihe dieser Blütensträucher weichholzig ist, im Winter nicht gut aussieht und deshalb oft schon im Spätherbst zurückgeschnitten wird.

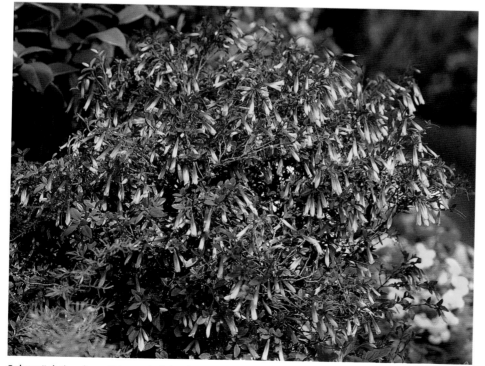

Sehr wüchsig, aber oft kaum kniehoch ist die im Spätwinter blühende *Justicia rizzinii*.

Ein ähnlich intensives Blau wie beim Tropischen Blauen Salbei *(Eranthemum pulchellum)* findet man nur beim Enzian.

Hundsgiftgewächse

Gäbe es keinen Hibiskus, käme wohl den Hundsgiftgewächsen der erste Rang unter den Wintergartensträuchern zu. Wo es dem Hibiskus zu heiß wird, tritt Frangipani in den Vordergrund; wo es diesem zu kalt wird, der Oleander. Beide sind Hundsgiftgewächse. Gemeinsam ist den Hundsgiftgewächsen ihre mehr oder weniger ausgeprägte Giftigkeit. Diese ist bei manchen Pflanzen gering, wie bei der als Obst dienenden *Carissa,* der **Natalpflaume.** Ganz nahe Verwandte, etwa *Acokanthera,* liefern aber ein höchst wirksames Pfeilgift.

Das wichtigste Hundsgiftgewächs exotischer Gärten ist zweifellos **Frangipani** *(Plumeria),* die eigentlich ein kleiner Baum wird und dort beschrieben ist (siehe Seite 126). Eine ganze Reihe von Jahren ist sie aber nur strauchartig. Sie erhält so lange einen Sonderplatz, wo man sie im Winter trocken stehen lassen kann. Die Wärmeansprüche sind hoch keine Pflanze für Anfänger.

Aus Südostasien stammt *Tabernaemontana,* der Kreppjasmin. Diesen immergrünen, mittelfristig 2 – 3 m hohen Sträuchern sagen

teil ist aber die tropische Unauffälligkeit. Mehrfach wiederholt vermag er mit seinem auch im Winter üppigen, saftigen Laub blühende Blickpunkte voneinander zu trennen. *Adhatoda* ist ein ausgezeichnetes Füllgehölz, das sich Stück für Stück herausnehmen lässt, dabei aber nicht wuchert.

Aus Indien stammt auch die berühmte **»Purpurne Frühlingsblume«** *(Eranthemum pulchellum),* bei uns als blühende Topfpflanze nicht selten. Die Blüten, die im Herbst/Winter in aufrechten Ähren in den Blattachseln und an den Triebenden erscheinen, sind tiefblau, eine bei Pflanzen seltene Farbe.

Vor allem Blattschmuckpflanzen sind die *Pseuderanthemum*-Arten Südostasiens und Polynesiens.

Zusammen mit Araliengewächsen wie *Polyscias* bilden sie das Unterholz der tropischen Hotelgärten. Am schönsten sind sie, häufig geschnitten, mit neuem, farbenprächtigem Austrieb. Die wichtigsten Arten sind *P. atropurpureum* mit metallisch glänzendem purpurfarbenem Laub und *P. reticulatum.* Bei dieser Art ist oft die komplette Blattnervatur goldgelb gefärbt, sodass man bei manchen Blättern noch das Adernnetz sieht, andere sind knallgelb. Mit ihren 25 cm langen Blättern wirkt die Art sehr üppig, ein ausgezeichneter Farbfleck vor allem für Halbschatten.

Weitere Akanthusgewächse wie *Barleria, Thunbergia* und *Mackaya* finden sich im Kapitel über südafrikanische Wintergärten (siehe Seite 162 f.).

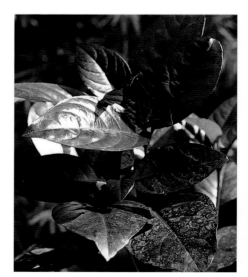

Pseuderanthemum purpureum ist als ständig geschnittene Blattschmuckpflanze in tropischen Gärten allgegenwärtig.

Tabernaemontana blühen fast ganzjährig. Ihr Duft kann sich mit dem von Gardenien messen.

manche nach, dass sie schwieriger seien als Gardenien, andere betonen ihr Potenzial als Topfpflanze. Bei *Tabernaemontana* gibt es ein ziemliches Durcheinander mit den Namen. Hauptsächlich in Kultur sind zwei völlig verschiedene Formen. Die eine hat recht dünne Triebe, kleines, glattes, lederartiges Laub und einfache, etwas an ein Windrad erinnernde sternförmige Blüten, ganz ähnlich dem Sternjasmin. Die andere hat dicke Triebe, großes, gewelltes Laub ähnlich wie der Kaffeestrauch und gefüllte Blüten, die nicht nur aussehen wie Gardenien, sondern auch mindestens so stark duften. Dieser Typ, als 'Plena' im Handel, ist viel häufiger und für die meisten Zwecke auch besser. Eine ausgezeichnete Winter-

gartenpflanze, die höchstens einmal vom Dickmaulrüssler Besuch bekommt! *Tabernaemontana* blühen von Spätwinter bis Herbst.

Die afrikanischen Vertreter der Hundsgiftgewächse, *Carissa, Acokanthera, Adenium* und *Pachypodium,* gehören zu den Wintergärten mit südafrikanischen Pflanzen (siehe Seite 162 ff.).

Wolfsmilchgewächse

Die Spannbreite der Wolfsmilchgewächse ist riesig, sie reicht von Wüsten- bis zu Regenwaldpflanzen.

Sieht man vom Weihnachtsstern ab – der im Übrigen ein ausgezeichneter Wintergartenstrauch ist, als Kurztagspflanze dort aber schlecht blüht –, ist die wichtigste Zimmerpflanze der **Kroton** (*Codiaeum*). Kroton sind dichte, aufrechte, höchstens mannshohe Büsche mit großem, ledrigem, unwahrscheinlich buntem Laub, oft sind die Blätter gelappt.

Diese bekannten Zimmerpflanzen mögen durchaus ihre Berechtigung als pflegeleichte

Sträucher zur Flankierung der Einfahrt eines tropischen Hotels haben, im Wintergarten wirken sie eher plump. Mit ihrer Farbe erschlagen sie jede dezente Tönung in der weiteren Umgebung. Vorstellen kann man sie sich aber im Kübel, in Begleitung gleich mächtiger Pflanzen.

Die Blattfarbe besticht auch bei einer Zierform des Manioks. *Manihot esculenta* 'Variegata', der **Maniok-** oder **Tapiokastrauch,** kann bis 3 m hoch werden. Er hat große, handförmig geteilte Blätter, die grün und gelb gezeichnet sind. Eine sehr schöne, raschwüchsige Pflanze, die man leicht zurückschneiden kann. Das ist im Spätherbst nötig, sie verliert ihr Laub, macht eine Ruhepause und sollte dann trocken stehen. Wenn man einmal in die Verlegenheit kommt, eine *Plumeria* mit passenden Begleitpflanzen zu einer karibischen Stimmung aufwerten zu wollen, wird man auch auf Wolfsmilchgewächse zurückgreifen.

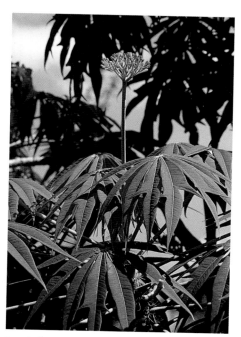

Da sie kaum verzweigt ist, hat die rasch übermannshohe *Jatropha multifida* nur geringen Platzbedarf.

TIPP **Wer kleine Kinder hat, sollte zumindest auf die besonders giftigen Vertreter der Hundsgiftgewächse verzichten, auch wenn sie noch so schöne Zierpflanzen sind.**

Wer das Flair einer karibischen Bretterbudenstadt schätzt, mit Staubwirbeln bei jedem Luftzug, wird bei *Jatropha* fündig. Hecken aus der gut belaubten *J. curcas,* der **Barbados-Nuss;** kaum verzweigte Büsche von *J. multifida,* übermannshoch, mit Blattschöpfen aus 30 cm breiten, palmenartig gelappten, fein geschlitzten Blättern, darüber eine rote Doldenblüte; niedrige, dichtbuschige, ganzjährig rot oder rosa blühende *J. integerrima;* die bonsaiartige, kaum meterhohe *J. podagrica,* ein Kleinbaum mit ballonartig angeschwollener Stammbasis; darüber ein kleiner rizinusähnlicher Baum – *J. gossypifolia.* Die *Jatropha*-Arten, mit Ausnahme der bei uns gelegentlich als Topfpflanze angebotenen *J. podagrica,* werden hier völlig unterschätzt, obwohl sie in den gesamten Tropen und Subtropen zu den wichtigsten und unkompliziertesten Blütensträuchern zählen.

Die schrill gefärbte *Acalypha amentacea* ist nicht nur auf den Kanaren eine wichtige Heckenpflanze.

Aus den feuchten Gebieten Ostindiens und den Inseln des Pazifik stammen die *Acalypha.* Die *A. amentacea*-Sorten sind raschwüchsig, bis 2 m hoch und 1 – 2 m breit. In der Form ihrer Blätter von fast linealisch bis kreisrund, glatt oder gekraust, in allen Rotund Gelbtönungen, sind die Pflanzen ziemlich aufdringlich, trotzdem sehr beliebt. In Puerto de la Cruz in Teneriffa sind sie mit die wichtigsten Heckenpflanzen.
Ganz anders *Acalypha hispida.* Im Alter bis 4 m hoch, war der **Katzenschwanz** früher eine beliebte Zimmerpflanze. Die hängenden, karminroten, kätzchenartigen Blütenstände werden fast halbmeterlang und erscheinen schubweise zu allen möglichen Jahreszeiten. Für exotische Wintergärten eine Spitzenpflanze, die so schnell nichts krumm nimmt. Von *A. hispida* gibt es noch eine Zwergform, den **Kriechenden** oder **Erdbeerfuchsschwanz.** Er ist ein ausgezeichneter ausläufertreibender Bodendecker mit von Frühjahr bis Herbst erscheinenden, 2 – 3 cm langen, erdbeerfarbenen Kätzchen.

Krappgewächse – nur für Fortgeschrittene

Dass es nicht nur robuste Wintergartenpflanzen gibt, zeigen die Krappgewächse. In dieser Familie, zu der auch der Waldmeister gehört, finden sich beispielsweise **Gardenie, Ixora** und **Kaffee.**
Gardenie und **Kaffee** kennt jeder; und jeder, der einmal in den Tropen war, kennt *Ixora.* Sie ist dort mit die wichtigste Heckenpflanze, wo wertvolle Blütenpflanzen gewünscht sind. Am häufigsten ist die rote *I. coccinea,* die meist nicht viel höher wird als 1 m, und die stärker wachsende, gleichfalls rote *I. javanica.* Von *I. coccinea* gibt es eine ganze Reihe Zwergsorten, in Rot, Gelb und Kupferfarben. Wenn sie blühen, und das tun sie fast ganzjährig, sieht man kein Laub mehr. Ohne Blüten gleichen sie unserem Einfassungsbuchs.

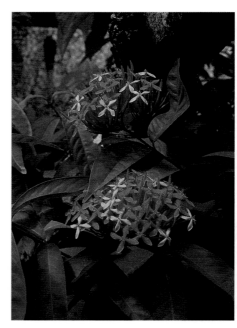

In den Tropen ein ständiger dauerblühender Begleiter, wird die Ixora (»Dschungelbrand«) bei uns meist nicht alt.

Besonders die Zwergsorten verlieren oft schlagartig ihr Laub, die Triebe sterben ab, vor allem im Winter.
Ähnliches erlebt man bei **Gardenien.** Passt ihnen der Boden oder das Gießwasser nicht oder ist ihnen zu kalt oder zu nass, werden sie sehr rasch gelb. Bodenpilze bringen erst einige Triebe zum Absterben, bald aber die ganze Pflanze. Dies gilt nur für *G. jasminoides,* die südafrikanische *G. thunbergia* ist von anderem Kaliber.
Auch *Coffea,* der **Kaffee,** wird gerne gelb; Ursache siehe oben.
Natürlich sind die genannten Pflanzen ausgezeichnete Wintergartenpflanzen, die den Vorteil haben, in jedem besseren Blumengeschäft erhältlich zu sein. Man muss aber ein Händchen haben, wobei der Schlüssel zum Erfolg oft das sparsame Gießen im Winter ist.
Das robusteste, fast ganzjährig blühende Krappgewächs ist eigenartigerweise hier ziemlich unbekannt. *Hamelia patens,* der

In der Natur wächst die Don-Juan-Pflanze, *Juanulloa aurantiaca,* wie unsere Misteln auf Bäumen.

TIPP Die Brunfelsien wirken am besten als kleine Solitärs. Außerhalb ihrer süd- und mittelamerikanischen Heimat gedeihen sie optimal in Höhenlagen, wo das tropische Klima ins subtropische wechselt. In kühlen Wintergärten verlieren Brunfelsien im Winter viel Laub, oder die Blätter bekommen einen Gelbstich. Sonst sind sie das ganze Jahr makellos.

bekannt. Es gibt wohl an die 40 Arten, von denen einige zu den besten Wintergartenpflanzen zählen, zumal sie nie zu groß werden. Die blau blühenden Brunfelsien sind mit dem englischen Namen »Yesterday, Today and Tomorrow« prägnant beschrieben. Die Blüten gehen tiefviolettblau auf, die

Feuerbusch, bewohnt das ganze subtropische und tropische Amerika von Florida bis Paraguay. Er ist ein lockerer, gut verzweigter immergrüner Strauch mit überhängenden Trieben, raschwüchsig und bis 4 m hoch. Mit einem Schwerpunkt im Sommer zeigt er Büschel gut 2 cm langer orangefarbener Blüten das ganze Jahr über.

Nachtschattengewächse: tropische Unkräuter

Vor allem als Kübelpflanzen sind uns die Nachtschattengewächse bekannt. Die **Engelstrompete** (*Brugmansia*), der **Hammerstrauch** (*Cestrum*), der **Enzianbaum** (*Lycianthes rantonnetii*) oder die **Baumtomate** (*Cyphomandra*), auch *Iochroma,* der **Veilchenstrauch,** gehören dazu. Vor den meisten dieser rasch wachsenden Pflanzen sei im Wintergarten gewarnt, es sei denn, man betrachtet sie als Provisorien. Nicht nur, dass sie im Winter so nach und nach ihr Laub abwerfen und dann wenig dekorativ

sind, sie stellen fast alle im Frühjahr und Sommer richtige Schädlingsmagneten dar. Glücklicherweise ist gerade die Art mit dem stärksten Duft fast vollständig immergrün und gut wintergartengeeignet: *Cestrum nocturnum,* der **Nachtjasmin.** Mit seinen gelbgrünen Röhrenblüten und seiner üppigen Belaubung sonst wenig auffällig, wird er weltweit gerne neben Sitzplätze gepflanzt, weil sein betörender Duft nachts die ganze Gegend einhüllt. Dabei wird er kaum mannshoch und auch nur so breit, wie man will – er ist höchst schnittverträglich. Zwei Nachtschattengewächsen gebührt aber ein Vorzugsplatz im Wintergarten. Die **Don-Juan-Pflanze** (*Juanulloa aurantiaca*) ist eine Art Kletterstrauch, der in seiner Heimat Peru auf Bäumen wurzelt, ähnlich unserer Mistel. Frei wachsend wird er nur 1 – 2 m hoch, angebunden höher. Er verblüfft mit ziemlich ungewöhnlichen orangefarbenen Blüten vom Spätwinter bis in den Herbst. Vielen ist die **Brunfelsie** als Zimmerpflanze

Anders als die meisten Nachtschattengewächse eignen sich die schwachwüchsigen Brunfelsien auch für kleine Wintergärten.

Wintergarten – Bepflanzung

Farbe verblasst innerhalb weniger Tage zu Reinweiß. Im Frühjahr und Sommer, der Hauptblütezeit, sind deshalb ständig Blüten der unterschiedlichen Farbabstufungen an der Pflanze, rein weiße neben blauen und violetten. Bei den weiß blühenden Arten vollzieht sich ein ähnlicher, aber nicht so auffallender Wechsel von Weiß nach Gelb. Die handelsüblichen blauen Brunfelsien sind heute alle unter *Brunfelsia pauciflora* zusammengefasst, werden 1 – 3 m hoch und 0,5 – 1,5 m breit. In diesem Rahmen tummeln sich jedoch zahlreiche Varianten. Manche werden viel breiter als hoch, mit überhängendem Wuchs, andere wachsen straff aufrecht, fast pfeilerartig. Eindeutig definiert ist nur die var. *macrantha,* die als Topfpflanze eine große Rolle spielt. Sie hat die größten Blüten und Blätter, wächst aber sehr langsam und hat höhere Wärmeansprüche als die anderen. Alle Brunfelsien blühen auch im Kübel ausgezeichnet.

Von den weiß blühenden Brunfelsien findet man am ehesten *B. americana* und *B. lactea,* beide können im Alter große Sträucher werden. Gerühmt wird vor allem ihr unwahrscheinlich köstlicher nächtlicher Duft (»Lady of the night«).

Korbblütler

Vor allem aus den kühlen Regenwäldern Mittelamerikas stammen einige wichtige strauchige Korbblütler. Sie wachsen ähnlich rasch und üppig wie verschiedene Nachtschattengewächse, sehen aber im Winter viel besser aus, da sie ihr Laub weitgehend behalten und der Winter zur Hauptblütezeit gehört. Sie sind auch nicht so schädlingsanfällig, können aber fast ebenso rigoros wie die Nachtschattengewächse zurückgeschnitten werden. Am wichtigsten sind einige *Senecio*-Arten wie *S. petasitis* und *S. grandifolius* mit gelben Blüten. Sehr auffällig ist auch der **Mexikanische Dost,** *Bartlettina sordida,* dessen Blüten einem riesigen Ageratum ähneln.

Verbenengewächse

Aus der Verbenenfamilie, zu der auch die Lantanen gehören, sind einige *Clerodendrum*-Arten fast unverzichtbar, wenn man eine richtige Regenwaldstimmung im Wintergarten aufkommen lassen will. Neben einigen Vertretern im tropischen Afrika sind sie in Ost- und Südostasien zu Hause. Die ganzen strauchigen *Clerodendrum*-Arten gehören vom Frühjahr bis Spätherbst zu den herausragenden Blütenpflanzen, im Winter sind sie, soweit sie nicht blühen, unattraktiv. Von allen weichholzigen Blütensträuchern des Unterholzes sind die Clerodendren wohl die exotischsten.

Grandiose, 20 bis 30 cm breite, hell scharlachrote Blütenrispen zeigt der aus Java stammende **Pagodenstrauch,** *C. speciosissimum.* Im Laufe einiger Jahre 1 m hoch und breit, kann er bei zusagendem Standort auch 4 m erreichen. Nur wenige Pflanzen können so viel Tropenflair in den Wintergarten bringen wie diese Art und die ebenfalls aus Südostasien stammende **Pagodenblume,** *C. paniculatum.* Dieser lockere, straff aufrechte, kaum verzweigte Strauch entwickelt an den Triebenden im Sommer und Herbst riesige, über 30 cm lange, lockere, kegelförmige Rispen aus Hunderten von scharlachroten Blüten: ein Prachtstück von einem exotischen Blütenstand. Mehrere Blütenstände zusammen ergeben einen Farbfleck, den man auch auf eine Distanz von 50 oder 100 m nicht übersieht. Wenn schon das Besucherzentrum des Botanischen Gartens Singapur seinen Haupteingang mit weiträumig eingestreuten *C. paniculatum* bepflanzt, kann man sicher sein, dass man damit tatsächlich einen tropischen Blütenschatz hat.

Der dritte Lauwarmhaus-Ostasiat ist *C. philippinum.* Diese weiß blühende Art kommt nur mit gefüllten Blüten vor, gerühmt wird sie wegen ihres starken Dufts. Als ziemlich sparriger, immergrüner Strauch kann er bis zu 3 m hoch werden und blüht ganzjährig. Sehr selten, aber gelegentlich als Topfpflanze zu finden ist *C. wallichii,* bis zu 2 m hoch, mit weißlichen Blüten im Winter in bis zu 35 cm langen Blütenständen. Dieses Potenzial sieht man der Topfpflanze nicht an, auch nicht, dass die länglich-lanzettlichen

Der gigantische Blütenstand der Pagodenblume, *Clerodendrum paniculatum,* hat eine immense Fernwirkung.

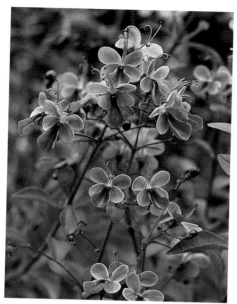

In der Blütenfarbe erinnert *Clerodendrum ugandense,* der Schmetterlingsbusch, sehr an Usambaraveilchen.

Blätter fast 30 cm lang werden können. Als Vertreter aus dem tropischen Afrika gesellt sich noch der hellblaue *Clerodendrum ugandense* dazu, mit seinen usambaraveilchenblauen Schmetterlingsblüten. Er gibt das richtige Unterholz für afrikanische Tropenbäume, wie *Spathodea* und *Markhamia,* ab.

Kletterpflanzen für den warmen Wintergarten

Exotische Pflanzungen kommen nur schwer ohne Kletterpflanzen aus. In der Natur sind nicht nur die Waldränder von ihnen bedeckt, sie klettern auch über die Kronen der höchsten Bäume.
Alle Kletterpflanzen wachsen so schnell wie möglich nach oben. Werden sie in der Jugend nicht entspitzt, ist die Triebspitze rasch über Kopfhöhe entschwunden und blüht dann oft irgendwo im Gehölz. Unten bleiben nur noch die bald nackten Lianen. Eine Unterpflanze ist daher ratsam.

Nahezu alle Kletterpflanzen wollen einen beschatteten kühlen Fuß, aber den Kopf in der Sonne.
Wenn man sie nicht durch Bäume und Sträucher wachsen lässt, brauchen fast alle Kletterpflanzen ein Spalier oder ein Spannseil. In einer Ecke am Spannseil hochgezogen, die nackte Basis durch vorgepflanzte Sträucher versteckt, sind auch kräftig wachsende Kletterpflanzen im Griff zu halten. Entsprechend ihrer Blattmasse brauchen die meisten Kletterpflanzen viel Wasser und Nährstoffe. Die im Frühjahr am alten Holz blühenden Arten schneidet man im Winter möglichst nicht.

Bougainvilleen
Sicherlich die verbreitetsten exotischen Kletterpflanzen sind **Bougainvilleen**. Zwei Arten sind wichtig: die dichtverzweigte, recht dünntriebige malvenfarbene *B. glabra* mit ihrer Sorte 'Sanderiana' und die wesentlich lockereren, in allen Farben blühenden *B.*-Hybriden mit dicken Trieben und langen Dornen.

Bougainvilleen sind robuster, als man denkt, bei ausreichend Licht bringen sie auch bei uns höchste Blühleistungen.

Die fast vollständig immergrüne *Bignonia capreolata* (Kreuzrebe) blüht bereits ab Mittwinter.

Während *B. glabra,* die man auch oft als dichte Kugeln, Stämme oder Pyramiden sieht, durchaus auch im Kalthaus gedeiht, sind die roten, gelben, kupferfarbenen oder weißen Sorten etwas anspruchsvoller. Man hält sie im Winter recht trocken, wobei sie viel Laub verlieren dürfen.
Bougainvilleen machen mehrere Blütenschübe im Jahr, vorausgesetzt, man schneidet sie bei nachlassender Blüte kräftig zurück.

Kletternde Bignoniengewächse
Mit einem Schwerpunkt in Süd- und Mittelamerika, stammen die kletternden Bignoniengewächse aus nahezu allen Kontinenten. Fast alle Arten vertragen eine Kalthausüberwinterung, sehen in Lauwarmhäusern aber besser aus und blühen früher.
Die robusteste immergrüne Art ist *Bignonia capreolata,* der **Kreuzwein** aus den südlichen USA. Er zeigt seine innen gelben, außen bräunlichen fingerhutähnlichen Blüten ab Mitte Winter über das ganze Frühjahr.

Wintergarten – Bepflanzung

Bodendecker: _Selaginella_ _Nertera_

Musa
(Banane)

_Trachycarpus
fortunei_
(Fächerpalme)

Treppe

Leitpflanzen:
1 = *Brachychiton acerifolius*
2 = *Jacaranda mimosifolia*
3 = *Bauhinia variegata*

Kletterpflanzen:
4 = *Thunbergia grandiflora*
5 = *Pandorea pandorana*
6 = *Mandevilla × amabilis*
'Alice DuPont'

Begleitpflanzen:
7 = *Adhatoda vasica*
8 = *Hedychium gardnerianum*
9 = *Hedychium coronarium*
10 = *Alocasia macrorrhiza*
11 = *Murraya paniculata*
12 = *Clerodendrum fragrans*
13 = *Russelia equisetiformis*
14 = *Strelitzia reginae*
15 = *Jacobinia pauciflora*
16 = *Senecio grandifolius*
17 = *Alpinia zerumbet*
18 = *Elettaria cardamomum*

Hängende Gärten im warmen Glashaus

Selbst in unseren Breiten kann man sich einen Sitzplatz im Dschungel einrichten. Die richtige Pflanze am richtigen Ort, dazu das richtige Material und das richtige Mobiliar – wer hier Kleinigkeiten verbessert, denkt kleinkariert. Dass die Besitzer dieses Wintergartens nicht nur Stil haben, sondern auch eine hervorragende Pflanzenkenntnis, sieht man an der Verwendung der prächtigen *Thunbergia grandiflora* (siehe im Bild links).

Wintergarten – Bepflanzung

Der argentinische Trompetenwein, *Clytostoma callistegioides,* gehört wegen seiner Schleppen zu den wenigen nicht verkahlenden Kletterpflanzen.

Robust ist auch die **Katzenkralle** *Macfadyena unguis-cati* mit gelben Blüten im Frühjahr und Frühsommer. Ihre Krallenranken halten sich an rau verputzten Wänden fest. Gleichfalls aus Südamerika stammt die purpur blühende *Clytostoma callistegioides* mit ähnlicher Blütezeit. Von allen Bignoniaceen verliert sie im Winter am wenigsten Laub. Sie ist in der Belaubung auch die schönste, da bis unten dichte Art. Viele ihrer Triebe hängen, ebenso wie bei *Bignonia capreolata.*

Das bekannteste südamerikanische Bignoniengewächs ist zweifellos der **Flammenwein (Pyrostegia venusta),** von dem die Gärten nicht nur Teneriffas geradezu überwuchert sind. Dieses unwahrscheinlich leuchtende Orange mitten im Winter hat keine andere Pflanze zu bieten. Auch bei uns ist die Hauptblütezeit von Spätherbst bis Frühjahr, wobei sie bei uns meist nur spärlich blühen. Leider wirft *Pyrostegia* sehr viel Laub und kahlt rasch aus.

Zwei weitere wichtige kletternde Bignoniengewächse stammen aus Australien: *Pando-*

rea pandorana, der **Wonga-Wonga-Wein,** und die viel häufigere *P. jasminoides,* der **Laubenwein.** Mit kurzen Pausen blüht diese Immergrüne fast ganzjährig, mit großen Büscheln zartrosa überhauchter, 5 cm breiter Trichterblüten mit rotem Schlund. Es gibt von ihr eine ganze Reihe Sorten, so 'Lady Di', weiß mit gelbem Schlund, und verschiedene, intensiv gefärbte 'Rosea'-Auslesen. Der einzige Nachteil dieser auch im Kalthaus gedeihenden Art ist ihr relativ starker Laubverlust bei Lichtmangel.

Demgegenüber ist der Wonga-Wonga-Wein, von dem es ebenso Varianten gibt, sehr stabil immergrün und eine überlegene Blattschmuckpflanze. Die Blüten sind viel kleiner, cremegelb mit rötlichen Streifen, in zahlreichen grazilen Blütenständen im Winter und Frühjahr. Eine auffallend gefärbte Sorte ist 'Golden Showers'.

Kletternde Nachtschattengewächse

Wie die Bignoniengewächse haben auch die verschiedenen *Solanum*-Arten ihren Schwerpunkt in Südamerika. Sie vertragen zwar alle

Kalthausbedingungen, sehen dann aber, wie viele raschwüchsige Vertreter der Familie, räudig aus.

Als schönste Art, dicktriebig, dornig und vollständig laubabwerfend, gilt der **Costa-Rica-Nachtschatten,** *S. wendlandii.* Seine bis 6 cm breiten purpurblauen Blüten erscheinen in riesigen Büscheln im Sommer und Herbst. Allerdings ist er laubabwerfend, im Winter also kahl. Da er sich recht wenig verzweigt, kann man ihn wuchern lassen und beim Frühjahrsputz rigoros zurücknehmen. Ganz anders der **Goldkelchwein,** *Solandra.* Alle Arten haben vasenförmige, goldgelbe Blüten mit oft purpur gezeichnetem Schlund, nicht unähnlich den bekannten Engelstrompeten. Die Kelche sind bis 25 cm lang und erscheinen besonders zahlreich von Anfang Winter bis weit ins Frühjahr, dann nur noch vereinzelt.

Von allen kletternden Bignoniengewächsen hat *Pandorea jasminoides,* der Laubenwein, die längste Blütezeit.

Wer einmal in Teneriffa *Solandra* als Kulturflüchtling gesehen hat, über Ödland wuchernd mit der blauen **Trichterwinde** *Ipomoea indica,* weiß, wie wüchsig diese dicktriebige Pflanze ist. Am besten schneidet man die abgeblühten Langtriebe ständig zurück, im Schmuck ihrer frischen, wie lackiert glänzenden großen Blätter wirkt sie besonders attraktiv. Während der Blütezeit macht *Solandra* relativ viel Schmutz, neben Verblühtem wirft sie nach und nach auch ihr altes Laub ab.

Kletternde Akanthusgewächse

Starkwüchsige Kletterpflanzen findet man auch bei den Akanthusgewächsen. Am verbreitetsten ist die **Großblütige Thunbergia** oder **Himmelsblume,** *Thunbergia grandiflora.* Ihre etwa 8 cm breiten himmelblauen Trichterblüten erscheinen fast das ganze Jahr über. Im Winter verliert sie viel Laub, blüht aber weiter.

Neben dieser aus Indien stammenden Art ist eine afrikanische interessant: Die eher halbstrauchige *T. gregorii,* die reinorange Blüten hat. Sie ähnelt der bekannten Schwarzäugigen Susanne *(T. alata),* wird mit 4 m etwa doppelt so hoch wie diese. Da sich diese Thunbergie zu einem unentwirrbaren Durcheinander entwickelt, im Winter mit vielen abgestorbenen Trieben und totem Laub, schneidet man sie Anfang Winter bodeneben ab.

Solandra, der Goldkelchwein, ist mit seinen gewaltigen Trichterblüten ab Mittwinter ein Prachtstück für große Wintergärten.

TIPP

Kletterpflanzen gehören häufig zu den Farbflecken des Wintergartens, ihre Blütezeit ist oft lang. Man muss sich deshalb sehr genau überlegen, welche Pflanzen man kombiniert. Filigrane Pastellblüten in der Nachbarschaft schreiender Tropenfarben gehen leicht unter.

Passionsblumen

Die meisten Passionsblumen werden wegen ihrer exotischen Blüten gezogen. Fast alle stammen aus Südamerika. Trotz ihrer Wüchsigkeit haben sich die *Passiflora*-Arten zu weit verbreiteten Liebhaberpflanzen entwickelt, sogar in deutscher Sprache gibt es gleich mehrere Fachbücher.

Welche *Passiflora* für welchen Wintergarten geeignet ist, kann man angesichts von über 400 Arten und zahlreichen Kreuzungen nicht sagen. Auch ist die Benennung oft verwirrend. Merken sollte man sich, dass die wichtigsten Obstarten **Maracuja** *(P. edulis)* und **Grenadille** *(P. quadrangularis)* sehr

hohe Wärmeansprüche haben, ebenso die beliebte rote, vor allem im Winter blühende *P. vitifolia.* Andere, wie die schon seit langem als Topfpflanze bekannte *P. caerulea,* vertragen erhebliche Fröste. Das Spektrum der Temperaturansprüche reicht von fast winterhart bis zu Tropenklima.

Zum Standardsortiment gehören sicher die Sorte 'Imperatrice Eugenie' (= 'Kaiserin Eugenie') mit bis zu 13 cm breiten weißen Blüten, der innere Blütenblattkranz rosa, die Blätter immer mit deutlichen Anzeichen eines Virusbefalls und die im Sommer und Herbst blühende 'Amethyst' mit purpurblauen Blüten. Als Topfpflanze findet man

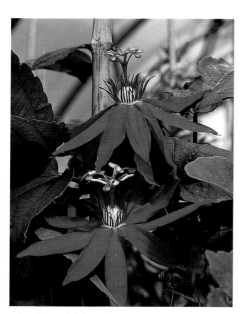

Wie alle rot blühenden Passionsblumen hat *Passiflora vitifolia* hohe Temperaturansprüche.

noch gelegentlich die Rote Passionsblume, *P. racemosa,* deren hellrote Blüten in großen Trauben ebenfalls im Sommer und Herbst erscheinen. Diese schwachwüchsige, wärmeliebende Art zeichnet sich wie ihre zahlreichen Abkömmlinge durch ledriges Laub aus, weshalb sie im Winter nicht so zerrupft aussieht wie weichlaubige Arten. Wie alle raschwüchsigen Pflanzen müssen Passionsblumen rigoros geschnitten werden, der Austrieb aus altem Holz ist aber zuverlässig. Dafür, dass sie so üppig sind, bekommen viele Passionsblumen nur wenig Schädlinge, selbst Blattläuse sind selten.

TIPP Zusammen mit Blütenbäumen wie *Markhamia* und *Spathodea* sind Clerodendren unverzichtbar, wenn man in seinen Wintergarten afrikanisches Flair bringen will.

Kletternde Verbenengewächse

Ein südamerikanischer Schlinger ganz anderer Art ist der **Sandpapierwein,** *Petrea volubilis,* auch Purpur- oder Königinnenkranz genannt. Nicht leicht zu vermehren, entwickelt er seine hängenden Blütentrauben von Spätwinter bis in den Sommer, aber auch zu anderen Jahreszeiten. Während die tief violetten Blüten rasch abgeworfen werden, bleiben die fleischigen lila Kelchblätter lange erhalten, und damit der Blüteneffekt.

Die nahe verwandten *Clerodendrum* zeigen ein ähnliches Blütenmuster. Die schönste kletternde Art, wohl aber auch die empfindlichste, ist *C. splendens.* Im Lauwarmhaus erscheinen die leuchtend scharlachroten, über 10 cm breiten flachen Blütenrispen fast ganzjährig. Auch für kleine Wintergärten ist *C. splendens* ausgezeichnet geeignet, da er zwar recht rasch wächst, aber kaum höher wird als 3 m. Vor allem in der Jugend sollte mehrfach entspitzt werden, freiwillig verzweigt er sich schlecht.

Gleichfalls aus dem tropischen Westafrika stammt *C. thomsoniae,* die einzige bei uns als Topfpflanze verbreitete Art. Bei ihr ist der auffallende Kelch reinweiß, die relativ kleine Blüte karminrot, eine sehr attraktive Kombination. Nur bis 4 m hoch, ist sie eine empfehlenswerte Art auch für niedere Wintergärten. Als Kreuzung der beiden vorhergehenden Arten ist *C. u speciosum entstanden.* Sie ist nicht nur auf den Kanaren – dort sieht man sie an jedem zweiten Zaun – weit verbreitet, weil sie robuster als ihre Eltern ist. Im Winter verliert sie allerdings viel Laub.

Jasmin-Arten

Fast alle verbreiteten Jasmin-Arten sind typische Kalthauspflanzen, halten aber auch Zimmertemperaturen aus. Sie sind recht verschieden, vor allem die schwachwüchsigen, aber oft ausgezeichnete Kletterpflanzen gerade für niedrige Wintergärten. Der den meisten Arten eigene Duft wird oft überschätzt, nur unser häufiger **Zimmerjasmin,** *Jasminum polyanthum,* macht da eine Ausnahme. Starkwüchsig und reichblühend, kann man vor seinem Duft oft nur noch die Flucht ergreifen.

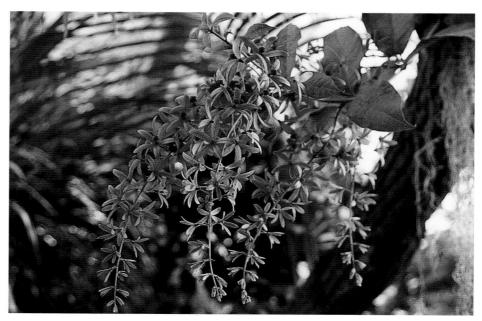

Der Sandpapierwein, *Petraea volubilis,* kann zu jeder Jahreszeit blühen.

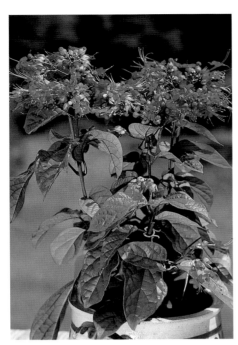

Im Gegensatz zu *Clerodendrum thomsoniae* sieht man die viel länger und auffälliger blühende *C.* × *speciosum* selten.

Aus Südafrika stammt *J. angulare,* der langsam auf 3 – 6 m Höhe wächst. Er ist immergrün, die weißen, 3 cm breiten duftenden Blüten erscheinen im Sommer und Herbst, ähnlich wie beim offensichtlich nah verwandten *J. azoricum.*

J. humile mit seiner Form 'Revolutum' ist wohl der beste nahezu immergrüne gelbe Jasmin, die gut 2 cm breiten Blüten erscheinen in Büscheln vom Frühjahr bis zum Herbst.

Der **Arabische Jasmin** (*J. sambac*) weicht in Wuchs und Belaubung stark von den anderen Arten ab. Nur mit Anbinden höher als 2 – 3 m, hat diese dicktriebige schwachwüchsige Art fast sukkulente breit-ovale Blätter. Dickfleischig und stark duftend sind auch die 2 – 3 cm breiten, in kleinen Büscheln zusammenstehenden weißen Blüten. *J. sambac* verzweigt sich schlecht. Im Winter mag er es wärmer als die anderen Arten, sonst wird das Laub gelb.

Kletternde Hundsgiftgewächse

Die wichtigsten Kletterpflanzen dieser Familie für warme Wintergärten sind die *Mandevilla*-Arten. So die langsam auf 3 – 6 m kletternde *M. splendens* mit bis zu 10 cm breiten roten Trichterblüten im Sommer und die nicht ganz so hohe *M. sanderi,* von der verschiedene Rosatöne im Handel sind. Beide sind vollständig immergrün und lassen sich im Gegensatz zu den folgenden

Arten auch im niederen Wintergarten in Form halten.

Wohl die beliebteste *Mandevilla* ist 'Alice DuPont', die rasch 5 – 7 m erreicht. Vom Frühjahr bis zum Herbst erscheinen die 10 cm breiten Trichterblüten ununterbochen in bis zu 20-blütigen Trauben. Diese rosa Blütenmasse macht 'Alice DuPont' zu einem Mitglied der Top Ten der Kletterpflanzen. Den Markt erobert haben die verschiedenen

Mit seinen ledrigen, fast runden Blättern ist der schwach wüchsige Arabische Jasmin, *Jasminum sambac,* recht untypisch. Seine wenig geschmeidigen Triebe lassen sich schwer in Form bringen.

Wintergarten – Bepflanzung

Farbtönungen der 'Sundaville'-Gruppe – allesamt reichblütige Kletterpflanzen für die volle Sonne.

Zentral- und Südamerika sind die Heimat der auch bei uns als Topfpflanzen verbreiteten *Allamanda*. In den Tropen ganzjährig blühend, erscheinen bei uns die leuchtend gelben Trompetenblüten vor allem im Sommer und Herbst. *A. cathartica,* die **Goldtrompete,** ist wohl mit *Bougainvillea* der wichtigste tropische Spreizklimmer, weil sie unter tropischen Bedingungen ganzjährig perfekt aussieht. Im Wintergarten wird beim Frühjahrsputz stark zurückgeschnitten, weil bei uns im Winter meist das Laub vollständig abfällt. *Allamanda* kann man sehr gut an Drähten unter dem Glas ziehen, ihre schweren, endständigen Blütenstände hängen dann bogig herab.

Seidenpflanzengewächse

Von den Seidenpflanzengewächsen sollen noch drei relativ schwach wachsende Gattungen hervorgehoben werden. Zwei sind als stark duftende schattenverträgliche Kletterpflanzen als Topfpflanzen recht verbreitet. Dies ist zum einen die aus Madagaskar stammende *Stephanotis floribunda,* **Kranzschlinge** oder auch **Madagaskar-Jasmin** genannt, wegen ihrer wohlriechenden weißen, 3–5 cm breiten Blüten im Sommer und Herbst. Im Winter liebt sie es möglichst trocken und nicht zu warm, sonst stellen sich schnell Schädlinge ein.

Die zweite wichtige Gattung sind die **Wachsblumen.** Die bekannte *Hoya carnosa* stammt zwar aus Hinterindien, verträgt bei trockenem Stand im Winter gleichwohl Kalthausbedingungen. Sie ist eine am Stamm Wurzeln bildende Sukkulente, die sich an rauen Wänden festhalten kann. Ihre sternförmigen reinweißen Blüten mit roter Krone erscheinen in doldenartigen Blütenständen vom Frühjahr bis zum Herbst und duften vor allem nachts. Sie können klebrige

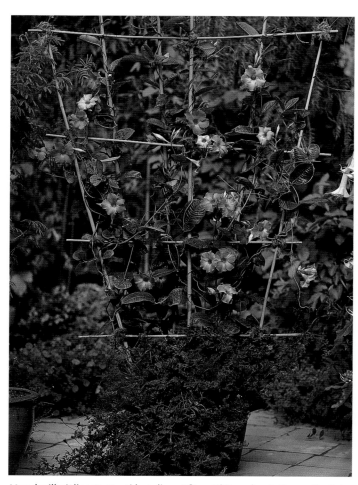

Mandevilla 'Alice DuPont' hat die größten Blüten der Gattung, ähnlich wie die tiefrote Sorte 'Crimson King'.

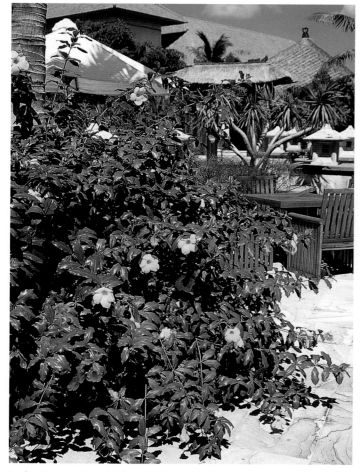

In den Tropen dauerblühend, zeigen sich bei uns die *Allamanda*-Blüten oft erst im Spätsommer reichlich.

Zuckersäfte absondern. Die Blätter und auch die Blüten scheinen wie von Wachs überzogen. *Hoya carnosa* wächst recht langsam und zieht einen absonnigen Standort vor.

Weitere Kletterpflanzen

Kletterpflanzen findet man in vielen Familien, oft ist nur eine Gattung oder Art wichtig. Eine ziemliche Besonderheit ist beispielsweise die **Rangoon-Schlinge,** *Quisqualis indica.* Oder der **Carolina-Jasmin** *(Gelsemium sempervirens).* Oder die schwachwüchsige tropische *Tristellateia australasiae* mit ihren gelben Sternenblüten. Leider sind all diese nur selten im Handel.

Ein weiterer gelb blühender Exot ist jedoch als Neueinführung hervorzuheben, auch er aus einer tropischen Familie, den Dilleniengewächsen. Aus dem nordöstlichen Australien stammt die immergrüne *Hibbertia scandens,* ein wüchsiger, aber kaum über 3 m hoher Schlinger. Er bringt seine

Der auch für kleine Wintergärten nicht zu große Goldwein *(Hibbertia scandens)* wird gelegentlich entspitzt. Sein großes Plus: Er verkahlt nicht von unten!

Die als Zimmerpflanze häufige Kranzschlinge *(Stephanotis floribunda)* gedeiht auch noch im Halbschatten.

5 – 7 cm breiten, an Johanniskraut erinnernden Blüten fast ganzjährig, mit Schwerpunkt im Sommer. Auffallend ist sein hoher Wasserbedarf, er wächst auch im Schatten. Als Jungpflanze entspitzt man ihn einige Male, jedoch nicht die Triebe mit den dicken Endknospen, weil das Blüten werden.

Eine ganze Reihe von Kletterpflanzen wird ausschließlich wegen ihres Blattschmucks gezogen. Es sei hier noch einmal an die tropischen *Philodendron* oder *Epipremnum* (Efeutute) erinnert, desgleichen an zahlreiche Liliengewächse wie *Asparagus, Smilax* oder die mächtige, bis 20 m erreichende *Semele androgyna.*

Auch vom **Efeu** gibt es zahlreiche Formen: Vor allem in absonnigen kalten Wintergärten sind sie schwer zu ersetzen. Wobei hier, solange die Temperaturen ausreichen, dem **Kastanienwein,** *Tetrastigma voinieranum,* nebst anderen Weingewächsen *(Cissus, Rhoicissus)* der Vorrang gebührt.

Auf einen Blick

- Auf die Stellfläche bezogen, bringen Kletterpflanzen viel mehr Blüten als andere Pflanzen, brauchen aber auch mehr Wasser.

- Die meisten Kletterpflanzen sind sehr raschwüchsig und erreichen an Spannseilen oder Spalieren in kurzer Zeit das Dach. Damit sie von unten dichter werden bzw. nicht verkahlen, schneidet man sie schon in der Jugend mehrfach zurück. Zudem kann man vor die unten kahler werdende Basis niedrig wachsende Büsche platzieren.

- Nicht zurückgeschnittene, ineinander verwobene Pflanzenpartien sind vor allem im Giebelbereich häufig Schädlingsnester (Rote Spinne, Weiße Fliege) – ein radikaler Rückschnitt ab und zu ist deshalb sinnvoll.

DER KALTE WINTERGARTEN

Der traditionelle Wintergarten war ein Kalthaus. Solange draußen Eis und Schnee lag, bildete er die Alternative zu einem Spaziergang. Er wurde aktiv genutzt, man ging umher, schaute sich die Pflanzen an und redete dabei. Gerade im Winter musste der Wintergarten für Gesprächsstoff sorgen, weshalb großer Wert auf Blütenpflanzen wie Azaleen und Kamelien gelegt wurde, ebenso auf die im Winter blühenden und fruchtenden Zitrusgewächse.

Trotzdem wurden hohe Anforderungen an die Sauberkeit gestellt, laubabwerfende Gehölze oder Pflanzen mit sehr raschem Stoffumsatz wurden – ganz große Ausnahme Zwiebelblumen – kaum verwendet. Ein exotischer Wintergarten, so wie er heute beliebt ist, war der traditionelle Wintergarten nicht, weil es früher noch keine Wärmeschutzverglasung im eigentlichen Sinn gab und es sehr schwer war, kleine Glashäuser zu klimatisieren.

Standen in mitteleuropäischen Wintergärten meist Pflanzen Ostasiens oder vom Mittelmeer, wurden in den Wintergärten der Kolonialmächte, vor allem Englands, vorwiegend die so genannten Neuholländer und Kappflanzen kultiviert. Hierunter verstand man vor allem Pflanzen der Buschvegetation Australiens und Südafrikas.

Der moderne kalte Wintergarten

Richtige Kalthäuser sind heute selten, weil sich durch Isolierglas, Zentralheizung und beliebig große Öl/Gas-Tanks keine Notwendigkeit zu niederen Temperaturen ergibt. Nur im Ökosektor sind Kalthäuser immer in der Diskussion, weil sie, großzügig dem Haus vorgebaut, als Wärmeschleuse dienen und den Energiebedarf drastisch reduzieren können. Diese Solarwintergärten sind in der Regel nicht frostfrei.

Was heute noch für ein Kalthaus spricht

Wer bei der Bepflanzung seines Wintergartens die traditionellen Wintergartenpflanzen bevorzugt, ist mit einem Kalthaus auch heute noch gut bedient. Er kann so einen Wintergarten genauso betreiben wie einen lauwarmen, nur dass er nachts die Temperatur auf 5 °C absinken lässt. Das spart gegenüber einem Lauwarmhaus viel Energie. Wobei die Zahl 5 °C den Sicherheitszuschlag beinhaltet, die Temperatur sollte im kältesten Wintergarteneck nicht unter den Gefrierpunkt fallen.

Wintergartenmotive

Wer sich einen Kalthauswintergarten zulegen will, richtet sich bei der Bepflanzung am besten nach einem Motiv. Das kann ein Hotel- oder Privatgarten am Mittelmeer sein, aber auch ein Ausschnitt aus dem australischen Busch, der exotischen Fjordvegetation Neuseelands oder einem Wasserloch in der Sierra Madre. Ein japanischer Teegarten lässt sich genauso gestalten wie ein chinesischer, in dem verschiedene Bonsaischalen sehr viel besser aufgehoben sind als im Wohnzimmer.

TIPP Manch lauwarmer Wintergarten ließe sich durch Verzicht auf oft unwesentliche Pflanzen leicht als Kalthaus betreiben. Dass die nächtliche Absenkung um mehr als etwa 5 °C den Pflanzen schadet, gilt nur für Pflanzen der feuchten Tropen.

Kalte Wintergärten lassen sich leicht gestalten, wenn man sich an die Vegetation italienischer Gärten anlehnt. Nur die Dachhöhe legt Beschränkungen auf.

Wintergarten – Bepflanzung

Ganz vorzüglich eignet sich ein Kalthaus für das »Bäumchen wechsele Dich«-Spiel: Die Winterszenerie aus weitgehend winterblühenden Immergrünen wechselt im Sommer in den Garten, die Zimmerpflanzen in den Wintergarten. Das tut beiden gut. Eine Schattierung ist dann allerdings unerlässlich.

Der mediterrane Wintergarten

Mediterrane Gärten unterscheiden sich von unseren vor allem durch den viel höheren Anteil an Immergrünen. Dies hat vor allem damit zu tun, dass im Mittelmeergebiet das Winterhalbjahr mit seinen Niederschlägen sehr viel bessere Wachstumsbedingungen schafft als der trocken-heiße Sommer. Mediterranpflanzen im weiteren Sinne machen oft zwei Wachstumsschübe, einen im Herbst und einen im Frühjahr. Alle vertragen kurze Fröste bis −5 °C klaglos, aber keinen gefrorenen Boden.
Der Mediterrangarten hat keine tote Saison. Selbst im Sommer und Herbst, der blütenärmsten Zeit, findet man allerorten Oleander, *Lagerstroemia* und die Immergrüne Magnolie in voller Blüte, abgelöst von Erdbeerbaum und Mittelmeerschneeball. Im Winter stoßen dann Orangen und Zitronen hinzu. Wo es im Sommer nicht allzu heiß wird, findet man an Weihnachten in jedem Garten blühende Kamelien; zwar sind die nicht am Mittelmeer heimisch, doch gern gesehene Gäste.
Im frühen Frühjahr bewirken viel Licht und steigende Temperaturen einen Schub an Wachstum und Blüte wie bei uns im Mai.
Neben den typischen Mediterranen beherbergen die Gärten auch zahlreiche Pflanzen kalifornischer, südafrikanischer, südaustralischer und ostasiatischer Herkunft, das Klima ist dort ähnlich.
Stilechte mediterrane Gärten sind bei weitem nicht so »überfremdet« wie tropische und subtropische Anlagen. Heimische Gehölze haben einen sehr hohen Stellenwert, weil sie, an das Klima angepasst, im Sommer kein zusätzliches Wasser brauchen.

Diese Eigenschaft macht Mediterranpflanzen höchst wertvoll: Im Winter kann man sie kaum übergießen, im Sommer vertragen sie auch mal Trockenheit. Mit ihrer Eigenschaft, auch noch bei sehr niederen Temperaturen Zuwachs erzielen zu können, sind sie den anderen Wintergartenpflanzen überlegen und deshalb meist langlebig.

Stilelemente von Mediterrangärten

Außer den Pflanzen bedingen noch einige Eigenheiten den Stil mediterraner Gärten. Überall steht Terrakotta, ob als Blumenkasten, auf jeder Treppenstufe ein Topf, als Kübel vor dem Haus und vor allem im Innenhof.
Selbst wenn man den Wintergarten als Becken pflanzt, um einen Löwenkopf oder ein paar Amphoren oder zumindest einen Oleander im Kübel kommt man kaum herum.
Steinbänke, Pergolen und Natursteinmauern sind weitere Stilelemente.

In mediterranen Gärten ist Terrakotta in irgendeiner Form fast ein Muss.

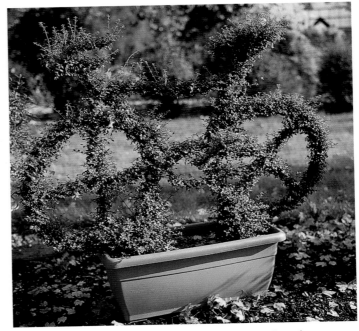

Die Kunst des Topiary macht selbst vor Fahrrädern nicht Halt.

Besonders auffallend sind die zahlreichen in Form geschnittenen Gehölze (topiary). Nahezu alle hartlaubigen Immergrünen, auch Nadelgehölze, findet man als Kugeln oft auf halbem oder ganzem Stamm, als Pyramiden, in Mühlsteinform oder, die moderne Version, als Hirsch, Flugzeug oder Dinosaurier.

Im islamisch-mediterranen Garten sind noch zwei weitere Stilelemente auffällig. Vor allem in den maurischen Gärten Spaniens, aber auch in der Türkei fällt die großflächige Verwendung von Kacheln auf, oft als arabeskes Mosaik. Ein weiteres Merkmal ist (bewegtes) Wasser. Ein Garten als Symbol des Paradieses auf Erden war ohne Wasser unvorstellbar. Wasser prägt deshalb alle islamischen Gärten von der Alhambra bis zum Tadj Mahal.

Strukturgehölze für mediterrane Wintergärten

Das Mediterrangebiet ist definiert als Zone, in der ein ertragreicher Olivenanbau möglich ist.

Immergrün, schnittverträglich und nicht zu starkwüchsig, ist die **Olive** der ideale Wintergartenbaum für helle, kühle Anlagen. Weitere Strukturpflanzen sind im westmediterranen Bereich die Korkeiche und vor allem die für Wintergärten viel zu groß werdende Kanarische Dattelpalme. Im ostmediterranen Gebiet ist für den Süden der Johannisbrotbaum typisch, der eine etwas höhere Temperatur braucht als die Olive. Auch fallen hier verstärkt zwei laubabwerfende Bäume auf, die zu den besten Großpflanzen für kalte Wintergärten gehören: die **Feige** und der aus Richtung Persien stammende **Schlaf-** oder **Seidenbaum**, *Albizia julibrissin*.

Beide sind ideale Schattenbäume für Wintergärten. Von Natur aus mit breitrunder Krone ausgestattet, lässt sich die *Albizia* sogar geradezu tafelförmig ziehen, mit einer einzigen Zweigetage.

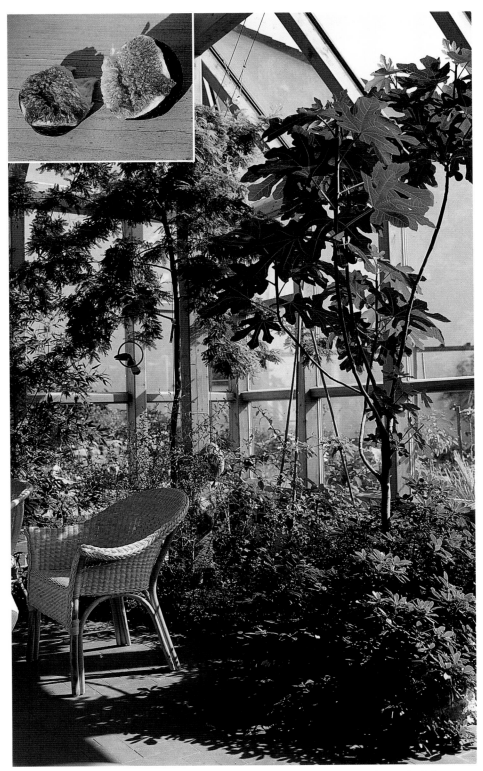

Die im Winter das Laub abwerfende Feige ist ein ausgezeichneter Schattenbaum für kalte Wintergärten. Ausgelesene Fruchtsorten setzen auch ohne Bestäubung Früchte an.

Zitrusgewächse

Weniger strukturbildend, aber typisch sind *Citrus*-Arten, vor allem Orangen und Zitronen. Da sie nicht aus dem Mittelmeergebiet stammen, haben sie andere Ansprüche als die typischen Mediterranen. Zu viel Wasser im Winter vertragen sie schlecht.

Die in Orangerien früher gezogenen Orangen waren fast durchweg **Sauerorangen.** Sie blühen auch bei uns sehr reich, duften vorzüglich und setzen im Gegensatz zu veredelten Orangen auch problemlos Früchte an. Aus Sauerorangenfrüchten wird die bekannte Orangenmarmelade gemacht, zum Rohverzehr eignen sie sich nicht. Mit Ausnahme der Sauerorangen sollte man *Citrus* nicht als Hauptbaum in den Wintergarten setzen, auch alte Pflanzen können ganz plötzlich eingehen.

Palmen und Palmenartige

Zur Gartenflora bereits des nördlichen Mittelmeers gehören auch zwei Palmen: die häufig über 10 m hohe, aus Ostasien stammende Hanfpalme und die im Alter durchaus 3 – 4 m hohe und ebenso breite heimische Zwergpalme. Schon in Norditalien gibt es wohl keine Piazza, wo nicht mindestens eine dieser Palmen gepflanzt ist, beide halten Temperaturen bis –15 °C aus. Als palmenartige und auch für niedrige Wintergärten geeignete Strukturpflanzen

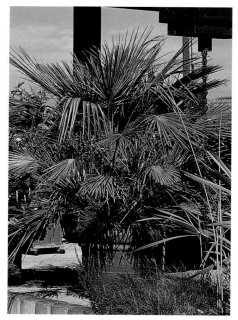

Die Zwergpalme, *Chamaerops humilis,* lässt sich im Kübel ohne großen Zuwachs über viele Jahre halten.

leiht sich die mediterrane Gartenkunst zwei stammbildende *Yucca*-Arten aus: die weniger zu empfehlende *Y. aloifolia* mit nadelspitzen Blättern und aufrechtem, im Alter verzweigtem Stamm und *Y. gloriosa,* deren Stamm recht bald kippt und die dann meterbreite Gebüsche bildet.

Palmenartig ist auch die neuseeländische *Cordyline australis,* die bei uns unter dem Namen »Keulenlilie« eine wichtige Kübelpflanze ist.

Großsträucher für mediterrane Wintergärten

Typische immergrüne mediterrane Großsträucher sind Lorbeer, Mittelmeerschneeball, Erdbeerbaum und der Oleander. Der gleichfalls weit verbreitete **Granatapfel** wirft das Laub ab. Granatäpfel gibt es meist als Busch, seltener als Stamm. Wichtiger als die Fruchtsorten sind die Ziersorten mit gefüllten Blüten, so die rote 'Flore Pleno' und die rotweiße 'Legrellei'.

So beliebt Zitrusfrüchte als Wintergartenpflanzen sind, so sind sie doch in der Kultur nicht ganz einfach. Schädlinge und Krankheiten sind nicht selten.

Wenn sie zu dunkel stehen und zu gut ernährt werden, schießen Granatäpfel im Wintergarten ins Kraut, blühen schlecht und werden anfällig für Weiße Fliege.

Vom Granatapfel gibt es auch Zwergsorten, die, wenn nicht auf Stämmchen veredelt, höchstens 1 m hoch werden.

Lorbeer ist im Mittelmeergebiet vor allem eine Pflanze für hohe Hecken oder als Formgehölz. Für Wintergärten ist er fast zu ordinär. Ganz anders der **Erdbeerbaum.** Im hohen Alter tatsächlich baumartig, ist er wohl einer der besten Solitärs für Wintergärten. Im Sommer frisch grün, fällt neben dem bizarren Wuchs vor allem seine attraktive Rinde auf, der Fruchtansatz bringt Vorfreude auf den Herbst. Dann verfärben sich die erdbeergroßen Früchte von gelb über orange in ein tiefes Rot, sie bleiben bis weit in den Winter hängen. Beim gewöhnlichen Erdbeerbaum (*Arbutus unedo*) erscheinen parallel zur Fruchtreife zahlreiche Rispen mit maiglöckchenähnlichen Blüten. Der Griechische Erdbeerbaum (*A. andrachne*) blüht dagegen erst im Frühjahr.

Der zweite exzellente Winterblüher ist der **Laurustinus** oder **Mittelmeerschneeball** (*Viburnum tinus*). Als Orangeriepflanze genauso traditionell wie Citrus, aber viel robuster, ist er für jeden Mediterranwintergarten ein Muss. Keine Pflanze blüht so reich vom Spätsommer bis ins Frühjahr. Besonders attraktiv ist die schwachwüchsige 'Eve Price' mit rosa Knospen.

Wenn man den Mittelmeerschneeball als Halbstamm oder zu Pyramiden geschnitten kauft, sollte man ihn möglichst selten umtopfen. Der Neutrieb ist dann nur kurz, die Pflanzen behalten ungeschnitten ihre Form. Der **Oleander** gehört wohl mit zu den wichtigsten Ziergehölzen überhaupt. Ob als Zwerggehölz oder Straßenbaum, unter den über 200 bekannten Sorten findet sich für jeden Zweck etwas Passendes. Im Kalthaus-

Wintergarten kann der Oleander von Ende März bis in den Dezember blühen, was von der Temperatur abhängt und davon, wie die Blütenstände über den Winter kommen. Oleander ist eine ausgezeichnete Wintergartenpflanze. Auf einen Stammbildner veredelt, gibt sie einen vorzüglichen kleinen Baum ab, der auch dann erfolgreich geschnitten werden kann, wenn man nicht viel von Pflanzen versteht.

Viele Oleandersorten, die man bei uns kaum kennt, weil sie als Kübelpflanzen zu empfindlich sind, gedeihen im Wintergarten prächtig. Das sind nicht nur die großblumigen Sorten mit gefüllten Blüten, sondern auch Zwergsorten, die aussehen wie japanische Azaleen. Und die mit exklusiven Farben: Gelb, Lachs, Kupfer, Apricot und die ganzen Pastelltöne. Eine Pilzkrankheit, die diesen Sorten im Freien schwer zu schaffen macht, tritt im Wintergarten kaum auf, solange die Pflanzen trocken bleiben.

Beim Erdbeerbaum trifft im Herbst das Ende der Blüte auf die beginnende Ausfärbung der vorjährigen Frucht.

Gute Oleandersorten blühen von März bis Dezember. Gerade die duftenden gefüllten Sorten gedeihen im Wintergarten besser als draußen.

Mediterrane Gartenpflanzen ostasiatischer Herkunft

Zu den beliebtesten Heckenpflanzen, häufig auch im Kübel, als Strauch oder rundkroniger kleiner Baum, gehört der **Klebsame,** *Pittosporum tobira.* Von ihm gibt es als 'Nanum' oder 'Compactum' eine ganze Reihe von Zwergtypen, die nahezu ohne Schnitt gleichmäßig breitrund wachsen, aber kaum blühen. Essenziell für japanische Gärten, werden diese Typen als Unter- bzw. Vorpflanzung und anstelle von zu Kugeln geschnittenem Buchs verwendet.

Im Schatten gedeiht die **Aukube** *(Aucuba japonica),* vor allem die goldbunten Sorten 'Crotonifolia' und 'Variegata'. Sie bringt Farbe auch in Ecken, wo Blütenpflanzen kaum gedeihen. Prachtvoll im absonnigen Wintergarten, wird es ihr in sonnigen Südlagen leider meist zu heiß.

Kleine Sträucher für mediterrane Wintergärten

Viele Kleinsträucher der Mediterrangärten entstammen der örtlichen Buschvegetation *(Macchia).*

Die echte **Myrte** *(Myrtus communis)* hat bei uns vor allem als Brautmyrte Tradition. Trifft man sie in ihrer Heimat meist als Heckenpflanze, findet man sie im Wintergarten gewöhnlich als Formgehölz. Am beliebtesten sind Halbstämme, die man, um das Wachstum zu bremsen, im Kübel lässt.

In der Buschvegetation des südlichen Mittelmeers kommen Myrten häufig zusammen mit dem **Mastixstrauch** *(Pistacia lentiscus)* vor. Auch der Mastixstrauch lässt sich gut formen und zu Halbstämmen erziehen. Am besten ernährt man ihn nicht zu gut und erzieht ihn mit gezieltem Auslichtungsschnitt zum Großbonsai.

Myrten gehören zu den traditionellen, fast unverwüstlichen Orangeriepflanzen.

Dem köstlich duftenden Klebsamen begegnet man in Italien auf Schritt und Tritt, er stammt aber aus Japan. Er lässt sich – nach der Blüte – beliebig schneiden.

Typische Blütengehölze der mediterranen Strauchheiden sind die **Zistrosen.** Da sie sich leicht kreuzen, gibt es außer zahlreichen Arten auch viele Hybriden. Die großen Blütenblätter sind weiß, rosa oder rot und haben oft einen stark kontrastierenden gelben bis maronefarbenen Basalfleck. Im Wintergarten verhalten sich *Cistus* leicht unkrautartig, reagieren auf Dünger und Wasser mit sehr starkem Wachstum. Was in der Macchia die Schafe machen, muss im Wintergarten die Schere besorgen: *Cistus* sollten bis in den Spätherbst alle paar Wochen in Form geschnitten werden.

Vom **Rosmarin** gibt es es extrem flache, kriechende, ausgezeichnet als Bodendecker für sehr helle Standorte verwendbare Formen und solche, die straff aufrecht wachsen. Wichtig für den Wintergarten ist Rosmarin wegen seiner meist kurz nach Weihnachten einsetzenden Blüte, meist blau bis violett. Wer für mediterrane Wintergärten eine immergrüne Unterpflanzung braucht, die auch in trockenem Boden und tiefem Schatten

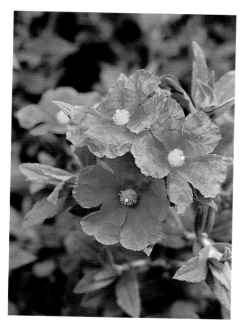

Zistrosen sollte man wie andere raschwüchsige Macchia-Gehölze nur sparsam düngen.

einen stilvollen Wintergarten so wichtigen »Bilder« sind aber mit feinstem Pinselstrich gemalt, sie haben nichts von einer Prachtstaudenrabatte englischer Prägung.

Der japanische Garten entnimmt seine Vorbilder der Natur im Maßstab 1 : 1, wobei er die Elemente auf das Wesentliche reduziert, oft abstrahiert. Typisch ist hier das Bild von einem See mit einer Insel, was im japanischen Garten zum Felsblock in einem geharkten Sandbeet werden kann.

In das Abstrahieren werden auch die Pflanzen einbezogen. Die für viele japanische Gärten typischen halbkugelig oder wellenförmig geschnittenen Immergrünen stehen stellvertretend für eine Gruppe aus Findlingen, wobei die Zen-Symbolik immer 3 – 5 – 7 erfordert.

Fernöstliche Gärten haben den gewaltigen Vorteil, dass es für alle Temperaturbereiche,

TIPP Ein Wintergarten, in dem man vom Sitzplatz alle vier Ecken sieht, wird auch mit teuren Bonsai und Steinlaternen nicht fernöstlich. Wer sich seinen Wintergarten chinesisch/japanisch einrichten will, sollte zuerst in eine gute Buchhandlung oder Bibliothek gehen und in der reichlich vorhandenen Fachliteratur schmökern.

vom Freiland bis zum Warmhaus, geeignete Arten gibt. Deshalb sieht ein chinesischer Garten in Peking nicht so viel anders aus als einer in Singapur. Übergangslos kann man den Wintergarten im Freien weiterführen, muss nur auf die richtigen Arten achten. Diese »geborgte« Szenerie ist ein weiteres typisches Element fernöstlicher Gärten.

gedeiht, sollte sich *Danae racemosa,* den **Alexandrinischen Lorbeer,** und *Ruscus hypoglossum,* den **Mäusedorn,** merken. Beide sind höchst attraktiv belaubte Lilienverwandte. *Danae* wird ein meterhoher und -breiter Strauch mit überhängenden Trieben und ist ideal zwischen Sträuchern mit auskahlender Basis. *Ruscus hypoglossum* wird höchstens 50 cm hoch, durch Ausläufer aber langsam bis 1 m breit. Auf seinen »Blättern« findet man manchmal gut erbsengroße Beeren.

Schwerpunkt Fernost

Die Stimmung fernöstlicher Gärten lässt sich mit wenigen Begriffen umschreiben: Tee, Zen-Buddhismus, Bambus, Kamelien, Azaleen, Bonsai, Steinlaternen …
Nirgendwo gibt es eine höher entwickelte Stufe der Gartengestaltung, vor allem, wenn es um kleinste, eng umschlossene Räume geht. Verglichen mit japanischen Teegärten sind unsere Wintergärten oft riesig. Die für

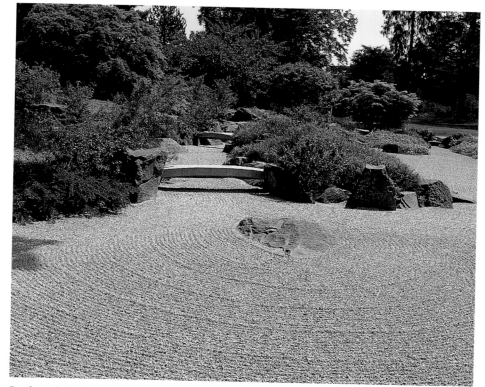

Der japanische Garten hat seine Wurzeln im Zen-Buddhismus. Er ist auf das Wesentliche reduziert, die Elemente sind oft abstrahiert.

Ein kühler Wintergarten mit Ostasiaten

Der Wintergarten Schaller ist ein sehr kaltes Kalthaus mit Minimum bei 1 °C. Die einfache Holzkonstruktion und der Verzicht auf jede Schattierung lassen viel Licht in den ungewöhnlich hohen Baukörper, konstruktionsbedingt ist im Winter mit Temperaturstürzen zu rechnen. Im Rahmen der Temperaturen – im Durchschnitt 5 – 10 °C – war eine möglichst exotische Pflanzung gewünscht. Die Schattierung des Sitzplatzes sollte über Bäume erfolgen, was wegen der Höhe nicht schwierig war. Zwei Arten wurden verwendet: Die japanische Wollmispel *(Eriobotrya japonica),* die wohl noch einige Jahre bis zum Schattenbaum braucht, und ein

Wohnhaus

Wohnhaus

Pandorea jasminoides

Cinnamomum camphora (Kampferbaum)

Bougainvillea glabra 'Sanderiana'

Camellia japonica

Phyllostachys aurea (Goldbambus)

Camellia japonica

3 *Sarcococca*

2 *Rhaphiolepis*

Bougainvillea glabra 'Sanderiana'

Bodendecker: *Ophiopogon japonicus*

3 *Ceratostigma willmottianum* (Chinesische Bleiwurz)

Clerodendrum bungei (Losblume)

Fatsia japonica (Zimmeraralie)

Hedychium gardnerianum (Zieringwer)

Diospyros kaki (Kakipflaume)

2 *Nandina domestica* (»Heiliger Bambus«)

Eriobotrya japonica (Wollmispel)

Kampferbaum. Dieser reicht schon fast ans Glas, lässt sich aber wie andere Lorbeergewächse gut schneiden. Auf Dauer trotzdem zu hoch, hält er bis zum Heranwachsen der Wollmispel die Stellung. Durch die niederen Wintertemperaturen wird sein Wachstum zusätzlich gebremst.

Die Verbindung zum Garten hält auf der einen Seite die robuste *Bougainvillea glabra* aufrecht, auf der anderen ein hoher Bambus, *Phyllostachys aurea*. Die Platzierung des Bambus darf als ausgesprochen geglückt gelten, die Holzkonstruktion ist nicht mehr sichtbar, der Übergang ins Freie fließend. Einen exotischen Touch erhält die Bepflanzung durch die Zimmeraralie, der es im noch jungen Wintergarten fast zu hell ist. Sie strotzt zwar auch in der Sonne vor Kraft, im Halbschatten hat sie aber deutlich größere Blätter und damit einen höheren Schmuckwert. Der sommerliche Clou des Wintergartens ist ein Zieringwer *(Hedychium gardnerianum)*, der genügend Platz hat zum Verwildern. Kritisch könnte nur lange anhaltender Dauerfrost sein, wenn es über das Fundament hereinfriert. Auch die *Bougainvillea* erscheint etwas gefährdet, steht aber im Kübel. Zur Sicherheit kann man ein paar Hölzchen unterlegen, man hält sie im Winter fast trocken.

Es mag überraschen, dass für einen so hellen Wintergarten mit *Hedychium, Fatsia* und den bodendeckenden *Ophiopogon* recht schattenverträgliche Pflanzen gewählt wurden. Da jedoch mittelfristig vier raumhohe Pflanzen Schatten werfen, war dies durchaus angebracht.

Als nach einigen Jahren Manöverkritik anstand, störte neben dem doch erheblichen andauernden Laubfall des immergrünen Bambus eigentlich nur der nicht ganz dichte Bodendecker: *Ophiopogon* wächst ausgesprochen langsam. Entweder pflanzt man von Anfang an sehr viel dichter oder man wählt die stärker wachsende »Schwester« *Liriope*.

Wintergarten – Bepflanzung

Strukturpflanzen für Fernost-Wintergärten

Ob chinesisch-japanisch oder einfach nur fernöstlich-exotisch, ist **Bambus** eine fast unverzichtbare Strukturpflanze. Er fühlt sich im Kalthaus wie zu Hause. Allerdings stößt er bei der Wahl der falschen Art bald am Glas an. Die Triebspitzen werden dann dürr, man schneidet sie ab. *Phyllostachys*-Arten sind am verbreitetsten, ihre zahlreichen Triebe werden im formalen Wintergarten bis auf die stärksten ausgelichtet.

Im kalten Wintergarten ein sicherer Kandidat ist die **Japanische Faserbanane,** die aber rasch 5 m Höhe erreicht. Ein Ausweichen auf schwächer wüchsige Arten erfordert eine Mindesttemperatur von 7 – 10 °C.

Bei den Palmen ist die aus Norditalien bekannte **Hanfpalme** kaum zu ersetzen. Pflanzt man sie wegen ihres mäßigen Wachstums im hohen Wintergarten aus, eignet sie sich

Der ostasiatische Kampferbaum, *Cinnamomum camphora,* ist durch seine ätherischen Öle vor den meisten Schädlingen gefeit.

hervorragend als Schattenbaum. Eine straff aufrechte Buschpalme ist die **Bambus-** oder **Zwergfächerpalme,** *Rhapis excelsa,* ein Prachtstück auch für niedrige Kalthäuser.

Immergrüne Bäume Ostasiens

In sehr hohen Wintergärten und in der Innenraumbegrünung spielt die Lorbeerverwandtschaft eine führende Rolle. Sie sind reine Blattschmuckpflanzen und zeichnen sich durch einen geringen Lichtbedarf aus. Klare Nr. 1 ist der **Kampferbaum,** *Cinnamomum camphora.* Es gibt zwar Hochstämme, von Natur aus ist er aber mehrstämmig. Ausgepflanzt rasch 10 m hoch und bis zum Boden beastet, sollte man sich frühzeitig überlegen, wie viele Triebe man belässt. Leittriebe später herauszunehmen führt zu einer kahlen Seite.

Wesentlich eleganter und mit überhängenden Ästen ist der **Kokkelstrauch,** *Cocculus laurifolius,* der bis 15 m Höhe erreichen kann, aber langsam wächst. Vermutlich weil die Pflanzen bei uns aus Stecklingen gezogen werden, sind fast nur breitlagernde Büsche im Handel.

Wie unsere Obstbäume ein Rosengewächs ist die aus mediterranen Gärten bekannte **Wollmispel.** Schon in Südtirol sieht man diesen 5 – 7 m hohen und fast ebenso breiten Baum mit annähernd halbkugeliger Krone häufig. Wüchsige Pflanzen sind sehr üppig belaubt, Blätter mit 30 cm Länge fast die Regel. Dieses im Winter blühende Gehölz liefert das erste Obst der Saison, die Loquat. Veredelungen sind meist nicht wüchsig und werden oft von den Unterlagen überwachsen.

Hervorragende kleine Schattenbäume auch für niedere Wintergärten sind als Stamm gezogene **Zimmeraralien** *(Fatsia).* Als Tuff gewöhnlich bis 5 m hoch, lassen sich die Pflanzen leicht auf einen oder mehrere Stämme reduzieren und bis zur gewünschten Höhe aufasten. Es entsteht dann eine prächtige, mit den riesigen Blättern höchst

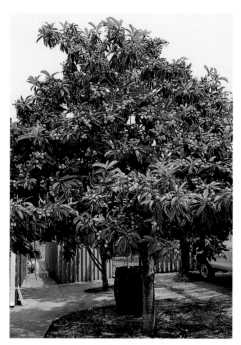

Die japanische Wollmispel *(Eriobotrya japonica)* bringt das erste Obst der Saison: die Loquat oder Nespoli.

exotische Schirmkrone. Richtig üppig wird Fatsia vor allem im Halbschatten.

Auch der **Klebsame** *(Pittosporum tobira)* wird statt als Busch gelegentlich auch als Stamm gezogen. Hat er das gewünschte Kronenvolumen erreicht, lässt man ihn am besten etwas hungern. Er wächst dann kaum mehr, die Krone macht eine perfekte Halbkugel und wird von Jahr zu Jahr dichter. Diese Halbkugeln sind ab Spätwinter so voller Blüten, dass man kaum noch Laub sieht.

Kamelien

Kamelien sind neben Azaleen die wichtigsten winterblühenden Sträucher des kalten Wintergartens.

Anders als den Azaleen haftet ihnen der Nimbus einer schwierigen Pflanze an. Tatsächlich sind sie nicht schwieriger. Nur vertragen sie trockene Luft ebenso wenig wie zu warme Räume. Sie stoßen dann alle Knospen ab.

Kamelien – wohl die farbenfrohesten Winterblüher mit langer Blütezeit.

Mit zu den großartigsten Blütensträuchern Ostasiens gehören **Mahonien**. Im Gegensatz zu den Mahonien unserer Gärten handelt es sich hier um nur wenig verzweigte aufrechte Sträucher mit sehr geringen Platzansprüchen. Unten völlig kahl, ragen sie aus einer Strauchpflanzung mit ihren mächtigen Blattschöpfen heraus. Sie alle haben steife, 40–60 cm lange Blätter, die sich aus zahlreichen stechpalmenähnlichen Fiederblättchen zusammensetzen. Je nach Sorte zwischen Spätherbst und Spätwinter erscheinen an den Triebspitzen Büschel aus gut 20 cm langen Trauben leuchtend gelber, maiglöckchenähnlicher Blüten. Besonders wirkungsvoll sind diese Mahonien, wenn sie angestrahlt werden; nur wenige Pflanzen haben ähnlich markante Silhouetten. Ein Berberitzengewächs hat in der ostasiatischen Gartenkultur eine überragende Bedeutung, die *Nandina*. Wegen ihres nahezu unverzweigten aufrechten Habitus und ihrer grazilen Belaubung auch **»Heiliger Bambus«** genannt, ist sie ein höchstens 2 m hoher immergrüner Strauch, der sich langsam über Ausläufer ausbreitet. Seine bis 90 cm langen mehrfach gefiederten Blätter sind im Aus-

Im Kalthaus – je kühler, desto länger hält die Blüte – gibt es diese Probleme nicht. Von den über 200 Sorten, die beispielsweise in Norditalien gängig sind, blühen die ersten ab Ende Sommer, die letzten Ende Frühjahr. Nur wenige aufeinander abgestimmte Sorten reichen für einen durchgehenden Flor aus. Das Farbspektrum reicht von Weiß über Rosa zu tief dunklem Rot, wobei zahlreiche Sorten zweifarbige Blütenblätter haben. Der Blütendurchmesser beträgt bei miniaturblütigen Kamelien weniger als 6 cm, bei großblumigen über 13 cm. Mit ihrem kleinen Wurzelballen hält man Kamelien meist im Kübel, was den Vorteil hat, dass man sein Sortiment alle paar Wochen neu arrangieren kann.

Schmucksträucher aus Fernost

Wie die Kamelien haben auch andere wichtige Sträucher Ostasiens ihre Hochsaison im Winterhalbjahr. Von den Immergrünen sind dies vor allem verschiedene *Osmanthus*, *Rhaphiolepis* und Mahonien.

Die *Osmanthus* sind auch für die Bepflanzung von Mediterrangärten bedeutend, vor allem *O. fragrans* ist wegen seines Dufts in Italien sehr häufig. Neben dieser etwas steifen, im Alter bis 6 m hohen Art ist vor allem der zuverlässig blühende *O. delavayi* zu empfehlen, ein schwachwüchsiger, eher breit lagernder Strauch.

Winterblüher sind auch *Rhaphiolepis,* recht langsam wachsende, sparrige, schwer zu formierende Rosengewächse.

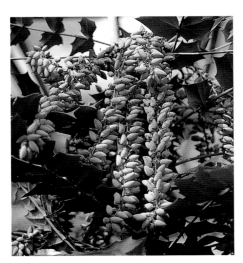

Bei den ostasiatischen Mahonien sind nicht nur Laub und Blüten, sondern auch die Früchte attraktiv.

Wintergarten – Bepflanzung

Soll *Nandina,* der »Heilige Bambus«, Früchte ansetzen, braucht man dazu zwei Pflanzen, nicht allzu weit entfernt.

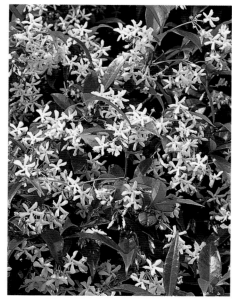

Den Namen Sternjasmin trägt *Trachelospermum jasminoides* wegen seines intensiven Duftes und der Blütenform.

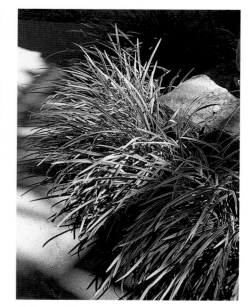

Sieht aus wie Gras, ist aber ein kriechendes Liliengewächs: *Ophiopogon,* der Schlangenbart. Ganz ähnlich: *Liriope.*

trieb purpurrot, im Winter stellt sich die Farbe erneut ein. Die 1 cm breiten weißen Blüten sitzen in einer ganz lockeren, etwa 40 cm langen endständigen, aufrechten verzweigten Traube, gefolgt von roten Beeren. Der »Heilige Bambus« lässt sich vielseitig verwenden. Sei es als kleiner Solitär im Kübel oder, wie in China häufig, als niedere Hecke. Im Wintergarten ist er eine ausgezeichnet kontrastierende Zwischenpflanzung bei edlen, schwachwüchsigen, großlaubigen Immergrünen wie Kamelien oder *Osmanthus.*

Trachelospermum jasminoides, der **Sternjasmin.** Anfangs schwachwüchsig, erreicht diese Immergrüne im Alter fast 10 m. Schon im Bereich der oberitalienischen Seen wird sie häufig, wie bei uns der Efeu, zum Beranken von Mauern oder Schmiedeeisengittern eingesetzt. Die 2 – 3 cm breiten, stark duftenden weißen Blüten erscheinen vom späten Frühjahr bis in den Herbst in Büscheln in den Blattachseln. Der Sternjasmin gedeiht noch gut im Halbschatten.

Eine schwächer wachsende Art ist der cremefarbene *T. asiaticum.*

Ostasiatische Bodendecker

Diese Pflanzengruppe ist in Ostasien gut vertreten, eine ganze Reihe der wichtigsten schattenvertragenden Kalthaus-Bodendecker

stammt von hier. Ihre Bedeutung geht weit über ihre Heimat hinaus, manche, wie die *Liriope,* gehören selbst in den Tropen zum Standard.

Häufige Sträucher der schattigen Dickichte vom Himalaja bis China und Südostasien sind die mit dem Buchs verwandten *Sarco-*

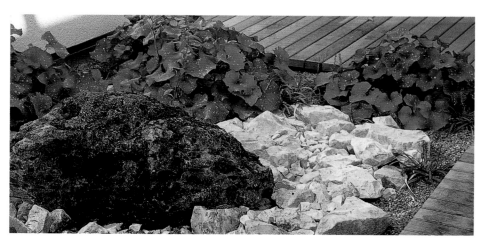

Die panaschierten Sorten von *Farfugium japonicum* (hier 'Aureomaculata') verwendet man meist als Bodendecker im Schatten.

cocca. Je nach Art werden diese höchst genügsamen Immergrünen zwischen 60 cm und 2 m hoch und etwa ebenso breit. Ihre auffallenden, sehr stark duftenden kleinen weißen Blüten erscheinen im Winter, gefolgt von schwarzen, purpurnen oder roten Beeren.

Man kann sie flächig verwenden und beliebig schneiden, am schönsten sind sie aber frei wachsend als Vor- oder Zwischenpflanzung von auskahlenden Gehölzen. Man mag darüber streiten, ob der kriechende Gummibaum nicht eine Kletterpflanze ist, die Hauptverwendung von *Ficus pumila* ist aber eindeutig als Bodendecker. Bodenaufliegend breitet sich diese Art, von der es eine ganze Reihe von Sorten gibt, praktisch unbegrenzt aus.

Als besonders exzellenter Blattschmuckbodendecker soll hier *Farfugium japonicum* genannt werden, besonders die gelbbunten Formen.

Zu den wichtigsten Bodendeckern von den Tropen bis zu den temperierten Gebieten gehören genauso wie im Wintergarten die grasartigen *Liriope* und *Ophiopogon,* beides Liliengewächse. Während die niederen Varianten, speziell *Ophiopogon japonicus* mit seinen nur 5 – 10 cm hohen Sorten 'Minor' und 'Compactus', eine nahezu rasenartige Bodendecke ergeben, wird die höchste, *O. jaburan,* oft als Beeteinfassung verwendet. Dazwischen liegen verschiedene Sorten mit unterschiedlich gefärbtem Laub. Die Blüten der *Liriope muscari* ähneln tatsächlich Traubenhyazinthen *(Muscari),* mit Ausnahme von 'Monroe White' sind sie blau. Mit die beste Blütenfarbe hat 'Royal Purple'. Von den buntlaubigen Arten sind vor allem 'Gold Band' und 'Variegata' weit verbreitet. *Liriope spicata* ist nur wenig verschieden, hat vor allem schmalere Blätter. 'Silver Dragon' ist hier die neben der Art verbreitetste Sorte.

Wintergartenpflanzen vom anderen Ende der Welt

Neuseeland hat eine ganze Reihe markanter Pflanzen. Mit den beiden gängigsten, der **Keulenlilie** *(Cordyline australis)* und dem **Neuseeländer Flachs** *(Phormium tenax),* zwei Kübelpflanzen des Standardsortiments, braucht man für seinen Neuseeland-Wintergarten keine weiteren Strukturpflanzen mehr.

Es ist noch nicht lange her, da hatten neuseeländische Pflanzen ein Imageproblem. Nicht nur, dass sie als schwierig galten, beklagt wurde auch das Fehlen von exotischen Blüten.

Neuseeland liefert prächtige, höchst haltbare Strukturpflanzen. Der Neuseeländer Flachs (Bildmitte) ist bald übermannshoch.

Die Kombination von rot- und grünlaubigen Keulenlilien und Neuseeländer Flachs: eine klassische, extrem pflegeleichte Kalthauspflanzung.

Parallel zur Kübelpflanzenwelle war's dann mit den Vorurteilen vorbei, die Stärken der Neuseeländer lagen klar auf der Hand: Wo, wenn nicht im kühlen Neuseeland, findet man exotische Pflanzen, die auch in unseren oft verregneten »Sommern« ihr Bestes geben?

Neuseeländische Pflanzen sind echte Kalthauspflanzen. Sie gedeihen dort besser als im lauwarmen Wintergarten, im Sommer stehen sie am besten draußen. Werden sie zu warm gehalten, blühen manche Arten schlecht. Beispielsweise der Neuseeländische Weihnachtsbaum (*Metrosideros excelsa*), der ohne Kühlphase nicht immer blüht.

Struktur- und Großpflanzen Neuseelands

Der bekannteste Neuseeländer ist ohne Zweifel die **Keulenlilie** (*Cordyline australis*). Die kugeligen Blattschöpfe bestehen bei *Cordyline* aus oft über 100 schwertförmigen Blättern, die bei der wichtigsten, *C. australis,* etwa 1 m lang sind. Sie hängen über, so dass die Pflanze, solange sie sich nicht verzweigt, nicht breiter als 1,5 m ist, bei recht raschem Höhenzuwachs. Damit passt sie in die meisten Wintergärten viel besser als jede Palme, ist deshalb **der** Palmenersatz. *Cordyline australis,* bei uns fast immer fälschlich als *Dracaena* oder *Cordyline indivisa* angeboten, kann durchaus 7 m Höhe erreichen. Notfalls lässt sie sich köpfen, wird dann oft von der Basis mehrtriebig. Nach einigen Jahren, die Pflanzen sind dann über mannshoch, blüht *C. australis* zum ersten Mal und verzweigt sich, sie bildet mittelfristig eine kleine Krone.

Die Strukturpflanze Nr. 2, der **Neuseeländer Flachs** (*Phormium tenax*), hat gleichfalls schwertförmige Blätter, die aber bis 3 m lang werden können und in schwertlilienartigen Horsten stehen. Wenn diese Horste an Breite zunehmen, sprengen sie leicht den Rahmen eines Wintergartens. Glücklicherweise gibt es eine ganze Reihe von Sorten, die wesentlich kleiner bleiben und sich vor

Metrosideros excelsa, der »Neuseeländische Weihnachtsbaum« – fast schädlingsfrei und stets makellos.

allem in der Blattfärbung unterscheiden. Alle denkbaren Varianten von Längsstreifung in Weiß, Gelb, Grün, Purpur und Kupfer sind vorhanden, leider oft nicht sehr stabil.

Auch der **Neuseeländische Weihnachtsbaum**, *Metrosideros excelsa,* findet sich

Wer in einen warmen Wintergarten Neuseelandstimmung zaubern möchte, nimmt statt Neuseeländer Flachs (siehe Bild Seite 159) besser verschiedene *Pandanus*.

neuerdings im Kübel, ja sogar im Topfpflanzensortiment. Aus Stecklingen gezogen, blüht dieser große Baum bereits als Jungpflanze im Frühsommer. Die nur aus einem Büschel leuchtend roter Staubfäden bestehenden Blüten zeigen die Myrtenverwandtschaft. Auch als Blattschmuckpflanze braucht sich Metrosideros nicht zu verstecken, das Laub und der Neutrieb sind silbrig-filzig behaart, die langen, rutenartigen Triebe hängen elegant über.

Bei den Blütenbäumen darf man natürlich nicht die neuseeländische Nationalblume, den **Kowhai** (*Sophora tetraptera*) unterschlagen. Dieser fast immer rundkronige Baum mit fein gefiederten Blättern bringt ebenso wie die ähnliche, aber schwächer wachsende *S. microphylla* zahlreiche Büschel hummerscherenartiger gelber Blüten im Spätwinter und Frühjahr. Auch ohne Blüten ist das Zweigmuster mit der grazilen Belaubung sehr attraktiv, die schwächer wachsenden Sorten, die es bei beiden gibt, haben allein schon deswegen einen Solitärplatz als Großbonsai verdient. 'Little Baby' findet man nicht selten als Topfpflanze.

Wintergartensträucher Neuseelands

Den Übergang von den Bäumen zu den Büschen decken die neuseeländischen **Klebsamen**-*(Pittosporum-)*Arten ab. Hier und in Australien gibt es eine ganze Menge sehr verschiedener Wuchsformen, alle robust, immergrün, schnittverträglich und oft buntlaubig. Wobei die manchmal durchaus sehenswerten Blüten eine untergeordnete Rolle spielen. Alle Arten sind ausgezeichnete Füller ohne schwache Jahreszeit, nicht nur für Neuseelandpflanzungen. Vor allem die niederen Sorten von *P. tenuifolium* sind, flach geschnitten, wichtige Bodendecker unter Strukturpflanzen wie *Cordyline*. Letzteres gilt in noch höherem Maß für die *Coprosma*. Zwar gibt es auch bei ihnen bis 8 m hohe Bäume, die meisten werden aber nur 1 – 2 m, manche kriechen. Sie

Blütenhöhepunkte in einem kühlen Wintergarten

Der lichtdurchflutete Anbau an die Stadtvilla von Familie Bergmüller sollte ganzjährig attraktiv begrünt werden, selbst wenn er in den Wintermonaten wegen der kühlen Temperaturen nicht immer zu nutzen sein wird. Nach Abzug der Freiflächen für den Sitzplatz und die beiden Türen blieb nicht mehr viel Raum für Pflanzen – umso wichtiger die gekonnte Auswahl von Einzelstücken: Frühsommerlicher Blütenhöhepunkt – siehe die beiden unteren Bilder – ist ohne Zweifel der rotblühende Zylinderputzer, *Callistemon »laevis«*. Der Flor des momentan gerade zurückgeschnittenen *Bougainvillea*-Halbstammes schließt sich fast lückenlos an, nicht zurückgeschnitten, blüht dieser Stamm fast ganzjährig in Schüben. Im Spätwinter leuchten die blauen Blütendolden der Immergrünen Säckelblume (im oberen Bild rechts). Der *Melaleuca*-Solitär (im Bild unten rechts, ganz rechts an der Wand) wirkt auch ohne Blüten durch seine Blattstruktur interessant.

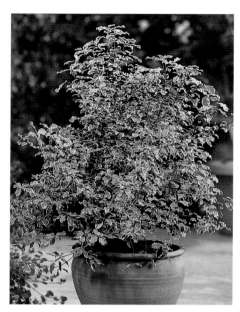

Den neuseeländischen Klebsamen *(Pittosporum tenuifolium)* **gibt es in den unterschiedlichsten Laubfärbungen.**

1 cm langen Blättern sitzen in den Blattachseln über die ganze Länge des vorjährigen Triebs die einfachen oder gefüllten Blüten. Letztere erinnern stark an unsere »Mandelbäumchen«.

Der Teebaum wird frei wachsend 3–4 m hoch, die Sorten sind durchwegs niederer. Sie wachsen aber rasch auf ihre Endhöhe von maximal 2 m. Daneben gibt es Zwergsorten, die flächig verwendet werden können, nur 30 cm hoch bei einem halben Meter Breite.

Eine weitere in ihrer Vielfalt kaum überschaubare Gattung sind die **Strauchveronika** *(Hebe).* Es gibt etwa 100 Arten mit zahlreichen Kreuzungen. Fast alle sind sie immergrüne, eher breit lagernde Sträucher, 0,5–2 m hoch. Die Blüten stehen in Trauben, Ähren oder Köpfchen meist am Ende der Triebe. Ihre Farbe umfasst neben Weiß alle Schattierungen von Blau und Rot, sie erscheinen im Sommerhalbjahr. Als kleine Kübelpflanzen, Füller oder Bodendecker in absonnigen Bereichen sind *Hebe* als Blütenpflanzen kaum zu übertreffen, vorausgesetzt, es ist nicht zu heiß.

Eukalyptus und Akazien – Wintergärten mit Australtouch

Wer sich im Mittwinter in einem Blumengeschäft nach Schnittblumen umschaut, wird oft geradezu magisch von »Mimosen« angezogen. Gelb wie die Sonne. Mittwintersonne – unter diesem Aufmacher läuft die Wer-

vertragen, wie die oben erwähnten *Pittosporum,* durchaus Halbschatten, die Blattfärbung ist aber in der Sonne besser.

Unter den niederen Sträuchern Neuseelands sind die Korbblütler, also Verwandte unserer Margeriten, in einer kaum überschaubaren Fülle vertreten. Ganz bedeutend und schon in küstennahen Gegenden Englands weit verbreitet sind die Gänseblümchenbüsche, *Olearia.* Auch hier gibt es Riesen bis 15 m und andere, die kaum 1 m hoch werden. Von der Blattform sind sie so verschieden, dass man sie kaum auf Anhieb einer Gattung zuordnen kann.

Zahlreiche Kübel-, Zimmer- und Wintergartenpflanzen sind bei den Myrtengewächsen zu Hause, deren größter Vertreter der Neuseeländische Weihnachtsbaum ist.

Die im Zierpflanzenbau wichtigste Art ist die **Neuseelandmyrte,** *Leptospermum scoparium,* mit zahlreichen Sorten. Im Spätwinter und Frühling sieht man diesen Strauch als Topfpflanze oder Halbstamm in jedem Blumengeschäft. Über nadelartigen, gerade

Veredelte Akazien sind als »Mimosen« beliebte Schnittblumen. Im Warmen halten sie nicht lange, in kühlen Wintergärten stellen sie jedoch hochwinterliche Blütenwunder dar.

bung für diese Pflanzen, die botanisch Akazien heißen.

Fragt man den Floristen, erfährt man, dass die »Mimosen« aus Südfrankreich kommen und kleine Bäume sind, die wie bei uns der Flieder dort zum Schnitt gezogen werden. Ihre Heimat ist Australien.

Würde man sich im Blumengeschäft nach einer ausgefallenen Topfpflanze erkundigen, wird man vielleicht bei *Chamaelaucium* landen oder gar *Anigozanthos*. Heimat Australien.

Und wer ein Trockengesteck braucht, darin die eigenartigen urnenförmigen Früchte bewundert, weiß bald, dass diese vom Eukalyptus stammen. Heimat Australien.

Desgleichen die exotischen, nadelkissenähnlichen Blüten, Proteen, Banksien. Heimat Australien.

Wenn man daraus ein Resümee zieht, dann scheint es in Australien höchst ungewöhnliche und attraktive Pflanzen zu geben, die offensichtlich auch bei uns gedeihen. Und viele blühen im Winter.

Lichthungrige Australier

Der größte Teil des westlichen Australien ist sehr trocken, aber nicht so trocken, dass es für eine Wüste reicht. Entsprechend niedrig ist der Bewölkungsgrad und entsprechend hoch die Einstrahlung.

Wer die einleitenden Kapitel gelesen hat, weiß sofort, wo in unseren Breiten der Hase im Pfeffer liegt: Licht. Für Pflanzen Westaustraliens haben wir hier den ganzen Winter zu wenig Licht, und wo im Sommer fleißig schattiert wird, setzt sich das fort.

Wer also erfolgreich australische Pflanzen im Wintergarten ziehen will, muss alles dem maximalen Lichtgenuss unterordnen. Gleichzeitig muss die Temperatur so tief wie möglich sein, alle Pflanzen Westaustraliens vertragen Kalthausbedingungen. Damit sich die Pflanzen wohl fühlen, herrscht in Australwintergärten im Winter ein Klima, das nicht ständig zum Sitzen einlädt.

Australische Bäume

Welche Möglichkeiten wir bei einer Australpflanzung haben, können wir der Natur abschauen. Die wichtigsten Bäume des eher feuchten Waldes sind die Eukalypten, in trockenen Gebieten schieben sich die Akazien in den Vordergrund. Nur diese beiden Gattungen bestreiten mit 600 bzw. 700 Arten drei Viertel der Baumschicht des Kontinents. Soweit ihnen das Wasser reicht, besiedeln **Eukalypten** Standorte von der Meeresküste bis zur alpinen Baumgrenze. Um der immensen Einstrahlung und Verdunstung zu entgehen, drehen sie ihre Blätter, ähnlich einer Jalousie, vom Licht weg. Selbst in Eukalyptushochwäldern ist es deshalb hell, weshalb sie leicht zu unterpflanzen sind.

Die meisten im Handel befindlichen Eukalypten sind für Wintergärten nicht geeignet, sie werden viel zu groß. Zwar lassen sich auch Eukalypten über die Topfgröße im Wuchs bremsen, sie bauen aber rasch ab, wenn sie nicht mehr genug Wasser bekommen. Das heißt, Spitzen trocknen ein, ganze Zweigpartien fallen aus. Der Rückschnitt ist schwierig.

Von vielen Eukalypten ist Saatgut im Handel, Liebhaber ziehen sich die gewünschte Art selbst.

Die **Akazien** sind genauso vielfältig wie die Eukalypten. Im Gartenfachhandel begegnen sie uns nicht nur als von Bäumen stammende Schnittblumen, sondern sogar als niedliche Topfpflanzen: kleine Sträucher mit den typischen gelben Blütenbällchen.

Bei fast allen Akazien sind die Sämlingsblätter doppelt gefiedert, was sich meist schnell verliert. Die Funktion des Blattes wird durch den verbreiterten Blattstiel übernommen (Phyllodium). Dieser kann dann rund, nadelförmig oder länglich abgeflacht, ähnlich Weidenblättern, werden. Für die Verwendung im Wintergarten ist dies höchst wichtig. Die Arten, die auch im Alter Fiederblätter haben, stoßen diese bei Lichtmangel ab (Rieseln). Akazien mit Fiederblättern eignen sich also

Eine der wenigen *Eucalyptus*-Arten, die unsere lichtarmen mitteleuropäischen Winter ertragen: die rotblühende *E. ficifolia*.

nicht als Schattenbaum für einen Sitzplatz! Die Blüten der Akazien sind meist etwa erbsengroße Bällchen, die nur aus zahllosen hellgelben bis orangefarbenen Staubfäden bestehen. Sie sitzen entweder einzeln in den Blattachseln, häufiger aber als große Rispen oder Trauben. Ein dritter Typ hat walzenähnliche Blütenstände, ähnlich den Kätzchen bei Weiden.

Mit einer Ausnahme sind alle bei uns gängigen Akazien Winterblüher, leiden also alle unter Lichtmangel.

Der Rückschnitt bei Akazien sollte unmittelbar nach der Blüte erfolgen. Die Triebphase ist kurz, bereits im Frühsommer bilden viele Arten die Blütenstände für den folgenden Winter aus.

Neben Akazien und Eukalypten spielen die anderen Bäume Australiens eine untergeordnete Rolle. Sie stammen überwiegend von der recht feuchten Ostküste und sind nicht typisch für das Bild eines heißen, trockenen Kontinents. Noch am besten zu Akazien und Eukalyptus passen **Flaschen-**

bäume (*Brachychiton*) oder *Albizia lophanta.* Klebsamen, die Australische Kastanie (*Castanospermum australe*) und verschiedene Gummibäume vermitteln aber eher Regenwaldstimmung.

Grevillea robusta und andere Proteagewächse

Der Eindruck, dass es in Australien nur Eukalypten und Akazien gebe, ist nicht ganz richtig.

Neben den Myrtengewächsen und den Schmetterlingsblütlern prägt noch eine dritte Pflanzenfamilie die Vegetation entscheidend: die Proteagewächse.

Trotz ihrer Empfindlichkeit nehmen sich immer mehr französische und italienische Baumschulen dieser Pflanzenfamilie an, weil sich Proteagewächse – blühend sind sie »eye-catcher« – sehr gut verkaufen lassen

und rasch wachsen. Im Wintergarten leben sie nicht lange.

Eine Ausnahme macht hier die schon seit langem als Topfpflanze bewährte australische **Silber-** oder **Seideneiche**, *Grevillea robusta.* Sie ist allein schon wegen ihres Laubs ein höchst dekorativer Wintergartenbaum, wobei man sich von der Höhe nicht schrecken lassen muss.

Man kann sie sehr gut rundkronig oder pyramidal schneiden, was auf Kosten der im Frühjahr erscheinenden 5 – 10 cm langen, einseitigen, orangefarbenen Blütentrauben geht. Im warmen Wintergarten ist *G. robusta* sogar immergrün.

Sträucher für Australwintergärten

Sieht man von den oft kurzlebigen Schmetterlingsblütlern und den in der Kultur schwierigen Proteagewächsen ab, findet

man die attraktivsten Sträucher in der Myrtenverwandtschaft.

Die meisten scheinen keine Blütenblätter zu haben, sondern nur auffallend gefärbte Staubfäden. Diese sitzen meist am Ende der Triebe, so dass der Blütenstand einer Bürste bzw. einer Flaschenbürste ähnelt. Ein Wintergarten, der den Blütenreichtum und die Stimmung des trockenen Westaustralien einfangen will, kommt ohne diese Myrtengewächse nicht aus.

In der Kultur sind sie die leichtesten Australier, lassen sich fast beliebig schneiden und blühen auch dann noch, wenn die Belichtung nicht ganz optimal ist. Schädlinge haben sie so gut wie nie; wenn ihnen etwas zu schaffen macht, ist das Trockenheit. Paradoxerweise haben sie alle nämlich einen ausgesprochen hohen Wasserverbrauch. Im Sommer muss man sie – sofern sie nicht an einer Tröpfchenbewässerung hängen – lieber zweimal am Tag gießen. Und im Winter darf man sie keinesfalls in die Schublade »Lieber trocken halten« legen – sie könnten von einem Tag auf den anderen vertrocknen. Sinnvoll sind bei den Myrtengewächsen deshalb auch vergleichsweise große Kübel. Gleich nach dem Kauf sollte man sie umtopfen, egal zu welcher Jahreszeit und unabhängig davon, ob sie blühen oder nicht.

Als Blattschmuckpflanze ein ausgezeichneter Wintergartenbaum, kommt die Australische Silbereiche (*Grevillea robusta*) bei uns selten zur Blüte.

Zum Kübelpflanzen-Standardsortiment gehören die **Zylinderputzer**, *Callistemon*. Im Süden oft im Freien herangezogen, findet man sie im April/Mai in jedem Gartencenter. Während der normale *C. citrinus*, der 3 – 4 m hoch wird, bald zu blühen aufhört, remontiert die Sorte 'Splendens' bis zum Herbst, um sich dann im Verlauf des Winters wieder zur Vollblüte zu steigern. Nahezu Dauerblüte bietet die Zwergsorte 'Masottii'.

Sehr weit streuen die *Melaleuca*. Häufig mit dem Zylinderputzer verwechselt, sind die Blätter oft nadelartig. Manche Arten erreichen gerade 1 m, andere werden baumartig. Außer einem echten Blau sind alle Farbtöne vertreten. Da die *Melaleuca*

Minzebüsche heißen die *Prostanthera* wegen ihres aromatischen Laubes. Viele blühen im Winter.

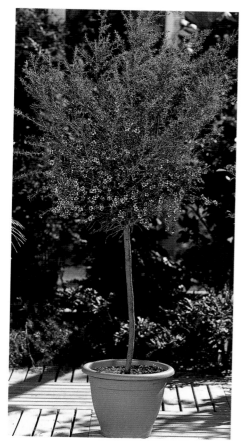

Nur mit der Heckenschere lässt sich der Teebaum *(Leptospermum scoparium)* als Stämmchen halten.

rasch dicht werden und wüchsig sind, eignen sie sich hervorragend als Füller. Von den Myrtengewächsen blühen sie mit am spätesten, erst im Frühsommer.

Neben den *Leptospermum* die einzigen wichtigen Myrtengewächse mit vollständigen Blüten sind die *Chamaelaucium*. Beide gibt's im Spätwinter als Topfpflanze, wobei die Erste reicher blühend erscheint, die Zweite im Wuchs viel eleganter ist. Besonders das Farbspiel in der Blüte erinnert in Verbindung mit dem Habitus bei *Chamaelaucium* an Orchideenrispen. Man nimmt sie deshalb auch als Schnittblume. Einzig wichtig ist *Ch. uncinatum*, die im Wintergarten recht rasch 2 m hoch und fast so breit werden kann.

Eher aus dem südöstlichen Australien stammen die *Correa*-Arten, die »**Australischen Fuchsien**«. Sie gehören zur Citrusfamilie. Diese relativ niedrigen, breit lagernden Immergrünen haben glöckchenförmige Blüten im Winter und Frühjahr. Sie vertragen auch Halbschatten; viele sind deshalb ausge-

zeichnete Bodendecker, die rasch dicht machen. Als Art sei hier *C. speciosa* genannt. Die zahlreichen Sorten werden zwischen 0,6 und 2 m hoch und ebenso breit. In der Blüte sind sie sehr variabel, rot mit grünlichen Spitzen, dunkelrosa, dunkelrot, creme-weiß, pink bis gelbgrün.

Ebenfalls aus Südostaustralien stammen *Prostanthera*, die australischen Minzebüsche. Ihren Namen tragen die mit unserer Taubnessel verwandten Sträucher wegen ihrer höchst aromatisch duftenden Blätter. Die Blüte ist sehr reich, purpur bis blau, gelegentlich fast weiß oder rosa, je nach Art im Winter, Frühjahr oder Sommer.

Zusammenfassend ist zu sagen, dass sich ein an westaustralischen Blütenpflanzen orientierter Wintergarten vor allem für Pflanzenliebhaber lohnt. Die reiche Winterblüte ist nur durch Abstriche an der Wohlfühltemperatur zu erreichen, und der Wintergartenbesitzer muss in der Lage sein, die Pflanzen gerade mal ein Drittel so stark zu düngen wie gewohnt.

Wintergarten – Bepflanzung

Ein Wintergarten mit südafrikanischen Pflanzen

Wer als Tourist nach Südafrika reist, fliegt wegen Flora und Fauna. Viele Reisen sind Rundreisen. Wohl kein Land hat auf einer ähnlichen Fläche so viele Naturschönheiten versammelt. Flora und Fauna sind Highlights des südafrikanischen Tourismus.

Man denke nur an die Tierwelt im Krüger-Nationalpark oder die berühmte Kapvegetation.

Wegen der geografischen Lage gibt es zahlreiche Parallelen zur Australflora. Was in Südafrika fehlt, sind die zahllosen Myrtengewächse, von Eukalyptus bis Zylinderputzer. Demgegenüber ist das trockene Südafrika übersät von allen Varianten der Sukkulenz.

Nicht Mexiko, sondern die südafrikanische Great Karoo hat die artenreichste Sukkulentenvegetation der Welt, mit Säuleneuphorbien, Aloe und den Mittagsblumengewächsen.

Wer im südafrikanischen Frühjahr die Westseite des Landes besucht, glaubt sich in Gottes eigener Beet- und Balkonpflanzengärtnerei. Eine Blüte neben der anderen,

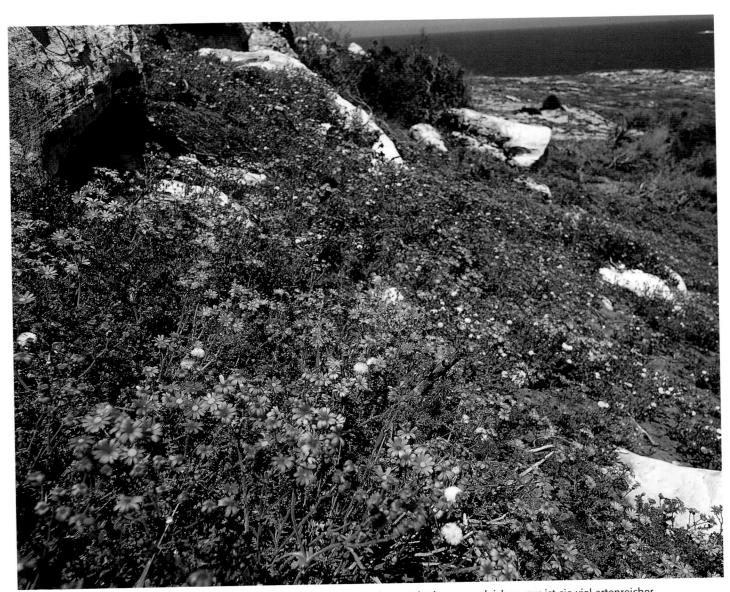

Die Kapvegetation lässt sich vom Klima leicht mit der Macchienregion rund ums Mittelmeer vergleichen, nur ist sie viel artenreicher. Doch Vorsicht, viele Arten haben ganz spezielle Ansprüche, die sich bei uns nicht leicht erfüllen lassen!

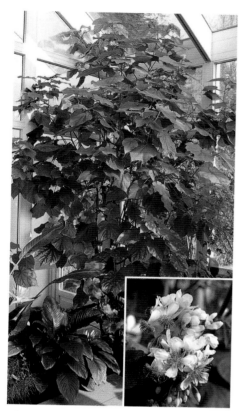

Die Zimmerlinde, *Sparrmannia africana*, ist ein raschwüchsiger, winterblühender Großstrauch oder Schattenbaum.

Rundreise lässt diese mehrere hundert Kilometer lange Strecke aus. Klimatisch höchst angenehm, steigen hier die Ausläufer der tropischen Gebirgsvegetation ins Flachland.

Die Standardversion des kühleren Südafrika-Wintergartens

Vom gut mit Wasser versorgten Galeriewald ausgehend, der üppigsten Szenerie, wird man als Leitpflanzen beispielsweise einen Hortensienbaum (*Dombeya*) oder eine Zimmerlinde (*Sparrmannia*) wählen, wenn man Winterblüte schätzt. Ohne Blüte würde man diese Großsträucher für nahe Verwandte halten, dabei gehören sie zu ganz verschiedenen Familien. Beide haben lindenähnliche Blätter, aber bis 20 cm breit, beide haben auch dicke, holunderartige markige Sprosse.

Die **Zimmerlinde** (*Sparrmannia africana*) ist nicht nur eine traditionelle Topf-Großpflanze für kühle Standorte; in ein Becken gepflanzt, bei Temperaturen von 10 °C und mehr, kann sie rasch 5 m erreichen. Ihre großen weißen Blüten mit den langen goldgelben, auf Reiz reagierenden Staubfäden sind eine Attraktion. Sie erscheinen ab Spätwinter.

Von den **Hortensienbäumen** (*Dombeya*) gibt es im östlichen Südafrika und in Madagaskar eine ganze Reihe. Im Habitus der Zimmerlinde sehr ähnlich, werden sie frei wachsend 3 – 10 m hohe, breite Büsche. Sie lassen sich hervorragend schneiden, in wenigen Jahren kann man sich aus einem kleinen Stamm einen großen, blühenden Schattenbaum ziehen. Prächtige Bäume erzieht man am leichtesten aus *D. wallichii*, der wohl schönsten Art. Ihre hängenden Blütenstände ähneln in Größe, Form und Farbe verblüffend einer rosa Hortensie, nur dass sie zwischen November und April erscheinen. Da *D. wallichii* rasch wächst, schneidet man sie mindestens zweimal im Jahr zurück: nach der Blüte und Ende Sommer.

TIPP Kühle Südafrika-Wintergärten vertragen hohe Wintertemperaturen wesentlich besser als ihr australisches Pendant, da die Lichtansprüche der meisten Arten deutlich geringer sind. Rieseln und massiver Laubfall sind kaum zu erwarten.

Viel niederer und auch für einstöckige Wintergärten geeignet ist *D. burgessiae*. Ihre weißen Blüten mit rotem Basalfleck sitzen in kurz gestielten Büscheln in den Blattachseln, die Blüte beginnt im Herbst.

Wer es sich nun einfach machen möchte, braucht unter die bisher genannten Pflanzen nur noch das Unterholz aus verschiedenen Akanthusgewächsen wie *Mackaya*, *Thunbergia* oder *Barleria* pflanzen. Darunter kommt ein Teppich aus weißbunten Grünlilien (*Chlorophytum*), als Blickpunkte für

Wegen der sehr ähnlichen Blätter werden die Hortensienbäume (*Dombeya*) oft mit Zimmerlinden verwechselt.

so weit das Auge reicht, über hunderte von Kilometern. Wohl über die Hälfte unserer Beet- und Balkonblumen stammen aus Südafrika. Nicht zu vergessen die Zwiebeln und Knollen, auch hier hat Südafrika das reichste Sortiment, von Freesien und Gladiolen bis zur Calla.

Und dann das Kap. Überragt vom majestätischen Tafelberg, präsentieren sich hier auf einer Fläche, die auch gesetzte Semester leicht mit dem Fahrrad erwandern können, über 2600 Pflanzenarten. Das ist mehr als ganz Großbritannien zu bieten hat.

Der Weg nach Osten führt über die Garden Route. Diese abwechslungsreiche hügelige Landschaft, die die ganzen Entwässerungstäler der südlichen Gebirge quert, ist in der Tat ein einziger Landschaftsgarten. Keine

Wintergarten – Bepflanzung

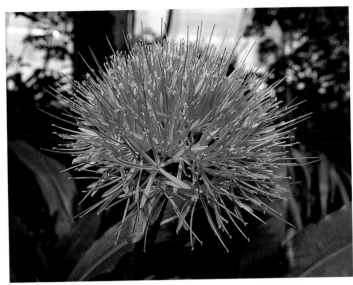

Die auffallende Blutblume, *Scadoxus multiflorus*, fühlt sich im Halbschatten wohl.

Strauchige *Thunbergia*-Arten sind ein wesentlicher Bestandteil des Unterholzes der feuchten südafrikanischen Wälder.

den Sommer noch *Agapanthus*, Hakenlilien (*Crinum*) und Blutblumen (*Scadoxus*). Fertig. Eine narrensichere Pflanzung, die sowohl im Becken als auch in Einzeltöpfen funktioniert. Im zweiten Fall setzt man Grünlilien als Bodendecker in die Töpfe der großen Pflanzen.

Südafrikanische Sträucher des Unterholzes

In den südafrikanischen Wäldern geht uns das blühende Unterholz nicht aus, wenn man ein paar Anleihen in den ostafrikanischen Gebirgszügen nimmt. Genannt seien nur die Akanthusgewächse, die alle ausgezeichnet im Halbschatten gedeihen, raschwüchsig sind und eine lange Blütezeit haben. So die strauchigen *Thunbergia*. Die bekannteste, *T. erecta*, ein anfangs etwas steifer, bis 2 m hoher Strauch mit kantigen Trieben, bringt das ganze Sommerhalbjahr über zahllose, 5 cm breite, dunkelviolette Trichterblüten. Ähnlich ist *T. affinis*. Als Topfpflanze werden noch andere angeboten, so *T. natalensis* und *T. battiscombei*, die aber mehr staudig bis

halbstrauchig sind. Im Sommer sehr üppig, verlieren sie doch im Winter bei niederen Temperaturen ihr Laub.
Man schneidet sie besser im Spätherbst und hat dann keinen Laubfall mehr. Mit nur ein

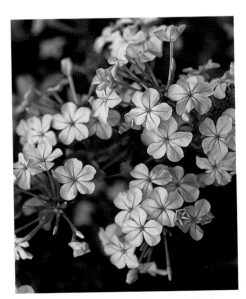

Vor allem als im Wuchs gebremste Kübelpflanze ist die Bleiwurz (*Plumbago*) ein zuverlässiger Dauerblüher.

paar Blättchen an den Triebspitzen sehen die Pflanzen nicht sehr vorteilhaft aus.
Von der Blüte der *Thunbergia* ähnlich, im Wuchs aber eleganter und im Winter grün ist *Mackaya bella*. Mit ihren überhängenden Trieben entwickelt sie auch im Schatten einen recht dichten, 2 m hohen Busch. Ihre im Frühjahr erscheinenden, an Freesien erinnernden Blüten sind rein weiß. *Mackaya* lässt sich wie *T. erecta* leicht als Stämmchen ziehen. Nach der Blüte schneidet man sie kräftig zurück.
Raschwüchsige, aber klein bleibende, höchstens 1 m hohe und ähnlich breite Sträucher sind die *Barleria*. Je nach Art mit blauen, purpurnen oder gelben Blüten, zeigen sie fast das ganze Jahr über Farbe, mit einem Schwerpunkt im Sommer.
Ein immergrünes und schwachwüchsiges »Gestrüpp« für den Vordergrund ist die **Natalpflaume**, *Carissa macrocarpa*. Als wichtigster südafrikanischer Vertreter der Hundsgiftgewächse, zu denen ja auch der Oleander zählt, gehört diese Art zum Standardsortiment der südlichen Baumschulen. Von *Carissa* gibt es als 'Prostrata' eine krie-

chende Form, ein exzellenter, aber schwachwüchsiger Bodendecker.

Carissa eignen sich vorzüglich, um mit einigen kleinen Aloe, unterpflanzt mit Hottentottenfeigen (*Carpobrotus*) oder *Mesembryanthemum,* auf einem Quadratmeter ein ganzjährig attraktives Südafrikaeck zu gestalten. Mit Paradiesvogelblumen (Strelitzien) sind sie ideal für niedere Wintergärten, als Abpflanzung zum Glas, egal ob im Kübel oder im Becken.

Ein Wintergarten mit südafrikanischen Sukkulenten

Im Regenschatten der südlichen Gebirge wird Südafrika rasch trockener, die Vegetation wird immer mehr durch Sukkulente geprägt.

Die südafrikanische Sukkulentenvegetation ist nicht nur viel artenreicher, sondern auch viel bunter als die mexikanisch-zentralamerikanische. Das liegt zum Teil an den durchwegs roten, orange oder gelb blühenden Aloe, die häufig in Massen vorkommen, hauptsächlich aber am Überfluss bodendeckender Gewächse aus der Mittagsblumenfamilie (*Mesembryanthemum*). Gerade die Letzten sind in den Ziergärten der trockenen Zonen der ganzen Welt so verbreitet, dass man sie gemeinhin für einheimisch hält. Außerdem noch die Dickblattgewächse – unsere Mauerpfeffer (*Sedum*)

> **TIPP** Für Pflanzenliebhaber mit wenig Platz ist ein südafrikanischer Sukkulentenwintergarten eine ideale Spielwiese. Man stößt ständig auf neue, putzige Vertreter, die hervorragend zu Modelleisenbahnen passen.

gehören dazu – mit ihren häufig grellen Blütenfarben. An Farbe mangelt es dem südafrikanischen Sukkulentensortiment sicher nicht. Und wenn man die Köcherbäume, Kandelaber-Euphorbien, Exoten wie *Pachypodium* oder nur den Speckbaum betrachtet, auch nicht an Form.

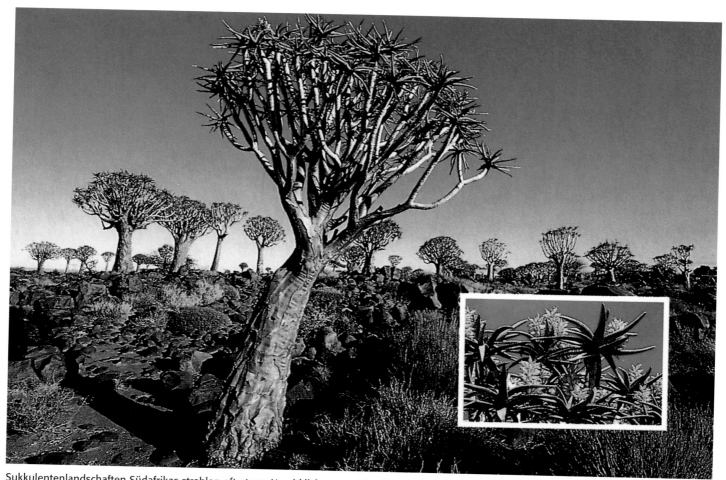

Sukkulentenlandschaften Südafrikas strahlen oft etwas Unwirkliches aus. Hier blühen Aloe (kleines Bild) und andere skurril wirkende Sukkulenten.

Wintergarten – Bepflanzung

Ein ganz großer Vorteil dieser sukkulenten Südafrikaner ist, dass sie leicht erhältlich sind. Zumindest die schwachwüchsigen Arten sind heute noch sehr beliebt als robuste Zimmerpflanzen, auch die stärker wachsenden erhält man auf Nachfrage. Weil sich die Südafrikaner zudem gut in der Innenraum-begrünung halten, haben viele Gartencenter inzwischen etwas mehr dastehen als die etwas angestaubte Baumwolfsmilch.

Im Vergleich zum mexikanischen Sukkulenten-Wintergarten macht ein südafrikanischer etwas mehr Arbeit, weil viel mehr Verblühtes entfernt werden muss, vor allem die Frucht-stände der Bodendecker. Trotzdem ist nur ein Bruchteil des Aufwandes als der für einen Dschungel-Wintergarten nötig. Und man kann auch im Sommer unbesorgt mal ein paar Tage wegfahren, Temperaturen zwischen 0 und 50 °C dürften kaum zu Schäden führen.

Pflanzen für Südafrika-Sukkulentengärten

Wohl die bekanntesten südafrikanischen Sukkulenten sind die **Aloe.** Sie sind ent-fernte Verwandte der Lilien. Von einer breiten Basis ausgehend, werden ihre fleischigen Blätter langsam schmaler, sie sind zumeist in einer Rosette angeordnet. Die Rosetten bilden den Abschluss von Stämmen, oder sie liegen auf dem Boden. Die Blütenstände stehen als große Ähren in den oberen Blattachseln, an ihrer Spitze befinden sich zahlreiche hellgelbe bis scharlachfarbene Röhrenblüten.

In Südafrika gibt es ungefähr 150 *Aloe*-Ar-ten, davon sind 30 baumartig. Die meisten blühen im Winter, die wenigsten im Herbst. Mit wenigen Ausnahmen stehen *Aloe* am liebsten in voller Sonne. Die höher wach-senden Arten machen manchmal Probleme, weil sie rasch kopflastig werden. Man stabili-siert dann möglichst den Stamm mit ein paar Felsbrocken. Auch bei buschigen Pflan-zen legt man gerne Steine unter, damit die fleischigen Blätter nicht auf dem Boden liegen und faulen.

Neben den Aloen sind die **Euphorbien** die wichtigsten sukkulenten Groß-pflanzen Süd-afrikas. Als Beispiel sei hier nur die Gewöhn-liche Baumeuphorbie, *Euphorbia ingens*, genannt. Sie wächst zwar langsam, kann aber doch 10 m hoch und 9 m breit wer-den. Diese Art, deren Triebe im Querschnitt 4 Ecken haben, ist so dürreresistent, dass sie in manchen Wohnungen unbeachtet monatelang ohne Lebenszeichen in einer Ecke stehen kann. Solche Pflanzen findet man gelegentlich auf dem Flohmarkt.

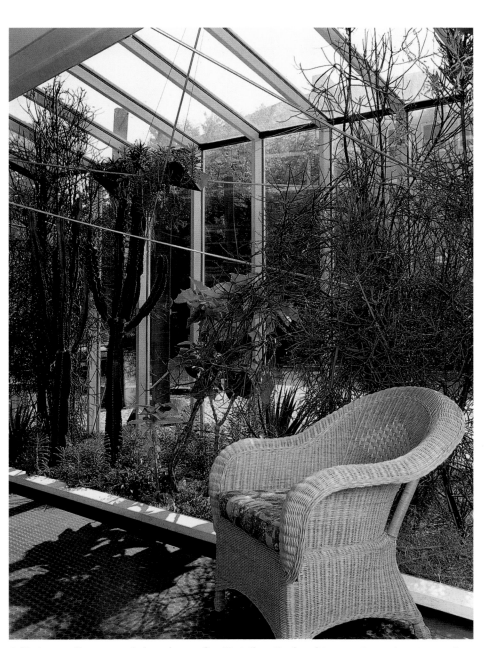

Sukkulentenpflanzungen haben den großen Vorteil, weitgehend temperatur»resistent« zu sein.

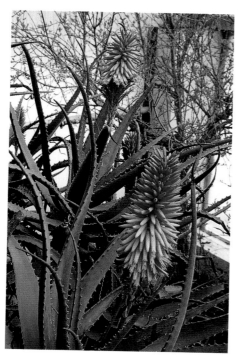

Wie viele andere Arten blüht *Aloe africana* mitten im Winter.

tionelle Zimmerpflanze mit dickfleischigen, 2–3 cm langen rundlichen Blättern ist nicht nur im Sommer mit zahllosen Büscheln aus rosa Blüten übersät, sie kann mit 3–4 m Höhe auch durchaus imposant sein.

Als richtigen Großstrauch oder kleinen Baum muss man sich *Crassula ovata* vorstellen, steif aufrecht, gut verzweigt und bis 5 m hoch. Bei dieser im Winter wenig auffällig cremeweiß blühenden Pflanze ist der korkige, vernarbte Stamm neben dem Habitus der Hauptschmuck.

Die strauchigen *Crassula* unterscheiden sich insofern von den meisten Sukkulenten, als sie auch im Halbschatten gut gedeihen. Viele, auch die nahe verwandte *Rochea coccinea*, erinnern ganz verblüffend an die bei uns winterharten *Sedum telephium*. Es sind eher Stauden als Sträucher. Am Ende der je nach Art 30–60 cm hohen unverzweigten, mit sukkulenten Blättern besetzten Triebe sitzen die meist roten Blüten in dich-

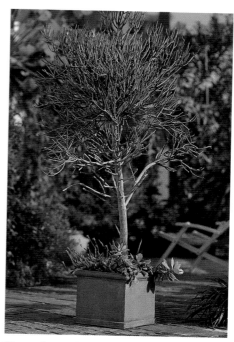

Wegen ihres giftigen Milchsaftes ist die Bleistifteuphorbie (*Euphorbia tirucallii*) nicht unproblematisch.

Typisch für eine strauchige Euphorbie ist die inzwischen weltweit verbreitete *E. tirucallii,* die **Bleistifteuphorbie.** Meist ein breitrunder Großstrauch oder kleiner Baum mit zahlreichen, anfangs gut bleistiftstarken Trieben, macht sie schnell dicht, gibt deshalb in Afrika gute Hecken ab zur Einfriedung der Dörfer. Der Blindheit verursachende milchige Blattsaft tut ein Übriges, ungebetene Gäste abzuhalten. Keine Pflanze für Wintergärten mit Kindern und Haustieren!

Wer für seinen südafrikanischen Sukkulentenwintergarten einen Baum braucht, der im Habitus einer Kandelabereuphorbie oder Baumaloe nahe kommt, nimmt den **Kohlbaum,** *Cussonia paniculata.* Das ist kein Stilbruch, die Pflanzen kommen auch in der Natur miteinander vor.

Einige andere sukkulente Großpflanzen sind wesentlich besser wintergartengeeignet als die Euphorbien. Erinnert sei hier nur an den **Speckbaum,** *Portulacaria afra.* Diese tradi-

Bei den kaum verzweigten Kohlbäumen (*Cussonia*) kommen die unterschiedlichsten Blattformen vor.

ten, rundlichen Blütenständen. Je nach Art zieht sich die Blüte übers ganze Jahr.

Zu den Dickblattgewächsen gehören auch die zahlreichen *Cotyledon,* von denen das **Schweineohr,** *C. orbiculata,* der bekannteste ist. Dieser kleine Strauch, der seinen Namen von den fleischigen, rundlichen Blättern hat, kann fast meterhoch werden. Er hat orangerote Röhrenblüten, die als Büschel am Ende recht langer Blütenstängel hängen. Auch er ist eine beliebte Topfpflanze.

TIPP Viele südafrikanische Sukkulenten sind ausgesprochene Winterblüher, auch wenn das in manchen Büchern anders steht. Kauft man sie im Winter blühend, liegt man sicher nicht falsch.

Wintergarten – Bepflanzung

Für die umwerfende Farbwirkung des südafrikanischen Sukkulentenwintergartens sind vor allem die **Mittagsblumen** zuständig. Die meisten haben nahezu nadelartiges, sukkulentes Laub und typische, zweifarbige Strahlenblüten: das Körbchen gelb, die Strahlen rot bis lila. Manche machen lange, kriechende Triebe, andere bilden eher kleine Sträucher, und wieder andere wachsen rosettenförmig. Sehr schön ist auch die ähnliche **Hottentottenfeige** mit wesentlich breiterem Laub.

Wenn man den Boden im Wintergarten bedecken oder Töpfe unterpflanzen will, ist man auf das gerade vorhandene Angebot der Gartencenter angewiesen. Pro Art oder Farbe reicht oft eine Pflanze; in kurze Triebstücke geschnitten, an Ort und Stelle in den Boden gesteckt und leicht überbraust, wächst gewöhnlich jedes Stück. Die Ausdehnung der Einzelpflanzen ist praktisch unendlich, da die Triebe sofort wurzeln, wenn sie Bodenkontakt haben. Zu nass gehalten, faulen sie aber leicht.

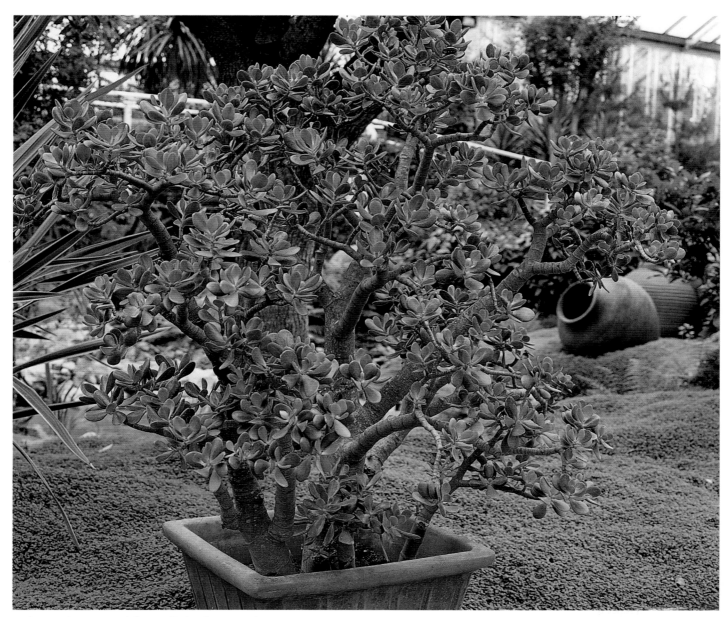

Nicht umzubringen sind die Mitglieder der *Crassula*-Familie. Manche werden auch baumartig.

Yucca und Agaven – Wintergarten à la Mexiko

Zum südafrikanischen Sukkulentenwintergarten lässt sich ein Pendant mit amerikanischen Arten machen. Die wichtigsten Strukturpflanzen sind in diesem Fall Agaven, Yucca und Exoten wie *Beaucarnea* oder *Dasylirion*. Außerdem die Kakteen, die in Südafrika fehlen. Gleiches gilt für Bromelien; bei uns meist als dankbare Zimmerpflanzen bekannt, gibt es stammbildende Arten wie die *Puya*, die ein ganz eigenes Flair entfalten.

Leider fehlt im amerikanischen Sukkulentenwintergarten etwas die Farbe. So sind Kakteenblüten zwar durchaus auffällig gefärbt, aber sie halten nicht lange und können sich in der Farbwirkung nie mit *Mesembryanthemum* oder Aloe messen.

Was aber vor allem gegen den Mexiko-Kaktusgarten spricht, sind Dornen und Stacheln. Wer mal einer Agave oder einem Spanischen Bayonett, *Yucca aloifolia*, zu nahe gekommen ist, für den sind die Stacheln der Feigenkakteen (*Opuntia*) geradezu eine Erholung. Die Einleitung jedes Pflegedurchgangs ist das Bereitlegen der Hausapotheke, mit Sicherheit passt man mal einen Sekundenbruchteil nicht auf. Obligatorische Prophylaxe gegen wirklich schwere Unfälle ist das Entfernen aller dornigen Blattspitzen, also vor allem bei Yucca und Agaven. Selbst die Einheimischen haben einen Heidenrespekt vor diesen Pflanzen; es ist deshalb kein reiner Gag, wenn man ausgeblasene Eier auf die Blattspitzen gesteckt sieht. Vorteilhaft am amerikanischen Sukkulenten-Wintergarten ist, dass man die meisten Pflanzen leicht erhält. Man braucht auch

Als Bodendecker im Sukkulenten-Wintergarten fast unverzichtbar: *Mesembryanthemum*.

nicht so aufpassen, ob Arten aus Winterregengebieten – wie in Kalifornien – dabei sind, insofern ist die Kultur einfacher. Solange man sich nicht mit Liebhaberkakteen auseinander setzt, geht man mit dem für alle Sukkulenten-Wintergärten gültigen Motto nicht fehl: Lieber zweimal zu wenig gegossen als einmal zu viel.

Auf einen Blick

- Mit Ausnahme der Australwintergärten müssen kühle Wintergärten nicht kühl gehalten werden, aber sie können.
- Eine Nachtabsenkung um 5 °C kann den Energieverbrauch auf die Hälfte senken, ohne dass es zu Einbußen bei der Nutzung kommen muss. Wegen der niedrigen Temperaturen ist der Stoffumsatz nicht so hoch, es fällt – außer bei Laub abwerfenden – viel weniger Falllaub an, und es muss auch weniger geschnitten werden.
- Wer es nicht erwarten kann, kann kühle Wintergärten auch »antreiben«: Bei Sonne erst ab 25 °C lüften, eine Nachtabsenkung auf nur 10 °C und eine Flüssigdüngung wirken im Spätwinter Wunder.

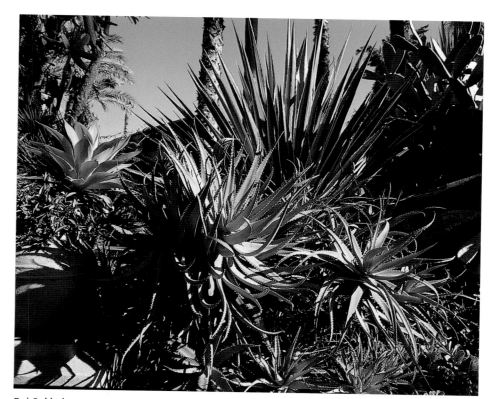

Bei Sukkulenten muss man es nicht so genau nehmen: Südafrikanische Aloe vertragen sich durchaus mit mexikanischen *Furcraea* oder Agaven.

DIE BEPFLANZUNG IN DER PRAXIS

Wenn bei der Bepflanzung nichts schiefgehen soll ...

Beim Lesen der Kapitel über die Pflanzen müsste gelegentlich der Gedanke aufgeblitzt sein: So oder so würde mir das auch gefallen. Oft hat man ja Vorlieben für Länder, in die es einen immer wieder zieht oder wohin man schon immer gerne wollte. Oder Assoziationen zu Pflanzengruppen und Kulturen. Notfalls bringt man sich mit ein paar Reiseprospekten oder Farbbildbänden in die nötige Stimmung oder besucht einen botanischen Garten.

Pflanzenauswahl nach dem Ausschlussprinzip

Hat man keine weiteren Ambitionen, sondern will nur einen schön begrünten Raum und möglichst wenig Arbeit haben, geht man von den Eckdaten des Wintergartens aus, also von Größe, Klimatisierung und Nutzen.

Das schließt dann schon nahezu alle Pflanzen aus, die in irgendeiner Form schwierig bzw. anspruchsvoll sind oder die irgendwelche Schwächen haben: schwer zu kalkulierender Wuchs (Kletterpflanzen), Laubfall oder Besonderheiten beim Gießen. Besonders unproblematisch ist hier die Gruppe der Palmen und der Farne, Aralienverwandte, Aronstabgewächse und fast alle Gummibäume. Blüten gibt es nur wenige; wenn, dann groß, auffallend und lange haltbar – also Strelitzien oder Aronstabgewächse wie *Anthurium* oder *Spathiphyllum*. Wem das zu grün ist, verwendet buntlaubige Pflanzen. Von fast allen Zimmerpflanzen gibt es weißbunte oder gelbbunte Formen. Dazu kommen im zimmerwarmen Wintergarten die Sortimente von Bromelien, die Marantengewächse *(Maranta, Caladium, Ctenanthe)*, auch die Blattbegonien. Ist es nicht zimmerwarm, wird man beim Unterholz ostasiatischer Wälder fündig.

Was man zur Wintergartentemperatur wissen muss

Für eine qualifizierte Pflanzenauswahl muss der Temperaturbereich klar festgelegt sein, auch die robustesten Tropenpflanzen gehen unter Kalthausbedingungen ein.

Leider sagt die am Thermostat eingestellte Temperatur ziemlich wenig aus über die Situation am Pflanzenstandort. Die Differenzen sind umso größer, je exponierter der Wintergarten ist und je höher. Da in den wenigsten Glasanbauten eine ständige Luftumwälzung erfolgt, ist die Temperatur am Boden immer niederer als im First. Dazu kommt die Temperaturabnahme von innen nach außen: Ohne Bodenheizung wird der Boden im Bereich von Außenwänden immer ein paar Grad kälter sein als an der Hausseite. Besonders in Anlehnwintergärten sind die warmen Ecken spärlich gesät. In Anlehngewächshäusern mit ihrem schlechten Verhältnis von Glasfläche zu umbautem Raum bzw. zu wärmespeichernder Hauswand kommt es auch immer wieder zu Untertemperatur, weil nach klaren

Ein großzügiger, konsequent durchgeplanter Wintergarten vor der Bepflanzung ...

... und derselbe Wintergarten zehn Jahre später. Die Konstruktion ist im Grün verschwunden.

Wintergarten – Bepflanzung

Tagen die Heizung viel zu träge reagiert. Dies gilt insbesondere, wenn der Temperaturfühler an einer wärmespeichernden Hauswand fixiert ist. Ist die Hauswand selbst isoliert – bei nachträglich angebauten Wintergärten die Regel –, stellt sie keinen Wärmespeicher dar. In solchen Wintergärten kann man dem Quecksilber beim Fallen zusehen, die sonst so zuverlässigen und pflegeleichten Pflanzen des tropischen Unterholzes stehen hier falsch.

Wintergärten, die in den Baukörper integriert sind, haben diese Probleme nur in stark abgeschwächtem Maße. Die großen, nicht isolierten Mauerflächen sind ein wirksamer Puffer, vor allem, wenn gleichzeitig eine Innenschattierung zugezogen wird.

Arbeitssparende Zimmerpflanzen im Wintergarten

Letztendlich ist noch die Größe, vor allem die Höhe des Wintergartens entscheidend für eine optimale Pflanzenauswahl, besonders, wenn man nur einen grünen Raum will, der keine Arbeit macht. Und nicht alle 2 – 3 Jahre die Pflanzen austauschen will. Behandelt man die üblichen Groß-Zimmerpflanzen wie Wintergartenpflanzen, also mehr Licht und viel Topfvolumen, stellt man rasch fest, dass sie viel stärker wachsen als im Zimmer. Lässt man sich die in schwarzen Plastikkübeln gelieferten Großpflanzen in nicht zu kleine Schmuckkübel umtopfen, kann die anfangs nur gut mannshohe Birkenfeige durchaus in 3 Jahren am Dach in 5 m Höhe anstoßen. Dann ist der Topfballen aber durchgewurzelt, mit einem Schnitt pro Jahr kann man die Pflanze leicht kontrollieren. Bei Beckenpflanzungen hält das starke Wachstum länger an, weshalb man dann auf die uns als Topfpflanzen verkauften raschwüchsigen Urwaldbäume am besten verzichtet.

Wer möglichst wenig Aufwand mit seinen Pflanzen haben will, wirft sie weg, wenn sie zu groß geworden sind oder sich Pflege-fehler bemerkbar machen. Das ist inzwischen leider üblich. Wer einen Wintergarten mit persönlichem Stil will, der möglichst viele Jahre hält, in dem Werden und Vergehen jeden Tag sichtbar werden, wählt einen anderen Weg.

Das Klima im individuellen Wintergarten

Der pragmatische Wintergartenbesitzer stellt im Sommer im Wintergarten die Heizung ab. Da kann es dann gut sein, dass die Durchschnittstemperatur unter winterliche Werte absinkt. Auf jeden Fall sinken die Minima, wenn man seinen Wintergarten als (Lau-)Warmhaus betrieben hat. Gleichzeitig steigen aber die Tagestemperaturen über Winterwerte. Von einem sehr ausgeglichenen Klima, das in etwa dem tropischer Höhenlagen entspricht, wechselt

Wintergarten oder Blumenfenster? Geschickter kann man ein Glashaus kaum integrieren.

man in ein Subtropenklima mit starken Tagesschwankungen.

Wer nicht ganzjährig heizt, bekommt realistisch im besten Fall ein Klima wie auf den Kanaren, in Südflorida oder Hongkong. Mit ständig geschlossener Innenschattierung gedeiht auch noch das tropische Unterholz. Mit nur nachts grundsätzlich geschlossener Innenschattierung wachsen auch die lichtliebenden Tropenpflanzen, die mit den Minima der Heizperiode zurechtkommen. Ursache sind die kurzen Nächte, ein Absinken der Bodentemperatur auf kritische Werte ist kaum zu erwarten, solange sich die nächtlichen Minima im Wintergarten nicht unter ca. 10 °C bewegen.

Die oben aufgeführten Grenzen bedeuten nur eine geringe Einschränkung, es gibt immer noch Tausende von Bepflanzungsmöglichkeiten. Aber von einer Hecke aus *Mussaenda* oder *Ixora*, dahinter Frangipani und darüber Brotfruchtbäume – wie in Singapur oder Mombasa –, sollte man Abstand nehmen.

Auswahl von Großpflanzen

Am besten blättert man jetzt noch einmal die Kapitel über Wintergartenbäume und Strukturpflanzen durch. Hier muss man sich sicher sein, ob diese Pflanzen mit Temperatur, Raumhöhe, den technischen Vorausset-

TIPP Bei der Auswahl der Großpflanzen sollte man nie die beschränkte Höhe des Glasanbaus aus den Augen verlieren. Rechtzeitig – bevor sich die Triebe am Glas entlangschieben – schneiden. Bei Schnittmaßnahmen stets genügend weit zurückschneiden, sodass die Pflanze wieder für ein Jahr Platz hat.

zungen und den eigenen Kenntnissen klarkommen. Die Auswahl ist immer noch groß, sind doch in 90 % aller Wintergärten nur ein bis drei dieser dominanten Gestalten notwendig.

Ähnliche Überlegungen stellt man bei den Kletterpflanzen an, wobei wegen der schlechten Verfügbarkeit mancher Arten Alternativen in Betracht zu ziehen sind. Entsprechendes gilt auch für die größeren Sträucher. Mit drei bis fünf, höchstens zehn Pflanzen ist jeder Wintergarten voll, wenn man einige Jahre Wachstum einrechnet. Wem das zu wenig erscheint, stopft die Löcher mit rasch wachsenden Füllern, die

man nach und nach herausnehmen kann, ohne dass sie ein Loch hinterlassen.

Mit Hilfe der großen Blütensträucher und der Kletterpflanzen versucht man nun, schon einmal einen Großteil des Jahres mit Blüten abzudecken, die Blütezeiten sollten möglichst verschieden sein. Zwei »Knaller« zur selben Zeit und dann monatelang nichts – das ist nicht erstrebenswert.

Unterpflanzung

In Blütezeit und Blütenfarbe passend zu den größeren Sträuchern sucht man dann die Unterpflanzung zusammen. Worauf man be-

sonders achtet, sind Farben, die sich beißen können.

So ist es ungeschickt, eine rote *Bougainvillea* mit einem zur selben Zeit rot blühenden Salbei zu unterpflanzen, auch wenn die Pflanzen von der Herkunft und den Ansprüchen ideal passen würden.

Die Unterpflanzung soll auch einen Zweck erfüllen. Unterpflanzt wird, was auskahlt. Wenn man bis zum Boden dicht belaubte Sträucher aufasten muss, um sie unterpflanzen zu können, widerstrebt das einer Gärtnerseele.

Die Zahl wintergartengeeigneter Bodendecker ist Legende. Oft gehört mehr als die

Der kalifornische Flanellstrauch *(Fremontodendron californicum)* – ein fast ganzjährig blühender Großstrauch auch für kleine Wintergärten.

Erst Bodendecker geben der Pflanzung den letzten Pfiff. Auch »langweilige« Grünlilien haben dort ihren Reiz.

Wintergarten – Bepflanzung

Hälfte der in Blumengeschäften anzutreffenden Topfpflanzen zu dieser Gruppe. Warum? Die meisten Bodendecker sind nicht allzu anspruchsvoll. Da sie zumeist im Wurzelgeflecht wesentlich größerer Pflanzen wachsen, dürfen sie hinsichtlich Wasser und Nährstoffen keine besonderen Bedürfnisse haben. Nahezu alle unsere niedrigen langlebigen Topfpflanzen, die über den Topfrand hinauswachsen und die man gut »abfechsen« kann, erfüllen diese Ansprüche. Im Wintergarten ausgepflanzt, muss man darauf aufpassen, dass sie nicht zu wüchsig werden. Vorsicht ist vor allem geboten bei verschiedenen Aronstabgewächsen, egal, ob

sie als *Scindapsus, Epipremnum, Pothos, Rhaphidophora* oder Efeutute im Handel sind. Das sind genau die Pflanzen, die den indonesischen Dschungel dunkler als andere Urwälder erscheinen lassen. Unter für sie günstigen Wintergartenbedingungen können sie unkrautartig wachsen. Bodendeckend sind sie dann nur noch am Rande. Bei der Unterpflanzung sollte man nicht zu sehr mischen. Eine Zusammenstellung von 1 × 3 + 1 × 5 + 1 × 2 ist meist wesentlich zufriedenstellender als 10 × 1. Das erinnert eher an einen Feldblumenstrauß.

Diese Regel gilt noch viel mehr für echte Bodendecker. In den meisten Beeten

kommt man mit ein bis drei Arten aus, wobei die Stückzahlen durchaus zwischen fünf und 50 schwanken können.

Eine dekorative Abdeckung der Pflanzfläche mit Lava, gebrochener Kiefernborke oder Rindenhumus leistet dieselben Dienste. Das würde den Wasserverbrauch deutlich reduzieren, auch die in manchen Wintergärten zu hohe Luftfeuchte würde geringer. Angebracht sind Bodendecker bei Pflanzen in dunklen Kübeln und dort, wo etwas herunterhängen soll. Eine wichtige Funktion erfüllen sie auch in Wintergärten, in deren Becken nur wenige, langsam wachsende wertvolle Solitärgehölze stehen und die

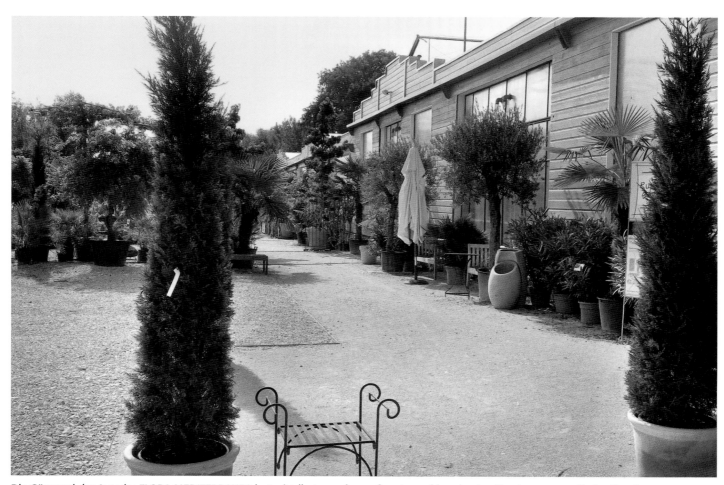

Die Gärtnerei der Autorin: FLORA MEDITERRANEA in Au/Hallertau – der großen Auswahl und guten Beratung wegen finden Kunden aus ganz Deutschland, Österreich und der Schweiz den Weg in die auf Wintergarten- und Kübelpflanzen spezialisierte Gärtnerei.

Unterpflanzung den ruhenden Gegenpol darstellt. Hier müssen die Kontraste beachtet werden. Da viele Bodendecker buntlaubig sind, fallen sie, massiert verwendet, natürlich stark ins Auge. So wie beim Fotografieren einer Meeresbucht die Palmen nur noch Rahmen fürs Meer sind, sind sparsam verteilte Gehölze in einem bunten Teppich nur noch die Kerzen auf der Geburtstagstorte.

Wem das bewusst ist und wer das mit Absicht macht, kann dann natürlich die farbigsten Bilder malen. Viele beeindruckende tropische Gärten leben geradezu von den durch farbige Bodendecker erzeugten Kontrasten. Ein wahrer Meister darin war der wohl berühmteste Gartenarchitekt der Tropen, der Deutsch-Brasilianer Roberto Burle-Marx. Für die weitläufigen Anlagen in Brasilia ebenso zuständig wie für die Copacabana, setzte er auch in zahlreichen Privatgärten und in der Innenraumbegrünung Maßstäbe. Der Einsatz buntlaubiger Bromelien als Bodendecker ist eines seiner Markenzeichen geworden. Aber das muss man können.

Einkauf

Wenn man jetzt mehr als 20 Pflanzenarten auf seiner Liste stehen hat, macht das nichts. Solange man nicht mehr einkauft, als man braucht. Höchstwahrscheinlich wird man manche Pflanzen beim ersten Anlauf nicht erhalten. Wer nicht warten will, muss Löcher mit Pflanzen stopfen, die gerade angeboten werden. Keine Kompromisse macht man bei den Strukturpflanzen, am besten hat man eine zweitbeste Lösung in der Rückhand.

Pflanzenkauf im Gartencenter

Pflanzen für den Wintergarten einzukaufen kann ganz schön ernüchternd sein. Wer nicht nach Katalog bestellt, steht oft mit seiner Wunschliste im Gartencenter und erfährt zu den Positionen: »Gibt's nicht«, »Gibt's jetzt nicht« oder »Gibt's nicht in der gewünschten Größe«.

»Gibt's nicht«, heißt: Diese Pflanze ist hier nicht marktgängig, es ist schwierig (und/oder kostspielig), sie zu beschaffen. Oder, geradeaus: Das macht uns zu viel Arbeit und lohnt sich nicht.

»Gibt's jetzt nicht«, heißt: Diese Pflanze hat eine Saison, dann haben wir die da. »Gibt's in der Größe nicht«, heißt: Diese Größe wird bei uns kaum verlangt. Im Klartext: Es lohnt sich nicht, diese Größe zu bevorraten. Beschaffbar wäre die wahrscheinlich schon. Die meisten Gartencenter sind keine botanischen Gärten mehr. Was man nicht innerhalb kurzer Zeit verkaufen kann, wird nicht angeboten.

Wer zäh ist, erhält fast alles. Das kann allerdings ein paar Wochen dauern. Man kann aber auch versuchen, sich Hinweise geben zu lassen, wo man das Gewünschte erhält. Es gibt sogar einen »Pflanzeneinkaufsführer«, der Bezugsquellen zu nahezu allen kultivierten Pflanzen nachweist. Oder natürlich die Suche im Internet.

Wer's eilig hat mit der Begrünung, kann auch – wo er gerade im Gartencenter steht – seinen Einkaufszettel wegstecken, sich die Namen der vorhandenen Pflanzen, die gefallen würden, notieren und zu Hause sehen, ob sich daraus etwas ergibt.

Pflanzeneinkauf im Spezialbetrieb

Es lohnt sich, einen Tag frei zu nehmen und mit einem großen Auto in eine Gärtnerei zu fahren, die auf Wintergärten spezialisiert ist. Dort ist man mit seinem 20 Positionen-Zettel richtig, auch wenn nicht immer alles da ist. Aber hier gibt es ja jede Menge Alternativen. Viele Pflanzen, auf die man gar nicht gekommen wäre, fallen erst vor Ort auf.

Im besten Falle stellt man im Spezialbetrieb die gewünschten Pflanzen im Maßstab 1 : 1 auf, also exakt wie im Wintergarten. Den Grundriss sollte man natürlich dabeihaben.

TIPP Die Pflanzen in einem frisch bepflanzten Wintergarten brauchen etwa 3 bis 4 Wochen zur »Eingewöhnung«, verstärkter Blattfall ist in dieser Zeit normal. Man rechnet mit etwa 1 bis 2 Jahren »Lehrzeit«, innerhalb dieser Zeit lernt man, den Wintergarten souverän zu handhaben.

Sieht man sich den gewünschten Pflanzen direkt gegenüber, fängt man meist an zu ändern. Manche Pflanzen fallen dann raus, sei es, weil sie optisch nicht passen, sei es, dass die Pflanzung zu dicht wird, sei es, dass man sich in eine vorher unbekannte Pflanze »verguckt« hat, die man aber unbedingt irgendwo unterbringen will. Auch wird man das eine oder andere Loch füllen müssen. Besonders in sehr gut sortierten Betrieben kann das Zusammenstellen einer Wintergartenbegrünung durchaus einen halben Tag

Wenn Licht- und Temperaturverhältnisse nur schwer einzuschätzen sind, ist man mit ostasiatischen Immergrünen meist gut bedient.

Wintergarten – Bepflanzung

dauern, besonders wenn das ästhetische Empfinden mehrerer Personen konkurriert. Letztendlich lässt man sich dann eine Skizze machen, in die alle, unbedingt mit Etikett versehenen Pflanzen eingezeichnet werden. Und so pflanzt man zu Hause dann auch!

Pflanzung

Gewöhnlich reagieren Pflanzen auf eine Umstellung mit reduziertem Wachstum, häufig auch mit einem Wachstumsstopp. Bei einer Pflanzung im Spätwinter oder Frühjahr reduziert man den Verpflanzschock am einfachsten, indem man die Bodentemperatur erhöht. Ungeachtet der später gewünschten Temperatur heizt man auf die für die empfindlichsten Pflanzen optimale Bodentemperatur.

Soweit möglich, unterstützt man dies durch zimmerwarmes Wasser. Aus dem Warmhaus stammende Tropenpflanzen können durch mehrfache Schocks mit kaltem Gießwasser so gebremst werden, dass Heizen nicht viel nützt. Wenn grüne Blätter massenhaft abfallen, erkennt man den begangenen Fehler. Dann bewahrt man die Ruhe und gießt möglichst nicht mehr, bis der neue Austrieb einsetzt.

Bei der Erstbepflanzung eines Wintergartens hat man es in der Regel mit Pflanzen zu tun, die von ganz verschiedenen Produzenten stammen und unter ganz unterschiedlichen Bedingungen herangewachsen sind. Je größer die Kluft zu den neuen Standortbedingungen ist, desto länger dauert es, bis die Pflanzen loswachsen.

Kritisch wird es oft erst nach gut einem Jahr, nach dem zweiten Austrieb. Jetzt müsste die Pflanzung zunehmend harmonisch werden. Ist das genaue Gegenteil der Fall, entwickeln sich also die Pflanzen immer stärker auseinander, hat man einen Fehler bei der Bepflanzung gemacht. Offensichtlich passt die Pflanzenauswahl – in Teilen – nicht zu den Wachstumsfaktoren vor Ort. Eine vom Plan

und von den Ansprüchen durchaus stimmige Bepflanzung kann leicht zu einer Schieflage führen, wenn auch nur ein veränderter Wachstumsfaktor (Licht, Temperatur, Wasser, Nährstoffe) einen Teil der Pflanzen wesentlich begünstigt bzw. benachteilt. Sehr häufig kommt das vor, wenn man sich beim Pflanzeneinkauf vor allem von der Ästhetik, weniger vom Sachverstand hat leiten lassen. Stehen die Pflanzen in Kübeln, ist das weiter nicht schlimm, wird oft nicht einmal erkannt. Bei Beckenbepflanzungen gibt es aber einen Verdrängungswettbewerb, wenn der entscheidende Wachstumsfaktor nicht neu justiert wird. Meist weiß man selbst am besten, welcher Faktor nicht den Vorgaben entspricht.

Bewässerung

Je größer und höher ein Wintergarten ist und je grüner er werden soll, desto unprak-

Sind sie einmal installiert, ersparen automatische Bewässerungsanlagen viel Gießarbeit.

TIPP Vor allem die Steuerung über Zeitschaltuhren muss kontrolliert werden: Der Wasserbedarf in einem verregneten Juli liegt um ein Vielfaches unter dem einer vierwöchigen Hitzeperiode.

tischer werden Pflanzen in Einzeltöpfen. Die Beckenbepflanzung tritt nun in den Vordergrund, da sich die Bewässerung automatisieren lässt. Ausweichen kann man auf Gefäße mit Wasserspeicher.

Vielfach wurde versucht, die Bewässerung von Pflanzen in Einzeltöpfen zu automatisieren. Dies ist nicht leicht, zudem stören die wenig schönen, schwarzen Bewässerungsschläuche, die sich durch den Wintergarten winden. Die Ansprüche der Pflanzen an das Wasser sind sehr verschieden, auch verschieben sich die Proportionen ständig. Wie auf Terrassen mit einem Wasserüberschuss zu arbeiten führt im Wintergarten zur Überschwemmung.

Zwar ist auch bei der Beckenbepflanzung für jedes Beet ein eigener Bewässerungskreislauf notwendig, überschüssiges Wasser läuft aber über die Drainage direkt in die Kanalisation.

Außerdem können sich die Pflanzen, die gerade viel Wasser brauchen, bei denen mit gleichzeitig geringem Bedarf bedienen, niemand muss das Steuerelement (Tensiofühler) umstecken, nur weil die Bougainvillea gerade wieder wächst wie der Teufel oder gerade zurückgeschnitten wurde. Es gibt jedoch Bewässerungssysteme, bei denen jeder Topf seinen eigenen Feuchtefühler hat.

Beckenpflanzung und Bankbeete

Jede Beckenbepflanzung steht und fällt mit der Drainage. Das optimale Becken hat Bodenanschluss, ist also nach unten offen.

Überschüssiges Wasser versickert, die Wurzeln können beliebig nach unten. Bei dieser Art von Becken empfiehlt sich ein kritischer Blick darauf, wie groß die Pflanzen werden können.

Die meisten Becken sind jedoch richtige Wannen, sei es, dass der Boden betoniert ist, sei es, dass die Baugrube mit einer Teich- bzw. Deponiefolie abgedichtet wird. Muss das Becken bzw. Bankbeet absolut dicht sein, weil sich darunter Räume befinden, überlässt man das dem Fachmann. Die kleinste Undichte wird rasch offenbar und lässt sich erst flicken, wenn zuvor die Bepflanzung und die ganze Erde wieder entfernt werden. Das wird teuer!

Damit sich im Becken keine Staunässe bilden kann, muss am tiefsten Punkt eine Entwässerung in die Kanalisation oder eine Sickergrube installiert werden. Dieser Durchbruch durch die Beckenwandung ist oft eine Schwachstelle. Der Ablauf darf sich weder zusetzen, noch dürfen Wurzeln hineinwachsen.

Die übliche Drainageschicht besteht aus einem strukturstabilen Material mit großen Zwischenräumen. Spricht die Statik nicht dagegen, nimmt man gewöhnlichen Filterkies 4–8, anderenfalls Blähton. Die etwa 10 cm starke Drainageschicht wird mit einem geotextilen Vlies abgedeckt, erhältlich im Baustoff- oder Landhandel.

Substrat und Befüllung

Sind keine großen Ballen zu versorgen, kann man jetzt das Beet randvoll mit Wintergartensubstrat füllen. An diese »Erde« sind höchste Ansprüche zu stellen, vor allem muss sie strukturstabil sein. Das heißt, das Substrat darf sich nicht zersetzen und als Folge dann setzen. Wer hier einen Fehler macht und ein Substrat mit Kompost oder eine Topfpflanzenerde verwendet, wird erleben, dass sich nach einem Jahr die Bodenoberfläche weit unter der Beckenoberkante befindet.

Ideal sind kompostfreie Dachgartensubstrate, die aber durchaus mit 1g Dauerdünger je l Volumen aufgedüngt sein dürfen. Der pH-Wert sollte bei 5,5–6,5 liegen, keinesfalls über 7,0! Bei der Berechnung der Erdmenge berücksichtigt man das Volumen der Ballen nicht, gibt sogar noch 10–20 % Zuschlag: vom gelieferten Schüttvolumen bis zum durch Pflanzarbeiten verdichteten Substrat ist ein erheblicher Unterschied. Lieber baut man ein leichtes Hügelbeet oder verwendet Reste als Kübelpflanzenerde, als dass man mit ungeeignetem Substrat Fehlmengen ausgleicht. Dachgartensubstrate gibt's kaum sackweise im Gartencenter.

Wer Pflanzen mit großen Ballen zu setzen hat, füllt das Beet schichtweise. Oft sind es allein die Ballen, die die Beckentiefe bedingen. Würde eine Substrathöhe von 30 cm für die meisten Wintergärten durchaus ge-

Die Substratschicht sollte nicht höher als etwa einen halben Meter sein, darunter kommt eine Drainschicht aus Kies oder gebrochenem Blähton.

nügen, sind die Ballen größerer Pflanzen schnell 40 oder 50 cm hoch.

Handelt es sich nur um eine oder zwei Pflanzen, kann man das Substrat aufhäufen und die Differenz zur Beckenoberkante mit Steinen oder Ähnlichem auffangen, ansonsten gilt aber: Beckenmindesttiefe = Höhe höchster Ballen plus 10 cm Drainageschicht.

Gewöhnlich gibt es keine Probleme, wenn man den höchsten Ballen direkt auf das Geotextilvlies stellt. Dann füllt man so viel Substrat ein, dass die Differenz zwischen eingefülltem Substrat und Oberkante Becken gerade so hoch ist wie der zweithöchste Ballen, und so fort. Nur die Bodendecker und Kleingehölze pflanzt man in das fertig aufgefüllte Becken.

Platzierung der Großpflanzen oder: das Problem der Schokoladenseite

Gerade größere Pflanzen sind nicht von allen Seiten gleich (Solitär), und wenn man erst nach der Bepflanzung merkt, dass die Schokoladenseite leider in die falsche Richtung schaut, kann man die ganze Ecke wieder ausgraben.

Damit die Pflanzung reibungslos vonstatten geht, stellt man deshalb die Leitpflanzen im Maßstab 1 : 1 auf, tritt in die Hauptblickrichtung zurück und arrangiert neu. Meist sieht die Bepflanzung zwar nach einem Jahr ganz anders aus, weil man die Entwicklung kaum einschätzen kann, trotzdem sollte man die Pflanzen so hinstellen, dass man sofort zufrieden ist.

Nach der Pflanzung greift man zur Schere. Man entfernt aber nicht nur abgebrochene Ästchen und schlechte Blätter, sondern auch alle unerwünschten Triebe. Oft sieht man jetzt, dass der Einkauf von völlig regelmäßigen Pflanzen gar nicht so optimal war. Besonders, wenn es um die Bepflanzung von Ecken geht oder dicht an eine Wand gesetzt werden soll, sind einseitig gewachsene Pflanzen oft besser.

Wintergartenbepflanzung »Schritt für Schritt«: Nach Einbringen von Drainschicht und Erde …

… werden die Pflanzen hereingeholt und ausgepackt …

… und erst einmal an die vorgesehenen Standorte gestellt.

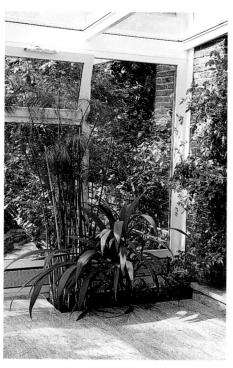

Erst wenn alles passt, wird mit Substrat aufgefüllt und angegossen.

TIPP Über Pflanzen, die in Wege und Sitzflächen hereinragen, sollte man sich sachkundig machen: Dornen, brüchige Triebe oder Blätter, an Kleidern haftende Pflanzenteile oder ein hohes Allergiepotenzial schließen manche Arten aus.

Wie nahe darf man mit einem größeren Gehölz an eine Wand hin? Sehr nahe, solange es keine Glaswand ist. Alle Pflanzen wachsen zum Licht, also von der Wand weg oder an der Wand hoch.

Selbst die größten Becken sind »klein«, weshalb man die Beckenbreite unbedingt ausnutzen sollte. Erst die Raumtiefe macht ein Bild dreidimensional. Und wenn man die Pflanzen nebeneinander setzt, sieht man im besten Fall sowieso nur die Hälfte, ganz egal, ob die Pflanzen an der Wand oder einen Meter davor stehen.

Auf den ersten Blick problematisch erscheint dies bei Stämmen. Setzt man den Stamm so, dass die Krone fast die Wand berührt, wird der Stamm mit zunehmendem Kronendurchmesser krumm. Dies ist in der Natur auch so, am besten sichtbar an Waldrändern, die ja den meisten Pflanzungen als Vorbild dienen. Am Waldrand wächst fast jeder Stamm krumm, weil der größte Teil des Lichts von der Seite kommt.

Noch am wenigsten Probleme hat man mit »Schopfbäumen«, also Bäumen mit wenig verzweigter Krone.

Dies wären vor allem Araliengewächse wie *Cussonia*, *Brassaia* oder *Meryta*; aber auch die Bergpapaya (*Carica pentagona*) oder die Keulenlilie (*Cordyline australis*) gehören zu dieser Gruppe. Vor allem in Ecken sind Großsträucher mit 3 – 4 Leittrieben richtigen Bäumen überlegen.

Ecken sind ideale Plätze für Gräser wie Bambus oder für Kletterpflanzen. Diese können dann an zwei Wänden wachsen und geben einen hervorragenden Hintergrund für ein mannshohes Solitärgehölz, das die meist nackte Kletterpflanzenbasis versteckt.

Auch die Verwendung von Kletterpflanzen will überlegt sein. In Becken gepflanzt, wachsen die meisten Kletterpflanzen jedem Baum davon, das Bild wird unausgewogen. Viele Arten erreichen in einem Jahr das Dach des Wintergartens, mehrere Meter Zuwachs in einer Vegetationsperiode sind eher die Regel als die Ausnahme. Man wird deshalb durch regelmäßigen Schnitt für Balance sorgen.

Wintergartenmanagement

Wer nicht im Urlaub war, hat während der Feiertage um den Jahreswechsel seinen Wintergarten meist ausgiebig genossen. Und oft festgestellt, dass doch das eine oder andere noch verbessert werden könnte. Manche Pflanzen entwickeln sich schlecht, andere unkrautartig.

Jetzt ist die beste Zeit, über ein Revirement nachzudenken.

Man kann sich das gründlich überlegen, weil man auch im warmen Wintergarten vor Mitte Februar kaum zur Säge greifen wird. Der Austrieb kommt nicht früher, wenn man schon Ende Dezember auslichtet, aber es sieht länger aus wie frisch zurückgeschnitten. Die wichtigsten Tätigkeiten zu Beginn des neuen Jahres sind dieselben wie im alten: abgefallene Blätter und Blüten aufsammeln, hier und da einen Kletterpflanzentrieb wegnehmen und vor allem auf Grauschimmel kontrollieren. Dem Grauschimmel beugt man am besten vor, indem man alle abgestorbenen und absterbenden Pflanzenteile entfernt und die Blätter trocken hält. Das heißt, so selten wie möglich gießen und so häufig wie möglich lüften, und sei es nur stoßweise, wie im Zimmer auch. Solange es sehr kalt ist, lüftet man nur über die Dachlüftung, die Zuluft sollte aus dem Wohnhaus kommen.

Anfang bis Mitte Februar ist das Wachstum auf dem Tiefststand. Zahlreiche Triebe blattloser Pflanzen scheinen geradezu darauf zu warten, dass man sie zurückschneidet. Schild- und Wollläuse werden sichtbar, wo man sie gar nicht vermutet hat. Auch die Fenster gehören schon längst von innen geputzt, was wegen der Belaubung lange unterblieben war.

Frühjahrsgroßputz

Irgendwann ist der Leidensdruck groß genug; man bewaffnet sich mit Schere und Säge, Bindedraht und Kokosstricken und stellt eine Schubkarre bereit: Frühjahrsputz. Dafür sollte man sich einen ganzen Tag Zeit nehmen.

Beim Wintergartengroßputz geht man vor wie ein Friseur. Erst wird grob alles, was zu lang ist, eingekürzt, das Schnittmaterial weggeräumt. Der zweite Arbeitsgang erfolgt schon viel genauer. Alle Arbeiten, zu denen man eine Leiter braucht, werden erledigt. Die Kletterpflanzen werden ausgelichtet, ausgeputzt und neu aufgebunden, die von unten nicht erreichbaren Triebe in den Kronen eingekürzt. Wichtig ist, von oben nach unten zu arbeiten. Anderenfalls fällt der Abfall wieder in bereits gesäuberte Pflanzenbereiche hinein, man macht die Arbeit doppelt. Mit der Leiter in Reichweite, erhält dann der untere Teil des Wintergartens seinen Feinschliff, von der entferntesten Ecke arbeitet man Richtung Ausgang.

Mit Ausnahme von Bambusrohren und richtigem Holz kann eigentlich alles, notfalls klein geschnitten, auf den Kompost. Der andere Weg der Entsorgung verläuft oft über Säcke, Kofferraum und Deponie.

Vor dem Pflanzen werden alle Gewächse erst einmal auf Probe platziert. Hier eine typische Mediterranpflanzung mit Oliven und Zwergpalmen.

Wintergarten – Bepflanzung

Schädlingsprophylaxe

So nah wie beim Durchforsten kommt man den Pflanzen das ganze Jahr nicht. Wenn man jetzt nicht einzelne Schädlingsnester entdeckt, dann gibt's wohl keine.

Beim Frühjahrsrückschnitt legt man die Basis für ein möglichst schädlingsfreies Jahr. Fast überall nur noch Rinde, wenig Verstecke für Schädlinge und kaum Blätter, die eventuell Pflanzenschutzmittel nicht vertragen. Jetzt kann man auch Winteröl spritzen, ohne Verbrennungen befürchten zu müssen; und selbst wenn welche auftreten sollten, wären sie bald überwachsen. Öl hat den Vorteil, dass es nahezu alle überwinternden Schädlinge erwischt, sie brauchen gar nicht aktiv sein. Öl überzieht alles mit einer hauchdünnen Schicht, so dass die Atmung zum Erliegen kommt bzw. gar nicht erst aufgenommen wird. Dazu müssen natürlich die Schädlinge getroffen werden. Wie bei allen Kontaktmitteln ist deshalb die Wirkung umso größer, je genauer gearbeitet wird.

Wenn man einige Wochen später, zu Beginn des Austriebs, noch eine **Spinnmilbenprophylaxe** betreibt, ist das Steuer schon in die richtige Richtung herumgerissen. Spinnmilben erwischt man mit Öl nicht richtig, da die Eier oft zwischen Knospenschuppen sitzen, wo selbst Öl nicht hinkommt.

Nach dem Spritzen wird man erst mal innen die Fenster putzen. Was sich da im Laufe des Jahres in schwer erreichbaren Ecken angesammelt hat, macht mehrfachen Wasserwechsel unerlässlich.

Gerade im Winter siedeln sich im unteren Bereich der Scheiben oft ganze **Algen**wiesen an. Da wischt man nach dem Reinigen am besten mit einem nicht pflanzenschädlichen Desinfektionsmittel (Alkohol) drüber, notfalls auch mit Brennspiritus. Wenn das Wetter gut ist und die Scheiben trocken sind, haftet bei Holzrahmen ein neuer Anstrich.

Auswaschen

Wenn dann der Austrieb voll eingesetzt hat und für mehrere Tage sonniges Wetter angesagt ist, sollte man das Beet bzw. die Töpfe einmal auswaschen.

Viele Dünger, ebenso das Gießwasser, haben einen erheblichen Anteil an salzartigen Ballaststoffen. Das sind Stoffe, mit denen die Pflanzen nicht nur nichts anfangen können, sondern die auch im Übermaß schädlich sind. Im Boden reichern sich die Ballaststoffe immer mehr an, sie belegen den Platz von Düngern. Das ist, wie wenn man zur Hälfte Wasser in den Benzintank schüttet. Möglicherweise mag das Wasser zwar durch einen Filter zurückgehalten werden, trotzdem fährt das Auto im besten Falle

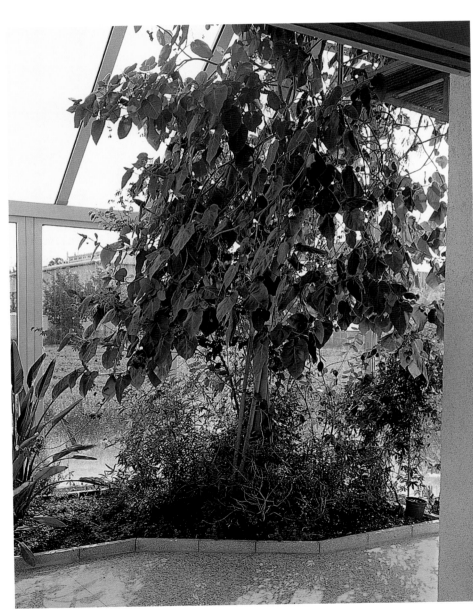

Kletterpflanzen und Großsträucher, die gegen das Glas drücken, schneidet man spätestens beim Frühjahrsgroßputz zurück.

halb so weit, als wenn der Tank ausschließlich mit Benzin gefüllt gewesen wäre. Je seltener man auswäscht, desto mehr Wasser ist im Tank.

Viele ältere Wintergartenbepflanzungen degenerieren deshalb. Bei ihnen ist der Tank voll »Wasser«, wird hier jetzt »Benzin« aufgefüllt, läuft er über. Dünger allein nützt also nichts, erst muss im Boden Platz geschaffen werden. Das geht nur mit viel Wasser, bei 40 cm Substrathöhe sind 200 l je Quadratmeter nicht zu viel bzw. gerade richtig. Ohne eine Überschwemmung zu verursachen, schafft man das oft nicht an einem Tag. Dann braucht man eben zwei. Auf keinen Fall darf man in der Mitte abbrechen. Dann wären nämlich die schädlichen Salze von der Bodenoberfläche genau in die Wurzelzone gewaschen, mit dem Ergebnis, dass die Pflanze kein Wasser mehr aufnehmen kann, weil die Salzkonzentration in der Bodenlösung höher ist als die in der Pflanze. Wenn die Pflanzen schlagartig alle Blätter abwerfen, hat man dieses Kunststück vollbracht. Dann hilft nur eins: noch mehr Wasser. Etwa ein Mal im Jahr ist diese Prozedur nötig.

Düngung

Ist das Auswaschen abgeschlossen, erhalten die Pflanzen ihren Jahresbedarf an Nährstoffen. Im kalten oder lauwarmen Wintergarten verwendet man dazu einen Dauerdünger, der 8 bis 9 Monate hält, im warmen hingegen eine 12-Monats-Formulierung. Wie viel man nimmt, hängt von der gewünschten Wachstumsleistung ab. Im ersten Jahr, sofort nach dem Bepflanzen, legt man den Dauerdünger noch mit einem Löffel auf den Ballen der Pflanze ab, wobei 3 g/l Ballenvolumen für maximales Wachstum ausreichen. Bei Beckenbepflanzungen gibt man 400 g/m².

Im zweiten Jahr, also nach dem ersten Rückschnitt bzw. Auswaschen, kann man bei Beckenbepflanzung mit dem Dauerdünger bis auf 200 g/m² gehen, bei Kübeln bleibt man bei 3 g/l. Da mit diesen Düngergaben ein Wintergarten bald aus den Nähten platzt, wird in den folgenden Jahren die Düngung reduziert. Man muss sich bewusst sein, dass jede Hand voll Dünger, die man den Pflanzen zukommen lässt, als Schubkarren voller Schnittmaterial wieder abgefahren werden muss.

Ansonsten streut man den Dünger gezielt breitwürfig über das Beet. Am besten teilt man die Düngermenge in Sechstel. Etwa 2/6 erhalten die Pflanzen, die noch kräftig wachsen sollen, mit dem Löffel. Das sind vor allem Palmen, aber auch Pflanzen, bei denen viel Blattmasse entfernt werden muss, wie Bananen oder Zieringwer. Dann nimmt man ein Sechstel, eine hohle Hand nach der anderen, und bemüht sich, mit kurzen Schüttelbewegungen aus dem Handgelenk die Düngerkörner gleichmäßig zwischen den gespreizten Fingern durchrieselnd übers Beet zu verteilen. Das erste Sechstel von rechts nach links, das zweite von links nach rechts, das dritte von vorn nach hinten und das vierte von hinten nach vorn. Schätzfehler und anfängliche Unregelmäßigkeiten im Streubild werden so ausgeglichen. Dann wird kräftig gewässert.

Wenn die Düngung automatisch über die Bewässerung erfolgt, gibt man keinen Dauerdünger. Die Tröpfchenbewässerung kann den Dauerdünger nicht zu den Wurzeln waschen, da sie das Wasser nur punktuell abgibt.

Bei einer Tröpfchenbewässerung wird deshalb häufig ein Düngermischer dazwischengeschaltet, Nährstofftabletten in der Wasserzufuhr erfüllen denselben Zweck.

Nachpflanzen

Ist die Grundversorgung des Wintergartens abgeschlossen, kann man daran denken, die Bepflanzungsideen vom Jahreswechsel umzusetzen.

Das nachträgliche Einbauen von Pflanzen in ein vor Jahren bepflanztes Becken ist schwierig. Fast alle Pflanzen haben ein dichtes, oberflächennahes Wurzelnetz, die Bodenoberfläche zeigt eine Durchwurzelung wie bei einer alten Kübelpflanze. Ein Eindringen in den Wurzelfilz scheint nur mit Spaten oder einer Axt möglich. Manchmal geht's tatsächlich nicht anders. Für größere

Für kleinere Kübelpflanzen sind Dauerdünger in Pelletform (Kegel) gut geeignet.

Wintergarten – Bepflanzung

Löcher ist ein Militär-Klappspaten das richtige Werkzeug.

Glücklicherweise sind die einzusetzenden Töpfe meist klein, oft nur 3–5 l. Das Loch muss man trotzdem deutlich größer machen, und zwar so groß, wie wenn man die Pflanze umtopfen würde. So macht man für einen 10-l-Ballen ein Loch, in das ein 20-l-Container passt. Dann nimmt man einen Container, der gerade ins Loch passt, und schneidet den Boden ab. Dieser bodenlose Topf kommt jetzt in unser Pflanzloch, die einzubauende Pflanze wird darin in Kübelpflanzenerde eingetopft.

Erst durch den Plastiktopfrahmen hat die neue Pflanze eine Chance, weil sie ungestört in nicht durchwurzeltes Substrat wachsen kann. Dabei kann sie aber sehr wohl mit ihren Wurzeln dem Wasser und den Nährstoffen nach unten folgen und sich dort mit dem Wurzelwerk der alten Bepflanzung auseinander setzen. Ohne Plastiktopfrahmen würde der lockere Boden um den Neuankömmling postwendend von der etablierten Bepflanzung beschlagnahmt, oft sogar der Topfballen des Nachzüglers auch mit durchwurzelt, das schnelle Ende wäre absehbar. Bis zum offensichtlichen Anwachsen behandelt man die nachgesetzte Pflanze wie eine Kübelpflanze, sie erhält eine Ration Wasser extra. Frühestens nach einem Jahr nimmt man die Schalung, d.h. den Plastiktopf ohne Boden, heraus. Wenn er sich nicht einfach über die Pflanze abziehen lässt, sucht man auf der Seite nach einem der senkrechten Schlitze und schneidet dort den Topfrand durch. Mit etwas Gezerre geht das Plastikteil dann heraus. Falls man nur die geringsten Zweifel hat, ob die Pflanze angewachsen ist, lässt man's bleiben.

Sommerarbeiten

Der Sommer im Wintergarten ist vor allem eine Zeit des Gießens und Schneidens. Das Bonmot, dass ein Gärtner in gemäßigten Breiten alle sechs Monate einen Spaten »aufarbeitet«, ein Gärtner in den Tropen aber alle sechs Wochen eine Gartenschere, hat seine Richtigkeit. Wer in einem tropischen Gartenpflegebetrieb, beispielsweise im Hotel, einen Blick in die Werkzeugkammer wirft, wundert sich, wie groß die Vielfalt der Hack- und Schneidegeräte ist. Macheten mit krummer und gerader Klinge, Hackebeile wie beim Metzger, Federstahl-Schafscheren zum Entspitzen der rasch wachsenden Formgehölze und so fort. Eine gute Gartenschere oder eine kurze Heckenschere zum Formieren kommt bei einem Wintergartenbesitzer als Geschenk immer gut an.

Pflanzenschutz im Wintergarten

Über eines sollte man sich von Anfang an im Klaren sein: Grün im Wintergarten gibt es nicht ohne Schädlinge. In aller Regel dauert es etwa ein bis zwei Jahre, bis man deren

Statt mit chemischem Pflanzenschutz kann man Schädlinge auch biologisch bekämpfen.

Bekämpfung im Griff hat und nicht mehr von plötzlichen »Schädlingsexplosionen« überrascht wird. Probleme verursachen hierbei weniger die Pilzkrankheiten, vielmehr verschiedene Schadinsekten und die Spinnmilben. Wichtig ist die rechtzeitige Erkennung, wobei während der 14-täglichen Kontrollgänge – im Winter alle vier Wochen – eine Lupe hilfreiche Dienste leistet.

Tierische Schädlinge

Der alte Ratschlag, nur Pflanzen auszuwählen, die eine geringe Schädlingsanfälligkeit aufweisen, ist nur die halbe Wahrheit: Jede Pflanze hat ihre Schwachstellen, es gibt keine Pflanze, die garantiert schädlingsfrei bleibt. Gleichwohl ist es ratsam, von Wollläusen favorisierte Arten auszusortieren, da hier momentan kaum wirksame Bekämpfungsmittel auf dem Markt sind. Als Alternative bietet sich die biologische Bekämpfung durch Nützlinge.

Vergleichsweise leicht zu bekämpfen sind die verschiedenen **Blattlaus-Arten.** Schon hartnäckiger können **Woll- und Schmierläuse** werden, die an einem weißen, wolligen, dicht klumpigen Gespinst zu erkennen sind. Gleiches gilt für die vertrauten **Schildläuse,** vor allem, wenn sie zu spät erkannt werden und der Befall schon stark ist. Steter sommerlicher Gast sind die **Spinnmilben,** für die das Klima im dann heißen Glasanbau perfekt ist. Gerade hier gibt es keine systemischen Mittel, die man gießen kann, eine vollständige Benetzung ist also besonders wichtig.

Pilzerkrankungen

Pilzerkrankungen sind in Glasanbauten recht selten. In schlecht gelüfteten Wintergärten kann Grauschimmel (Botrytis) Probleme verursachen. Von Erdbeeren bekannt, bedeckt auch hier ein grauer Schimmelrasen vor allem abgefallene Blüten und Blätter. Wichtigste Prophylaxe ist deshalb das Absammeln alles Abgefallenen. Kurativ kann mit diversen Fungiziden (Pilzbekämpfungsmitteln) gespritzt werden.

Neben dem Grauschimmel werden eigentlich nur Welkepilze gefährlich. Kenntlich wird dieser Schaden oft am plötzlichen Welken einzelner Triebe, oder das Blattgrün wird langsam fahlgrün. Verantwortlich dafür kann ein ganzes Bündel möglicher Schadpilze sein. Daher tappt man bei der Bekämpfung im Dunkeln und versucht es mit Präparaten gegen Umfallkrankheiten. Teilweise hat man

hiermit Erfolg, andere Pflanzen sind hingegen unrettbar verloren. Vorbeugend hier: Die Pflanzen vor allem im Winter nicht zu nass halten – eventuelle Trockenschäden sind weit weniger gravierend.

Biologische Schädlingsbekämpfung

Der Königsweg der Schädlingsbekämpfung ist ohne Zweifel der **Einsatz von Nützlingen:** Raubmilben oder Schlupfwespen gegen Weiße Fliege, Florfliegen gegen Blatt-,

Woll- und Schmierläuse. Auch Schildläuse können inzwischen mit Nützlingen bekämpft werden. Allerdings ist der Einsatz von Nützlingen kein K.o.-Schlag. Klappt es beim ersten Mal nicht, probiert man es wieder.

Pflanzenschutz- und -behandlungsmittel

Im Notfall bleibt nur der Einsatz von Schädlings- oder Pilzbekämpfungsmitteln. Die jeweils zugelassenen Mittel ändern sich ständig und werden nur über spezielle Beratungsschalter in Gartencentern und Lagerhäusern vertrieben.

Wichtig ist bei allen Mitteln, die nicht **systemisch** sind (also innerhalb der Pflanze überallhin transportiert werden), dass man möglichst lückenlos alle Pflanzenteile benetzt, vor allem die Blattunterseiten. Ein Tropfen Spülmittel verbessert die gleichmäßige Benetzung, da er die Oberflächenspannung herabsetzt und die Sprühtropfen somit kleiner werden.

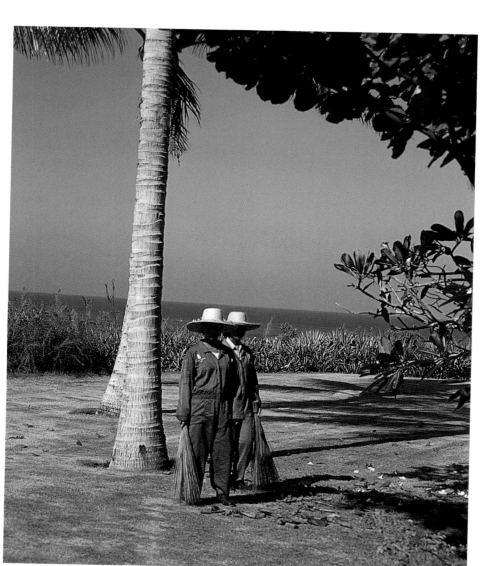

Ohne ein Heer hilfreicher Geister sähe jeder Tropengarten bald wie ein Dschungel aus.

Auf einen Blick

- Wer nicht über eine gut sortierte Bibliothek verfügt, sollte sich bei der Begrünung eines Wintergartens zumindest dann an den Fachmann wenden, wenn ihm eine Beckenpflanzung oder Bankbeete vorschweben. Wer bisher nur mit Topfpflanzen zu tun hatte, tut sich schwer, das unterschiedlich starke Wachstum der verschiedenen Arten einzuschätzen.

- Ganz am Anfang steht aber der Wintergartenbesitzer. Je genauer er seine Bedürfnisse äußern kann und je präziser er die technischen Möglichkeiten des Wintergartens kennt, desto klarer wird der fachliche Rat ausfallen.

Anhang

ADRESSEN, DIE IHNEN WEITERHELFEN

Systemanbieter

Schüco International KG
Karolinenstr. 1-15
33525 Bielefeld
Tel.: 05 21 / 78 30
www.schueco-profile.de

Sunshine Wintergarten GmbH
Boschstr. 1
48703 Stadtlohn
Tel.: 0 25 63 / 70 71
www.sunshine.de

Solarlux Aluminium Systeme GmbH
Gewerbepark 9-11
49143 Bissendorf
Tel.: 0 54 02 / 40 00
www.solarlux.de

Weinor Markisen
Mathias-Brüggen-Str. 110
50829 Köln
Tel.: 02 21 / 59 70 92 11
www.weinor.de

Stabalux GmbH
Siemensstr. 10
53121 Bonn
Tel.: 02 28 / 90 90 430
www.stabalux.com

Elsner Elektronik GmbH
Herdweg 7
75391 Gechingen
Tel.: 0 70 56 / 93 970
www.elsner-elktronik.de

Ing. G. Beckmann KG
Simoniusstr. 10
88239 Wangen
Tel.: 0 75 22 / 97 45 100
www.beckmann-kg.de

BUG-Alutechnik
Bergstr. 17
88264 Vogt
Tel.: 0 75 29 / 99 90
www.bug.de

Thyssen Polymer GmbH
Bayerwaldstr. 18
94327 Bogen
Tel.: 0 94 22 / 82 10
www.deceuninck-
thyssenpolymer.de

VWW Veranda GmbH
Georg-Haar-Str. 11
99427 Weimar
Tel.: 0 36 43 / 49 64 06
www.veranda-wintergarten.de

Schweden

Santex
www.santex.se
(schwedischer Anbieter von
Wintergarten-Selbstbausystemen
mit Vertrieb auch in Deutschland)

Wintergartenfirmen

Holztechnik Lätzsch GmbH
Am Bahndamm 7
01728 Bannewitz
Tel.: 03 51 / 40 14 265
www.holztechnik-laetzsch.de

Mickan Wintergärten
Pirnaer Str. 52
01728 Bannewitz / OT Rippien
Tel.: 03 51 / 40 34 615
www.wintergarten-mickan.de

Höll Fensterbau GmbH
Bockauer Talstr. 16
08280 Aue
Tel.: 0 37 71 / 22 333
www.fensterbau-hoell.de

Battran Wintergärten
Springlbacher Str. 8-10
83539 Pfaffing-Forsting
Tel.: 0 80 94 / 90 94 32
www.battran-online.de

Brey Verglasungstechnik
Poststr. 11
84048 Mainburg
Tel.: 0 87 51 / 84 42 37
http://ingenieur.brey.de

**Diefenthaler
Lichträume GmbH**
Mühlstr. 31
86707 Westendorf
Tel.: 0 82 73 / 99 78 0
www.diefenthaler.de

Jechnerer Wintergärten
Postfach 65
91565 Herrieden
Tel.: 0 98 25 / 94 00
www.jechnerer.de

Renaltner Wintergärten
Blumenauweg 6
94099 Ruhstorf a.d. Rott
Tel.: 0 85 31 / 30 51
www.renaltner.de

Verglasung

Pilkington Deutschland AG
Haydnstraße 19
45884 Gelsenkirchen
Tel.: 0 20 91 / 68 23 94
www.pilkington.com

Flachglas Wernberg GmbH
Nürnberger Str. 140
92533 Wernberg-Köblitz
Tel.: 0 96 04 / 48-0
www.flachglas.de

Heizungs- und Klimatechnik, Beleuchtung

Ingenieurbüro Prof. Dr. Köhler
Stürenburgstr. 3
01326 Dresden
Tel.: 03 51/ 41 89 910

Philips GmbH
Unternehmensbereich Lighting
Lübeckertordamm 5
20099 Hamburg
Tel.: 0 18 03 / 88 83 33
www.lighting.philips.de

Buderus Heiztechnik
35573 Wetzlar
www.heiztechnik-buderus.de

Emco-Klima
Postfach 1860
49803 Lingen
Tel.: 05 91 / 91 40 0
www.emco.de

Diamant
Heiz- und Klimasysteme GmbH
Im Fuchsbau 24
73635 Rudersberg
Tel.: 0 71 83 / 92 88 0
www.diamant-klimasysteme.de

Adressen der Verbände

Arbeitsgemeinschaft Holz

Postfach 300141
40401 Düsseldorf
Tel.: 02 11 / 47 81 80
(Informationsdienst Holz Teil 18,
Folge 1, Holz-Glaskonstruktionen
und Holz-Wintergärten)

Wintergarten Fachverband e.V.

Postfach 100 217
83002 Rosenheim
Tel.: 0 80 31 / 80 99 845
www.wintergarten-
fachverband.de

Pflanzen für den Wintergarten

Die Gärtnerei der Autorin:

Flora Mediterranea

Maria Sansoni-Köchel
Königsgütler 5
84072 Au/Hallertau
Tel.: 0 87 52 / 12 38
www.floramediterranea.de
(Spezialgebiete: Oleander,
Zitruspflanzen, nicht winterharte
Kletterpflanzen)
Öffnungszeiten für Selbst-
abholer: März bis Oktober,
Di–Fr 8–12 Uhr und 14–18 Uhr,
Sa 10–13 Uhr. Montags und im
Winter nur auf Anfrage.
Bei Beratungsbedarf bitte vorher
telefonisch Termin vereinbaren.

Kübelpflanzen allgemein:

Kübelgarten Helga Mittmann

Eichenweg 21
48499 Salzbergen
Tel.: 0 59 76 / 10 64
www.kuebelgarten.de

Gerda Koitzsch

Arheiliger Str. 16
64390 Erzhausen/Darmstadt
Tel.: 0 61 50 / 61 47

Gärtnerei Klaus Pfitzer

Täschenstr. 51
70736 Fellbach
Tel.: 07 11 / 58 13 70

Rudolf und Klara Baum

Scheffelrain 1
71229 Leonberg
Tel.: 0 71 52 / 27 55 8
www.baum-leonberg.de

Flora Toskana

Hans-Peter Maier & Tanja Ratsch
Schillerstr. 25
89278 Nersingen
Tel.: 0 73 08 / 92 83 387
www.flora-toskana.de
(Spezialgebiet: Zitruspflanzen)

Dieter Haas

Obere Leberklinge 26
97877 Wertheim
Tel.: 0 93 42 / 60 38
www.bioland-gaertnerei-haas.de
(Duftpelargonien, Gewürz-
pflanzen, etc.)

Niederlande

Pieter Zwijnenburg

Halve Raak 18
NL-7221 AD Boskoop
Tel.: +31 / (0)172 / 21 62 32
www.kwekerijen.net
(extrem großes Sortiment
von Gehölzen am Rande der
Winterhärte)

Spezialanbieter für Pflanzen

Gärtnerei Wagschal

Klosterbergenstr. 26
21465 Reinbek
Tel.: 040 / 72 21 622
www.dahlias.de
(v. a. Dahlien und Canna)

Bernhard Voß

Zitruskulturen
Moorende 149
21635 York
Tel.: 0 41 62 / 356
www.zitrusgaertnerei.de
(Zitruspflanzen)

Thomas Ahrens

Fasanenweg 23
21717 Fredenbeck
Tel.: 0 41 49 / 16 40
www.variegataplants.de
(Phormium)

Peter Fischer

Höden 16
21789 Wingst
Tel.: 0 47 78 / 263
www.kamelie.de
(Kamelien, auch winterharte
Sorten)

Südflora Peter Klock

Stutsmoor 42
22607 Hamburg
Tel.: 040 / 89 91 698
(Fruchtgehölze, v. a. Zitruspflanzen)

Michael Peuthert

Fürst-Ernst-Str. 4
31675 Bückeburg
Tel.: 0 57 22 / 26 609
www.tropische-pflanzenwelt.de
(verschiedene Tropenpflanzen,
v. a. Nutzpflanzen)

Monika Gottschalk

Diebsteinweg 18
36358 Herbstein-Lanzenhain
Tel.: 0 66 43 / 17 94
www.monika-gottschalk.de
(Brugmansien/Engelstrompeten)

Martin Pflaum

Chrysanthemenweg 16
41540 Dormagen-Delhoven
(Blechhof)
Tel.: 0 21 33 / 82 077
(abends oder am Wochenende)
Martin.Pflaum@gmx.de
(Agapanthus)

Langenbuscher Kübelgarten

Dorothea und
Herbert Langenberg
Langenbusch 263
42897 Remscheid
Tel.: 0 21 92 / 22 62
www.engelstrompeten.de
(v. a. Brugmansien und Fuchsien)

Fuchsien Heinke

Eichholzstr. 2
44289 Dortmund
www.fuchsien-heinke.de
(Fuchsien)

Anne Kirchner-Abel

Schützenstr. 24
47229 Duisburg
Tel.: 0 20 65 / 49 271
www.kirchner-abel.de
(Brugmansien, Abutilon)

Gärtnerei Schwieters

Wehr 280
48739 Legden
Tel.: 0 25 66 / 12 33
www.dahlien-schwieters.de
(Dahlien, Canna, etc.)

Torsten Ulmer
Hevener Str. 18
58455 Witten
Tel.: 0 23 02 / 26 276
www.blumen-passiflora.de
(v. a. Passionsblumen)

Walter Klotz
Kamelien-Kulturen
Auf der Trift 13
63329 Egelsbach
Tel.: 0 61 03 / 49 423
www.kamelien.de
(Kamelien)

Baumschule Huben
Schriesheimer Fußweg 7
68526 Ladenburg
Tel.: 0 62 03 / 92 800
www.huben.de
(Kamelien u.a.)

Uhlig-Kakteen
Postfach 1107
71385 Kernen
Tel.: 0 71 51 / 41 891
www.uhlig-kakteen.com
(v. a. Kakteen und Sukkulenten)

Stegmeier Gartenbau
Unteres Dorf 7
73457 Esslingen
Tel.: 0 73 65 / 230
www.gaertnerei-stegmeier.de
(v. a. Geranien/Pelargonien)

Tobias Spanner
Palme per Paket
Tizianstr. 44
80638 München
Tel.: 089 / 15 77 902
www.palmeperpaket.de
(Palmen)

Dr. Ernst Lill
Meraner Str. 2
81547 München
www.kaki-info.de
(Kaki und Persimmon)

Fuchsiengärtnerei Rosi Friedl
Strassbach 6
85229 Markt Indersdorf
Tel.: 0 81 36 / 55 45
www.fuchsien-friedl.de
(Fuchsien- und Efeu-Sortiment)

Max Schleipfer
Sedlweg 71
86356 Neusäß
Tel.: 08 21 / 46 44 50
(Kakteen und Sukkulenten)

Unflath Peter
Ludwigsgraben 17
86650 Wemding
Tel.: 0 90 92 / 286
(v. a. Fuchsien)

Kakteengarten
Lange Mauer Str. 9
86732 Oettingen
Tel.: 0 90 82 / 80 33
www.kakteengarten.de
(winterharte Kakteen, Yucca)

Blumenschule Engler
Augsburger Str. 62
86956 Schongau
Tel.: 0 88 61 / 73 73
www.blumenschule.de

Blumen-Wenzel
Vacher Str. 81
90766 Fürth
Tel.: 09 11 / 73 15 92
www.blumen-wenzel.de
(v. a. Fuchsienraritäten,
Duftgeranien etc.)

**Raritätengärtnerei
Franz Treml**
Matzelsdorfer Weg 31
93444 Kötzting
Tel.: 0 99 45 / 90 51 00
www.pflanzentreml.de
(viele Kräuter)

Österreich

Dahlien-Kultur Gerhard Wirth
Leschetitzkygasse 11
A-1180 Wien
Tel.: +43 / (0)2 / 47 95 383
www.dahlienwirth.at
(v. a. Dahlien)

Michael Ceron
Blumenweg 3
A-9583 Faak am See
Tel.: +43 / 664 / 54 03 321
www.zitrusgarten.com
(Zitruspflanzen)

Schweiz

Vivai Eisenhut
CH-6575 San Nazarro/Tessin
Tel.: +41 / (0)91 / 79 51 867
www.eisenhut.ch
(v. a. Kamelien, Magnolien,
Zitruspflanzen)

Italien

Sun Island Nursery
Via S. Biagio
I-95011 Calatabiano
Tel.: +39 / 095 / 77 62 720
www.sunislandnursery.com
(Hibiskus)

Belgien

Michiels Katrien
Kruisstraat 51
B-2500 Lier-Koningshooikt
Tel.: +32 / (0)34 82 25 62
www.fuchsia.be
(Fuchsien und Pelargonien)

Pflanzgefäße

**Terrakotta Schürenberg &
Termühlen GbR**
48159 Münster
www.terrakotta-muenster.de
(Impruneta-Terrakotta)

Goebel
59929 Brilon
www.goebel-kunststoffe.de
(Kunststoffgefäße)

Florvital
72119 Ammerbuch
www.florvital.de
(Terracotta aus Kunststoff)

Metallbau Blechinger
79771 Klettgau
www.metallbau-blechinger.de
(Edelstahlgefäße)

Arte Toskana
Dave Egger
82544 Moosham
www.arte-toskana.de
(v. a. Impruneta-Terracotta)

Keppner
87778 Stetten
www.terrakotta-keppner.de
(Terracotta)

Frankreich

Les jardins du Roi Soleil
F-78000 Versailles
www.jardinsroisoleil.com
(Versailles-Kübel)

STICHWORTVERZEICHNIS

Seitenzahlen mit * verweisen auf Abbildungen

Abdeckleiste 31, 34
Abluftklappen 41*
Abnahme 54
Acacia 160
Acalypha amentacea 130, 130*
A. hispida 130
Acokanthera 128, 129
Adenium 129
Adhatoda 128
A. vasica 127
Agapanthus 164
Agave 99, 102, 169, 169*
Aglaonema 117
Akanthusgewächse 127, 137
Akazie 88*, 121, 158, 158*, 160
Albizia julibrissin 85, 145
A. lophanta 160
Alexandrinischer Lorbeer 149
Algen 180
Allamanda 140*
A. cathartica 140
Alocasia macrorrhiza 117, 117*
A. sanderiana 117
Aloe 105, 162, 165, 165*, 166, 169*
Aloe africana 167*
Alpinia purpurata 115*
Aluminium 22, 26, 74
Aluminiumprofile 34, 42
Aluminium-Schweißkonstruktion 60
Angebotsphase 51
Anigozanthos 159
Anlehnwintergarten 16, 16*, 17, 58, 58*, 60
Anthurium 117, 117*
Aphelandra squarrosa 127
Araliengewächse 113
Arbutus andrachne 147
A. unedo 147
Aronstabgewächs 116, 117
Artocarpus altilis 125
A. heterophyllus 125
Arundo 97
Aucuba japonica 148
Aukube 85, 148
Ausführung 58
Außenschattierung 44, 44*, 45*
Ausstattung 59
Autogrammbaum 125
automatische Steuerung 41, 45
Avokado 107
Azalee 143
Azalee, Japanische 147

Babaco 126
Bambus 97, 105, 107, 113, 113*, 114*, 151, 152
Banane 107, 111, 111*, 152
–, essbare 111
–, Rote Assam- 111
Bankbeete 91, 94, 94*
Barbados-Nuss 130

Barleria 163, 164
Bartlettina sordida 132
Bauanschlüsse 32
Bauform 15
Baugenehmigung 13, 51
Bauhinia-Arten 121, 121*
Bauhinie 121
Bauleitung 52
Baumfarn 110, 110*
Baumfreund 117
Baumtomate 131
Baurecht 51, 73
Bausatzwintergarten 75, 75*, 76*
Bauvorbereitung 58
Beaucarnea 169
Becken 91
Beckenbepflanzung 91
Beckenpflanzung 94
Befüllung 177
Behaglichkeitsfelddiagramm 38
Beleuchtung 49*
Beleuchtungsstärke 48, 48*
Belüftungssystem 45
Bepflanzung 119, 143, 171
Berberitzengewächse 153
Beschattung 40, 45, 49, 69
Bewässerung 20, 176
Bewässerungsanlage 176
Bignonia capreolata 133, 133*, 136
B. glabra 133
Bignoniengewächse 122, 133, 136
Bismarckia 109*
Bixa orellana 124*, 125
Blattläuse 182
Blattschmuckpflanze 105, 116, 117, 127
Blauregen 96
Blechverblendungen 69*
Bleiwurz 164*
Blumenfenster 172*
Blumenrohr, Indisches 112, 116
Blutblume 164, 164*
Blütenpflanze 88, 105, 117
Bodenbelag 19, 20, 20*
Bodendecker 117, 121, 169*, 173*
Bodenkonvektoren 39
Bodentemperatur 95, 102, 110
Botanik 86
Botrytis 182
Bougainvillea 88*, 103, 140, 151, 157
Brachychiton 160
Brahea 109*
Brassaia actinophylla 114
Bromelie 169
Brotfruchtbaum 125
Brugmansia 131
Brunfelsia americana 132
B. lactea 132
B. pauciflora 132
Brunfelsie 92, 131, 131*, 132
Buschpalme 109

Caesalpinia 121

Calliandra 121, 121*, 122
C. portoricensis 122
C. selloi 122
C. tweedii 92, 122
Callistemon 96, 122, 160
C. citrinus 161
C. laevis 157
Camellia japonica 10
Campsis 122
Canna 112, 116
C. 'Tropicana' 117*
Carica papaya 125*
C. pentagona 126
Carissa 128, 129
C. macrocarpa 164
Carpobrotus 165
Castanospermum australe 160
Ceanothus 85
Cestrum 131
C. nocturnum 131
Chamaelaucium 159, 161
Chamaerops humilis 146*
Checkliste 35
Chlorophytum 163
Cinnamomum camphora 152, 152*
Cissus 141
Cistus 148
Citrus 147
Clerodendron 138
Clerodendrum 132
C. paniculatum 132, 132*
C. philippinum 132
C. speciosissimum 132
C. speciosum 138
C. splendens 138
C. thomsoniae 138, 139*
C. ugandense 133, 133*
C. wallichii 132
Clusia rosea 125
Clytostoma callistegioides 136, 136*
Coccoloba 126
Cocculus laurifolius 152
Codiaeum 129
Coffea 130
Coprosma 157
Cordyline 115, 157
C. australis 146, 155, 156
C. indivisa 156
Correa speciosa 161
Costus 115, 116*
Cotyledon orbiculata 167
Crassula 167, 168*
C. ovata 167
Crinum 164
Cussonia 115, 167*
C. paniculata 167
Cyphomandra 131

Dachbereich 69*
Dachneigung 23*
Dachplatten 78
Dachrinne 32
Dachrinnen-Enteisung 47
Danae racemosa 149
Dasylirion 169

Dattelpalme, Kanarische 109
Dauerblüher 121
Dauerdünger 181, 181*
Delonix regia 119
Depotdünger siehe Dauerdünger 181
Diagonallüftung 40, 59
Dichorisandra thyrsiflora 115
Dieffenbachia 117
Dizygotheca elegantissima 114
Dodonaea 97
Dombeya 163, 163*
D. burgessiae 163
D. wallichii 163
Don-Juan-Pflanze 131, 131*
Dost, Mexikanischer 132
Dracaena 156
Drainage 176, 177
Drainschicht 177*, 178
Dreh-Kippbeschlag 43
dry tropical look 101
Dschungelbrand 130*
Düngung 181

Efeu 114, 141
Efeubaum 114
Efeutute 117, 141
Eigenmontage 79*
Einbrennlackierung 34
Eingewöhnung 175
Einkauf 175
Einscheibensicherheitsglas 27
Einscheibenverglasung 73
Einstrahlung 40
Einzelfertigung 14
Einzeltöpfe 91
Eisenholzbaum 106
Elefantenohr 117*
Energieeinsparverordnung 43
Engelstrompete 131
Ensete ventricosum 111
Entscheidungskriterien 24
Entsorgungsleitung 19
Enzianbaum 131
EPDM-Dichtung 30, 31, 67
Epipremnum 117, 141
E. pulchellum 128*
Erdbeerbaum 106, 146, 147, 147*
Erdbeerfuchsschwanz 130
Erdbeerguave 92, 123*, 124
Eriobotrya japonica 150, 152*
Erstbepflanzung 176
Eucalyptus 159*
Eugenia uniflora 124
Eukalyptus 158, 159, 160, 162
Euphorbia ingens 166
Euphorbie 102, 105, 162, 166
–, Bleistift- 167, 167*
exotischer Look 84

Fächerblätter 109
Fächerpalme 109
Falttür 41, 66, 69
Falttüranlage 70*, 73*

Faltwand 73
Farbgestaltung 19
Farbwiedergabe 49
Farfugium japonicum 154*, 155
Faserbanane, Japanische 111, 119
Fatsia 85, 151, 152
F. japonica 114
Feige 106, 125, 145, 145*
Feigenbaum 106, 125
Feigenkakteen 169
Fensterblatt 99, 117
Feuerbusch 131
Ficus 125
Ficus carica 125
Fiederaralie 114
Fiederblätter 109
Fiederpalme 109
Fingeraralie 114
Flamboyant 179
Flamingoblume 117, 117*
Flammenwein 136
Flanellstrauch 85, 173*
Flaschenbäume 159
Floatglas 58, 67
Frangipani 99, 126, 126*, 128
Fremontodendron 85
F. californicum 173*
Frühjahrsputz 179
Fuchsie, Australische 161
Führungsprofil 76*
Füllpflanze 108
Fundament 32, 34*, 58, 76, 77
Fundamentarten 18
Fundamentplatte 19, 19*
Furcraea 169*
Fußbodenheizung 39, 59, 65

Gänseblümchenbusch 158
Gardenia jasminoides 130
G. thunbergia 130
Gardenie 130
Gasfederantrieb 41
Gebäudeerweiterung 71
Gelsemium sempervirens 141
Gewächshaus-Bauweise 22*
Gewächshauseffekt 28
Gewährleistung 54
Gewichtsbelastung 29
Gewürzrinde 121
Gießwasser 176
Glanzkölbchen 127
Glas 26
Glas-Eindeckung 26
Glasfaltwand 74*
Glashaus 73, 73**
Glyzine 121
Goldkelchwein 136, 137*
Goldregen 96, 121
Goldtrompete 140
Goldwein 141*
Granatapfel 146, 147
Grenadille 137
Grevillea 106
G. robusta 160, 160*
Großpflanzen 91, 107
– platzieren 177

Großsträucher 146, 180*
Grundbeete 20, 21*
Grünlilie 163
Guave, Echte 92, 103*, 107, 123, 132*, 124
Gummibaum 125, 155, 160

Hakenlilie 164
Halbstamm 96
Halbwüste 101
Hamelia patens 130
Hammerstrauch 131
Hanfpalme 105*, 109, 152
Hebe 158
Hebelmechanismus 41
Hedera helix 114
Hedychium 115
H. gardnerianum 115, 116*, 151
Heiliger Bambus 85, 153, 154*
Heizkörper-Typen 39
Heizung 38, 39, 58, 74, 77, 95
Heizungssteuerung 46
Heliconia bihai 112
H. caribaea 112
H. rostrata 112
Helikonie 86*, 99, 111,112, 112*
Hibbertia scandens 141, 141*
Hibiscus rosa-sinensis 126
Hibiskus 126, 126*, 128
Hinterlüftung 31*
Hochbeet 20
Hochstamm 96
Holz 22, 24, 34, 42, 67, 74
Holzwintergarten 66, 66*, , 71, 71*
Hortensienbaum 163, 163*
Hottentottenfeige 168
Hoya carnosa 140
Hüllflächentemperatur 38*
Hundsgiftgewächse 128, 129, 139

Ingwer 115, 116*
–, Blauer 115
–, Zier- 151
Innenschattierung 44, 44*, 78*
Ipomoea indica 137
Isolierelemente 19*
Isolierglas 26, 28, 29
Ixora 130, 130*
I. coccinea 130
I. javanica 130

Jacaranda 122, 122*
J. mimosifolia 122
Jackfruchtbaum 125
japanischer Garten 149*
Jasmin 138, 139, 154
–, Arabischer 139, 139*
–, Carolina- 141
–, Zimmer- 138
Jasminum angulare 139
J. azoricum 139
J. humile 139
J. polyanthum 138
J. sambac 139, 139*
Jatropha 130

J. curcas 130
J. gossypifolia 130
J. integerrima 130
J. multifida 129*, 130
J. podagrica 130
Juanulloa aurantiaca 131, 131*
Justicia brandegeana 127
J. carnea 127
J. rizzinii 127
J. spicigera 127
Justizie 127
Justicia rizzinii 127*

Kaffee 130
Kaffeestrauch 129
Kakteen 102
Kaktus 99
Kältebrücken 24*, 31
Kalthaus 84, 122, 124, 143, 150, 152, 153
Kalthauspflanzen 95
Kamelie 107, 143, 144, 152, 153, 153*
Kampferbaum 151, 152, 152*
Kassie 121
Kastanie, Australische 160
Kastanienwein 141
Katzenralle 136
Katzenschwanz 130
Kaufentscheidung 9
Keulenlilie 146, 155, 156, 156*
Klebsame 85, 148, 148*, 152, 157, 158*, 160
Klemmprofil 23
Kletterpflanze 97, 99, 133, 137, 140, 141, 180*
Klima 172
Klimageräte 47*
Klimagestaltung 37, 60
Knotenblech 67, 70*
Kohlbaum 115, 167, 167*
Kokkelstrauch 152
Kokospalme 99, 107*
Kompaktleuchtstofflampe 48
Kompensationspunkt 87
Kondenswasser 25, 25*
Kondenswasserbildung 24*, 40
Konvektionswärme 38
Konvektor 39, 60
Korbblütler 132
Kowhai 157
Kranzschlinge 140, 141*
Krappgewächse 130
Kreppjasmin 128
Kreuzrebe 133*
Kreuzwein 133
Kriechender 130
Kris-Pflanze 117
Kroton 129
Kühlaggregate 47
Kühlung 47
Kunststoff 26
Kunststoff-Eindeckung 26
Kunststoff-Fenster 42

Laburnum 121
Lagerstroemia 103, 144
Lampen 49
Lampenauswahl 48

Lampenkennwerte 49
Langzeitdünger siehe Dauerdünger 181
Lantane 132
Lathyrus odoratus 97
Laurustinus 147
Lauwarmhaus 84
LED 49
Leptospermum 161
L. scoparium 158, 161*
Leuchte 49
Leuchtstoffröhre 48
Lichtansprüche 49, 86, 89, 110
Lichtausbeute 48
Lichtintensität 87
lichtliebende Pflanzen 87
Lichtmangelsituation 48
Lichtsumme 48
Lichtverhältnisse 82, 175*
Licuala 109*
Linearkettenantrieb 68
Lippenstiftbaum 124*, 125
Liriope 151, 154, 155
L. muscari 155
L. spicata 155
Loquat 152
Lorbeer 146, 147
Luftentfeuchtungsgeräte 45
Luftfeuchtigkeit 11, 45, 114
Lufttemperatur 95, 102
Lüftung 39, 41, 95
Lüftungsfläche 40
Lüftungskonzept 68
Lüftungssollwert 47
Lüftungssteuerung 47
Lycianthes rantonnetii 131

Macchia 100, 148
Macfadyena unguis-cati 136
Mackaya 163
M. bella 164
Mahonie 153, 153*
Mandevilla 'Alice DuPont' 140*
M. sanderi 139
M. splendens 139
Maniok 129
Maracuja 137
Markhamia 133, 138
M. lutea 123
Mastixstrauch 148
Materialauswahl 14
Materialeigenschaften 25
Materialien 22
Materialkennwerte 28
Mauerpfeffer 165
Maulbeerbaum 125
Maulbeerbaumgewächse 125
Mäusedorn 149
Mediterranpflanzung 179*
Meerträubel 125*
Melaleuca 157, 161
Mesembryanthemum 165, 169, 169*
Metallglasfassade 64
Metallhalogendampflampe 48
Metallverbund 24
Metallwintergarten 58, 58*
Metrosideros 106, 157
M. excelsa 156, 156*
Mimose 158*, 159

Minzebusch 161, 161*
Mittagsblume 168
Mittelmeerzypresse 97
Monstera 117
Musa acuminata 111
M. basjoo 84, 111
M. coccinea 111
M. mannii 111
M. ornata 111
M. sumatrana 111
M. paradisiaca 84, 111
Myrte 148, 148*
Myrtengewächse 124, 124*, 160, 161, 162
Myrtus communis 148

Nachpflanzung 181
Nachtabsenkung 39
Nachtjasmin 131
Nachtschatten, Costa-Rica- 136
Nachtschattengewächse 131, 136
Nandina 85, 154*
Natalpflaume 128, 164
Natriumdampflampe 48
Nespoli 152
Neuseeländer Flachs 155, 155*, 156, 156*
Neuseeländischer Weihnachtsbaum 106, 156
Neuseelandmyrte 158
Nützlinge 183

Obstgehölze 103*
Öffnungsmechanismen 41
Oleander 103, 107, 126, 144, 146, 147, 147*
Olearia 158
Olive 179*
Olive 'Cipressino' 97
Olive 'Pyramidalis' 97
Ophiopogan 106
Ophiopogon jaburan 155
O. japonicus 155
Opuntia 169
Orangerie 10, 102, 146
Orangerie-Wintergarten 102, 102*
Orchideenbaum 121
Osmanthus 153, 154
O. delavayi 153
O. fragrans 153

Pachypodium 129, 165
Pagodenblume 132, 132*
Pagodenstrauch 132
Palisanderbaum 122
Palme 82, 101*, 105*107, 108, 10*, 110*, 146, 152, 156
palmenähnliche Pflanzen 101*
Palmenhäuser 10
Palmenpflege 110
Palmfarn 110
Pandanus 156*
Pandorea jasminoides 136, 136*
P. pandorana 136

Papaya 107, 125
–, Berg- 125*, 126
Papyrus 97, 120
–, Echter 92
Paradiesvogelblume 112, 112*, 113*, 165
Passiflora caerulea 137
P. edulis 137
P. quadrangularis 137
P. racemosa 138
P. vitifolia 137, 138*
Passionsblume 137, 138*
Paternosterbaum 106
Petraea volubilis 138, 138*
Pfahlrohr 97
Pflanzenauswahl 88, 176
Pflanzenkauf 175
Pflanzenschutz 182, 182*
Pflanzflächen 94
Pflanzung 175
Philodendron 117, 141
Phormium tenax 155, 156
Phyllodium 159
Phyllostachys 85, 152
Ph. aurea 113*, 151
Pillnitzer Kamelie 10, 10*
Pilzerkrankungen 182
Pistacia lentiscus 148
Pittosporum 85, 158
P. tenuifolium 157, 158*
P. tobira 148, 152
Plumbago 164*
Plumeria 126, 126*, 128
Polyscias 114, 115, 128
P. atropurpureum 128
P. filicifolia 115
P. fruticosa 115
P. reticulatum 128
Pomerenzenhäuser 10
Portulacaria afra 167
Profilleisten 31*
Prostanthera 161, 161*
Proteagewächse 160
Pseuderanthemum 128
P. purpureum 128*
Pseudopanax 114
Psidium guajava 92, 124
P. littorale 92
Puderquastenstrauch 121
Pultdach 16*
Punktfundament 18
Puya 169
Pyrostegia 136
P. venusta 136

Quisqualis indica 141

Radermachera sinica 123
Radiator 39
Rahmenbauweise 21
Randverbund 28
Rangoon-Schlinge 141
Raumklima 11
Raumsolltemperatur 49
Raumtemperatur 38*
Red Ginger 115
Referenzliste 52
Regenwasserableitung 31, 32*, 69*

Rhaphiolepis 153
Rhapis excelsa 152
Rhoicissus 141
Riesentaro 117
Ringfundament 18
Rinnenheizung 32
Robinie 121
Rochea coccinea 167
Rosmarin 148
Ruscus hypoglossum 149

Saccharum 97
Säckelblume 85
Sanchezia 127
Sand-Olive 97
Sandpapierwein 138, 138*
Sarcococca 154
Satteldach 16*, 17, 17*, 69, 79
Sättigungsfeuchtigkeit 45
Sauerorange 146
Scadoxus 164
S. multiflorus 164*
Schädlinge 182
Schädlingsbekämpfung 183
Schädlingsprophylaxe 180
Schattenbaum 95, 111
Schattenpflanzen 87, 88, 95, 96
Schattierung 43, 43*, 47, 96, 96*, 97, 150
Schattierung durch Gehölze 43
Schefflera actinophylla 114
S. heptaphylla 114
Scheibe 34
Scheibenabdichtung 30
Scheinakazie 121
Schiebetür 42
Schildläuse 182
Schlafbaum 85, 145
Schmetterlingsbaum 121
Schmetterlingsblütler 121, 133
Schmetterlingsbusch 133*
Schmierläuse 182
Schmucksträucher 153
Schmutzablagerung 30
Schneeball, Mittelmeer- 146, 147
Schneefanggitter 70
Schneelast 29, 73
Schneelastzone 30

Schnittmaßnahme 172
Schubkettenantrieb 41, 41*
Schwarzäugige Susanne 97, 137
Schweineohr 167
Sedum 165
Sedum telephium 167
Seidenbaum 145
Seideneiche 160
Seidenpflanzengewächse 140
Selbstmontage 75
Semele androgyna 141
Senecio 132
S. grandifolius 132
S. petasitis 132
Senna 121
S. corymbosa 121
S. didymobotrya 121
Serienfertigung 14
Sichtschutz 94*, 97*
Silbereiche, Australische 160*
Solandra 136, 137, 137*
Solanum wendlandii 136
Solarknick 16, 17
Sonneneinstrahlung 46, 48*, 49
Sonnenschutzglas 28, 28*, 65
Sonnenschutzverglasung 89*
Sonnenstrahlung 37, 59
Sophora microphylla 157
S. tetraptera 157
Sparrmannia 163
S. africana 163*
Spathiphyllum 117
Spathodea 123, 133
S. campanulata 122, 122*
Speckbaum 167
Spinnmilben 182
Spinnmilbenprophylaxe 180
Spiralingwer 115
Stahl 22
Stahlkonstruktion 34
Stahlprofil 70*
Stegfünffachplatte 78*
Stegplatte 26
Stephanotis floribunda 140, 141*
Sternjasmin 129, 154, 154*
Strahlungsaustausch 38, 60
Strahlungsdurchgang 43
Strahlungswärme 38
Strauchvegetation 100

Strauchveronika 158
Streifenfundament 18
Strelitzia nicolai 113
S. reginae 112, 112*, 113
Strelitzie 92, 107, 111, 112, 165
–, Baum- 113, 113*
Strukturgehölze 145
Strukturpflanze 105, 105*, 107, 109, 115, 146, 152, 156
Strukturstaude 115
Stufenglas 30
Stufenscheiben 32*
Stützen 78
Stütze-Riegel-System 21
Substrat 177
Subtropen 84
Sukkulenten 165*, 166*, 168, 169*
Sukkulentengarten 101
Sukkulenten-Wintergarten 165
Surinamkirsche 124
Syzygium oleosum 124*
S. paniculatum 124*

Tabebuia 122
Tabernaemontana 128, 129, 129*
Tageslänge 89
Tapioka 129
Technik 8
Tecoma stans 123, 123*
Teebaum 161*
Tempelbaum 99
Temperatur 37, 38, 39, 41, 45, 65, 85, 87, 89, 106, 108, 114, 117, 119, 121, 143, 175*
Temperaturansprüche 13, 14, 89
Terrakotta 144*
Terrassenbeet 20
Terrassendach 73, 73*, 74
Tetrastigma voinieranum 141
Thermostat 171
Thermostatventil 46, 77
Thunbergia 163, 164, 164*
Th. affinis 164
Th. alata 97, 137
Th. battiscombei 164
Th. erecta 164
Th. grandiflora 135, 137

Thunbergie, Großblütige 137
Th. gregorii 137
Th. natalensis 164
Trachelospermum asiaticum 154
T. jasminoides 154, 154*
Tragkonstruktion 13, 14, 29*, 68*
Tragprofil 23
Tragwerkskonstruktion 23
Transpiration 40
Trichterwinde 137
Tristellateia australasiae 141
Trompetenbusch 123
Trompetenwein 136*
Trompetenwinde 122
Tropen 84, 87*
Tropenpflanzen 89
Tröpfchenbewässerung 181
Tulpenbaum 122, 122*

Überwinterung 26, 75
Überwinterungsquartier 58
Unterpflanzung 173

Veilchenstrauch 131
Ventilator 40
Verbenengewächse 132, 138
Verbundsicherheitsglas 27
Versorgungsleitung 19
Vertragsabschluss 53
Viburnum tinus 147
VOB 53
VOB-Vertrag 54

Wachsblume 140
Wachstumsfaktor 176
Wachstumsgrenzen 86
Wandanschluss 23
Wärmebilanz 85
Wärmedurchgang 26, 28*
Wärmedurchgangskoeffizient 28, 38
Wärmeleitfähigkeit 25
Wärmepumpen 47
Wärmeschutzglas 28, 28*
Wärmeschutzisolierglas 64
Wärmeschutzverordnung 28, 37
Wärmestrahlung 38

Warmhauspflanzen 95
Warmhaustemperatur 84
Wasserableitung 31, 31*
Windlast 30
Wintergartengröße 40
Wintergartenmanagement 179
Wintergarten, beheizter 37
–, Eigenbau- 75*
–, kalter 143
–, lauwarmer 143
–, mediterraner 144, 145
–, unbeheizter 37
–, warmer 119, 120
Wintergärten mit Australtouch 158
Wintergarten mit südafrikanischen Pflanzen 162
Wisteria 121
Wohlfühltemperatur 83
Wolfsmilchgewächse 129
Wollläuse 182
Wollmispel 150, 152, 152*
Wonga-Wonga-Wein 136

Yucca 99, 102, 169
Y. aloifolia 146, 169
Y. gloriosa 146

Zahnstangen 41
Zahnstangenlüftung 40*
Zantedeschia 117
Zaunwicke 97
Zen-Garten 149*
Zierbanane 111
Zierhopfen 127
Zieringwer 99
Zimmeraralie 85, 114, 114*, 152
Zimmerlinde 163, 163*
Zimmerpflanzen 172
Zistrose 148, 149*
Zitrusfrüchte 146*
Zitrusgewächse 143, 146
Zuckerrohr 97
Zusatzbelichtung 48
Zwergpalme 109, 146*, 179*
Zylinderputzer 96, 157, 160, 162

Bildnachweis

Becker: 82
Diamant: 47
GBA/GPL: 96r
GBA/MAP: 101u
Gölf: 125r
Habermeyer: 68r
Hagen: 10ur, 112u, 115r
Jansen/Osram: 49
Köhler: 11, 22, 29, 31, 32, 34, 41, 53, 62, 65, 68l, 69, 70, 72, 75, 78
König: 99, 101o, 125l, 126l, 152r, 164or
Lüttich: 10o
Lötzsch: 71
Mickan: 58, 59
Nöhl: 79

Redeleit: 100
Reinhard: 87, 87, 130l, 133ol, 139l, 141l, 144r, 146r, 149u, 154ol, 158r, 160, 162, 169l
Ringel: 173l
Rohwer: 129o
Ruckszio: 117or, 133u, 154om, 168, 169o
Sansoni/Köchel: 20, 83, 84, 89, 103 (Einkl.), 107, 109u, 112o, 113o, 114l, 115l, 116r, 117ol, 121o, 122r, 123o, 123 (Einkl.), 124, 126r, 128r, 129u, 130r, 131o, 132, 133or, 136, 138o, 140r, 141r, 144l, 145 (Einkl.), 147, 148l, 149l, 152l, 153u, 154or, 155, 156, 159, 161r, 163 (Einkl.), 164ol, 167u, 174, 176, 177, 179, 183

Santex: 19
Schloss Pillnitz: 10ul
Solarlux: 1, 2/3, 4, 5, 6/7, 9, 12, 26, 27, 29, 30, 36, 42, 44, 47o, 50, 55, 56/57, 62, 73, 74
Schüco 33
Schumann-Turowski: 21, 43, 85, 88, 90, 91, 93, 94, 96l, 97, 104, 106, 113r, 116l, 117um, 118, 120, 121l, 123r, 134, 135, 138r, 142, 143, 150o, 151, 154u, 157, 167ol, 170, 173r, 175, 178, 180
Seidl: 109o, 110, 111, 122ul, 127, 137, 163r, 164u
Stolle: 80/81, 171
Stork: 181
Strauß: 8, 14, 17, 23, 46, 95, 98,

102, 103, 105, 108, 114r, 119, 128o, 131r, 139r, 140l, 145, 146l, 148r, 153o, 158l, 161l, 163l, 166, 167or, 172, 182
Sunshine: 15, 16, 60, 61
Sycholt: 165
Welzel: 40o

Grafiken:

Mair Computergrafik, außer:
Schüco: 13, 16o
Solarlux: 35
Thyssen Polymer: 24ur

Wir bedanken uns für die freundliche Überlassung der Vorlagen für die Grafiken bei folgenden Firmen:

Arbeitsgemeinschaft Holz: 28
BUG Klimatechnik: 24ul
Emco Klima GmbH: 39
Finistral: 40u
Gmach: 64
Jechnerer: 44o
Santex: 76, 77
Seifert: 24o
Die Vorlagen für Seite 48o und 48u sind dem Buch »Beleuchtungstechnik für denElektrofachmann«, Hüthig Buchverlag Heidelberg, entnommen

Foto: Julius Köchel

Über die Autoren

Lutz Köhler war nach dem Studium des Maschinenbaus mit anschließender Assistentenzeit und Promotion 20 Jahre im Anlagenbau tätig. Von 1991 bis 2009 hat er an der Fachhochschule Weihenstephan als Professor das Fachgebiet Technik im Gartenbau vertreten. Seine Spezialisierung galt der Klimagestaltung und der Energieeinsparung in Gewächshäusern. Auf diesem Gebiet ist er auch weiterhin, nach seiner Pensionierung 2009, mit Lehraufträgen und Beratertätigkeiten für Energie- und Klimafragen in Gewächshäusern sowie in Schauhäusern von Tierparks und botanischen Gärten tätig.

Maria Sansoni-Köchel studierte nach einer Gärtnerlehre an der Technischen Universität München-Weihenstephan Gartenbau. Schon während des Studiums arbeitete sie journalistisch für verschiedene Fachzeitschriften. 1982 gründete Frau Sansoni-Köchel zusammen mit ihrem Mann die Gärtnerei »Flora Mediterranea«. Dort sammelte sie vielfältige praktische Erfahrungen mit einer großen Anzahl von mediterranen und subtropischen Pflanzen. Ein neuer Schwerpunkt ist die Gestaltung winterharter mediterraner Gärten. Darüber hinaus reist sie zu vielfältigen Vortragsverpflichtungen im In- und Ausland. Aufmerksame Fernsehzuschauer kennen sie aus der Sendung »Querbeet«. 2010 wurde sie mit dem »Bickel-Preis« geehrt – einem kleinen »Oscar des Gartenbaues«. Weitere Infos unter www.floramediterranea.de.

Die Gärtnerei FLORA MEDITERRANEA

Im Sortiment an Wintergartenpflanzen und in der Beratung in Mitteleuropa führend, reicht der Kundenstamm über das gesamte Bundesgebiet bis ins deutschsprachige Ausland. Selbst Botanische und Zoologische Gärten ergänzen hier ihre Bestände. Geliefert wird auch an Privatkunden, per Postversand oder Spedition. Selbstverständlich kann man die Pflanzen auch nach einem Streifzug durch die Gewächshäuser direkt im Betrieb abholen.

Wir danken folgenden Architekturbüros und Institutionen für die freundliche Unterstützung:

Die Firmen Solarlux, Sunshine, Holztechnik Lätzsch und Mickan Wintergärten (Adressen siehe Seite 184)

Unger Architekten
Zeunerstr. 7
01069 Dresden
Tel.: 03 51 / 47 13 09 7

Gmach Bau- und Vertriebsgesellschaft,
Büro Dresden
Wasastr. 6
01219 Dresden
Tel.: 03 51 / 36 19 43
www.gmach.de

Staatliche Schlösser und Gärten Dresden
Schloss Pillnitz
01326 Dresden
Tel.: 03 51 / 26 13 263
www.schlosspillnitz.de

Architekturwerkstatt Gamliner & Habermeyer
Obere Domberggasse 5
85354 Freising
Tel.: 0 81 61 / 48 35 137

Im Text angesprochene Literatur:

Energieeinsparverordnung (EnEV) von 2009

KTBL-Arbeitsblatt Nr. 0666
»Licht und Pflanze«, Bartningstraße 49, 64289 Darmstadt

OLARLUX – MEHR RAUM, MEHR LICHT, MEHR WOHNKOMFORT.

rfüllen Sie sich Ihren Wunsch nach mehr Transparenz, Licht und Lebensfreude in Ihrem
igenheim – mit einem Design-Wintergarten von Solarlux. Er bietet Ihnen zu jeder Jahreszeit
ehr Wohnraum und Wohlbefinden, denn unsere maßgeschneiderten Lösungen aus
luminium oder Holz/Aluminium verwirklichen dank großzügiger Glasflächen und schlanker
rofile ein Leben inmitten der Natur. Eine Investition, die sich ein Leben lang lohnt.

SOLARLUX®
Glas in Bewegung

OLARLUX Aluminium Systeme GmbH | Fon +49 5402 400 0 | info@solarlux.de | www.solarlux.de

**Bibliografische Information
Der Deutschen Nationalbibliothek**

Die Deutsche Nationalbibliothek verzeichnet
diese Publikation in der Deutschen National-
bibliografie; detaillierte bibliografische Daten
sind im Internet über
http://dnb.d-nb.de abrufbar.

2., völlig überarbeitete und erweiterte
Auflage (Neuausgabe) des Titels »Wintergarten«

BLV Buchverlag GmbH & Co. KG
80797 München

© BLV Buchverlag GmbH & Co. KG
München 2011

Umschlag- und Layoutkonmzeption:
Kochan & Partner, München

Umschlagfotos: Jalag/Andreas Garrels
(vorne); Solarlux (hinten)

Lektorat: Dr. Thomas Hagen
Herstellung: Hermann Maxant

Layout: Anton Walter, Gundelfingen
DTP: agentur walter, Gundelfingen

Gedruckt auf chlorfrei gebleichtem Papier

Printed in Slowakia

ISBN 978-3-8354-0863-0